MEDIA CONTENTS

미디어콘텐츠 읽기

홍경수 지음

SC 순천향대학교 출판부

미디어콘텐츠 읽기

펴낸날 : 2011년 4월 8일 초판 1쇄 발행

저　자 · 홍경수
펴낸이 · 손풍삼
펴낸곳 · 순천향대학교 출판부
주　소 · 충남 아산시 신창면 읍내리 646
Tel (041) 530-1115 | Fax (041) 530-1719
www.sch.ac.kr

출판등록 : 2010년 6월 14일 제 251-2010-5호

ISBN 978-89-964627-4-3 93300
정가 15,000원

머리말

지난 15년 동안 방송콘텐츠를 제작하기만 하다가 2010년 봄 대학으로 직장을 옮겼다. 틈틈이 강의하기도 했지만, 전임으로 가르치는 것이 생각보다 만만치 않았다. 매번의 강의시간은 가수나 연기자가 무대에 오르는 것과 비슷한 내공을 필요로 했다. 혹시 준비가 부족하거나 설익었다면, 준비 덜 된 연기자가 긴장하듯이 후들거리는 마음을 주체할 수 없었다. 첫마디를 어떤 말로 시작하고 끝맺는 말은 어떻게 해야 하는지 아직도 적절한 첫마디를 찾지 못하고 출석을 부르고 있다. 아직도 학교라는 환경에 나를 맞추는 중인 셈이다.

미디어 콘텐츠를 소재로 다양한 과목을 가르치다 보니 절실한 것이 바로 적절한 교재였다. 학생들에게 콘텐츠를 보고 느끼고 만들었던 경험을 올곧이 전하는 방법은 없을까 고민하다 선택한 것이 바로 교재를 엮는 일이었다.

이 책은 지난 15년 동안 방송현장에서 주변의 동료 선후배들이 만든 콘텐츠를 보고 느낀 점을 틈틈이 정리해 놓은 방송비평의 기록이며, 필자가 직접 만들면서 느낀 점을 기록한 제작의 기록이기도 하다. 이 글 중 일부는 한국일보, 한겨레신문, PD 저널, 스카이라이프, 좋은 생각, 방송과 시청자, 한국방송학보 등에 실린 것들로 각 글 뒤에 출처를 표시했다.

어쩌면 지극히 주관적이고 편파적인 읽기의 산물일지도 모른다. 하지만 이것도 한 시대의 콘텐츠에 대한 기록으로서의 의미가 조금이라도 있다면 부끄럽지만 엮어낼 필요는 있다고 생각한다. 기록은 그 시대를 살고 있는 사람도 증언하지 못하는 것을 증언한다는 레이몬드 윌리엄즈의 말로 책을 엮는 말에 갈음한다.

머리말

부족한 원고를 출간하는 영광을 주신 순천향대학교 손풍삼 총장님을 비롯하여 출판부 관계자 여러분께 깊이 감사드린다. 편안하게 학교생활을 할 수 있도록 도와주신 김희자, 김태현, 이승욱 교수님 "고맙습니다". 새로운 학과의 기초를 놓는 일이 얼마나 힘들었을지 짐작하기도 어렵다. 글을 모으는 데 큰 도움을 준 김정인, 노정훈 조교가 아니었다면 이 책은 빛을 보기 어려웠을 것이다. 힘들다는 대학에서의 첫 일 년, 큰 웃음과 활력을 주시는 BC순천향 여러분 "감사합니다". 땀을 흠뻑 흘린 뒤, 늦은 밤 도고에서 함께 하는 온천을 무엇과 바꿀 수 있을까? 서로 든든한 버팀목이 되어 준 동기 박상규, 김태현, 정인기 교수님과 학과는 다르지만 환대와 격려를 해주신 유현석, 민경원, 원종원 교수님께도 감사드린다.

그치지 않은 샘처럼 격려와 사랑을 솟아내 주시는 양가의 부모님께는 존경과 감사의 마음뿐이다. 이 책이 작은 마음의 표현이 될 수 있기를… 흰 눈처럼 사랑을 뿌려주겠다는 약속을 지키지 못한 남편을 믿고 살아준 아내 희량에게도 사랑의 인사를 전한다. 글 한줄한줄에 아내의 영향이 적지 않았다. 누구보다도 창의적이고 섬세한 감수성을 가진 사랑스러운 두 아이에게도 사랑한다는 마음을 충분히 전하지 못했다. 윤서야, 윤재야, 사랑한다!

2010년 10월 29일

홍 경 수

차 례

차 례

차 례

차 례

제1장
미디어 콘텐츠란 무엇인가?

Chapter 1

미디어 콘텐츠란 무엇인가?

1 커뮤니케이션에서의 미디어 콘텐츠

인간에게 필수불가결한 것이 바로 소통이다. 국어사전에는 '어떤 작용을 한쪽에서 다른 쪽으로 전달하는 역할을 하는 것'이라고 정의한다. 인간은 사회적 동물이고 다른 사람과 소통하지 않고는 살아갈 수 없다. 소통을 통해서만 인간답게 살 수 있다는 것이다. 아침에 일어나 잠자리에 들기까지 A씨의 일상을 돌이켜 보자.

> 핸드폰 알람소리에 일어나 세수하고 텔레비전을 보면서 아침출근 상황을 점검한다. 가족과 아침 식사를 하고 출근길에 나선다. 지하철에서는 아이폰으로 못 보았던 드라마를 시청한다. 주변 사람에 밀려 지하철역을 빠져나와 회사에 들어간다. 부서원들과 인사하고 모닝커피를 마신다. 이메일을 확인하고 답장을 한다. 아침 부서회의에서 신제품 개발 계획을 발표하고 부장의 지시사항을 받아 적는다. 밀린 기안을 작성하고 점심때는 입사 동기와 김치찌개로 식사를 한다. 오후엔 거래처를 방문하여 제품설명하고 그 후엔 다시 팀 미팅이다. 겨우 하루를 마친다. 부서원 회식이 있어 생맥주 한잔으로 직장생활의 애환을 푼다. 밤 11시가 넘어서야 지하철 타고 귀가한다. 지하철에서 아이폰으로 트위터에 올라온 글을 읽고 답을 올린다. 드라마를 보고 있는 가족들을 뒤로하고 세수한 뒤에 뉴스를 보고 잠든다.

현대인의 하루는 수많은 소통으로 이뤄졌고, 이를 가능하게 하는 것이 바로 미디어다. 미디어는 소통을 가능하게 하는 수단인 셈이다. 직장인 A씨는 가족들과의 대화, 텔레비전 뉴스 시청, 아이폰 드라마 시청, 이메일 확인, 부서원들과의 인사, 대화, 회의 등 다양한 소통을 미디어로 하고 있다. 미디어는 사람과 사람, 사람과 조직, 사람과 콘텐츠를 연결해주는 역할을 한다. 말 그대로 미디어는 중개자, 매개자를 뜻한다. 예전엔 신 내림을 받은 샤먼, 무당 등이 신과 인간을 연결해주는 중간자였으나, 요즘은 미디어가 그 역할을 대신한다. 미디어에 종사하는 사람들은 수용자 대중이 원하는 것이 무엇인지 파악하여 이것을 질료로 새로운 콘텐츠를 만든다. 대중은 미디어를 통해 제시된 콘텐츠를 소비하면서 본인의 욕구가 충족됨을 느낀다. 그리고 충족된 욕구로 인하여 새로운 증상이 나타나고 이것이 다시 제작자들에게 새로운 징후로 감지되고 이를 반영한 새로운 콘텐츠가 탄생한다.

미디어 기술의 발달로 인해 인간관계가 어떻게 변하는지가 커뮤니케이션학의 중요한 연구과제가 되었다. 아무래도 미디어를 많이 이용하다 보면 직접 만나 이야기하는 대면접촉이 줄어드는 것은 사실이다. 하지만 미디어를 어떻게 쓰느냐에 따라 다른 수용자들과의 관계가 더 끈끈해질 수 있는 것도 사실이다. 책, 신문, 잡지, 라디오, TV, DVD, DMB 등 다양한 매체가 대중매체라면 소수의 사람끼리 나누는 미디어는 편지, 메신저, 문자메시지, 전화 등이 있다. 전자를 매스 미디어라고 부르고, 후자의 소수 사람끼리 사용하는 미디어를 퍼스널 미디어라고 한다. 여러 사람에게 전달되는 커뮤니케이션을 매스커뮤니케이션이라고 하며, 소수의 사람끼리 주고받는 의사소통을 퍼스널 커뮤니케이션이라고 부른다. 확실한 것은 미디어테크놀로지의 발달로 미디어를 사용한 커뮤니케이션이 늘어나고 있고, 미디어의 역할이 점점 더 커진다는 사실이다.

사회적 동물인 인간을 이해하기 위해서는 커뮤니케이션을 이해하는 것이 필수적이다. 오랫동안 커뮤니케이션 행위를 조직화하고 법칙을 발견하며, 효과를 예측하고 측정하기 위해 다양한 모델들이 등장했다. 가장 기초적인 것이 아리스토텔레스의 발화자-메시지-수신자 모델. 말하는 사람이 있고, 말할 내용이 있으며, 받아들이는 사람이 있다는 것이다. 커뮤니케이션학의 4대 비조 중 한 명인 라스웰의 커뮤니케이션 모델은 대중 미디어 시대의 모델로 Who - Says What - In Which Channel - To Whom - With What Effect이다. 즉 누가(Source) 무엇을(Message), 어떤 채널로(Channel), 누구에게(Receiver), 어떤 효과를 가지고(Effect) 전달하느냐 하는 것이다. 줄여서 S-M-C-R-E 모델이라고 한다. 영국 문화연구의 선구자 스튜어트 홀은 Encoding-Text-Decoding 즉, 부호화-텍스트-해독의 모델을 제시했다. 인코딩에는 문화생산의 개념이, 해독에는 수용의 개념이 내포되어 있다.

발화자-메시지-수신자
Source-Message-Channel-Receiver-Effect
Encoding- Text- Decoding

이 세 가지 모델 각각의 중간단계에 해당하는 것, 즉 메시지와 텍스트가 바로 콘텐츠다. 다시 말해 누군가가 누군가에게 말할 때 전달하는 내용이 바로 콘텐츠인 셈이다. 특히 미디어 콘텐츠라면 미디어에 담긴 내용을 말한다. 하지만 콘텐츠 비즈니스업계에서는 좀 더 협의의 개념을 상정한다. '문자, 영상, 소리 등의 정보를 제작하고 가공해서 소비자에게 전달하는 정보 상품[콘텐츠비즈니스연구소(2000), 콘텐츠비즈니스 아는 만큼 돈이 보인다?]'으로 콘텐츠에 비즈니스적으로 접근하는가 하면, '이야기에 중심을 맞춰 다양한 미디어에 공통되는 내용으로서의 원작개념[심상민(2002), 미디어는 콘텐츠다]'에 초점을 맞추기도 한다. 콘텐츠는 여러 가지 미디어에 공통으로 담길 수 있는 내용의 개념으로, 하나의 소스로 다양한 채널을 통해 수익을 극대화하는 One Source Multi Use를 가능하게 하는 씨앗이다. 따라서 콘텐츠의 형식은 무궁무진하며, 다양한 상품화(merchandising)를 통해 수익 창출도 가능하다. 최근에 유행하는 미디어(만화, 소설책, 영화, TV, 인터넷 등)에만 국한할 필요도 없이 앞으로 생겨날 다양한 미디어들이 모두 창구가 될 수 있다.

2 미디어 콘텐츠의 종류

그렇다면 콘텐츠의 종류는 어떻게 될까? 일본 미디어포럼이 1998년 발행한 『멀티미디어의 현황과 전망』을 통해 콘텐츠의 일반적인 분류를 보면 다음과 같다. 인포테인먼트, 인포머셜, 인포메이션, 에듀케이션, 에듀테인먼트, 엔터테인먼트. 정보, 교육, 오락을 기본으로 하여 서로 섞어 만든 분류인 셈이다. 이것은 커뮤니케이션의 기본 분류에서 크게 달라질 수 없다는 것을 암시한다. 커뮤니케이션의 목적은 무엇일까? 우리는 왜 이야기를 하며, 각종 미디어를 보고 듣고 하는 것일까? 목적중심으로 이야기하자면, 정보습득, 오락, 사회화 등 다양할 것이다. 라스웰은 매스미디어의 기능을 환경감시기능, 상관조정기능, 사회유산전수기능으로 정리했으며, 라이트(Wright)는 오락제공의 기능을 추가했다. 이런 분류에 따라 콘텐츠의 종류가 구분된 것이라 보인다. 아직도 방송법에서는 방송 장르의 구분을 교양, 보도, 오락으로 구분하고 있다. 다음 〈표 1〉은 한국 문화산업의 분류와 시장규모 및 증감률이다.

〈표 1〉 문화산업의 분류와 시장규모 (단위 : 백만 원, %)

구분\년도	2004	2005	2006	2007	2008	구성비	전년대비 증감률	연평균 증감률
출판	18,921,018	19,392,156	19,879,255	21,595,539	21,052,936	35.7	△2.5	2.7
만화	505,867	436,235	730,072	761,686	723,286	1.2	△5.0	9.3
음악	2,133,155	1,789,875	2,401,309	2,357,705	2,602,076	4.4	10.4	5.1
게임	4,315,600	8,679,800	7,448,900	5,143,600	5,604,700	9.5	9.0	6.8
영화/비디오	3,022,403	3,294,820	3,683,627	3,204,570	2,594,624	5.0	△7.8	△0.6
애니메이션	265,015	233,855	288,564	311,166	404,760	0.7	30.1	11.2
방송	7,772,805	8,635,200	9,719862	10,534,374	10,958,121	18.6	4.0	9.0
광고	8,026,040	8,417,779	9,118,059	9,434,625	9,311,635	15.8	△1.3	3.8
캐릭터	4,219,258	2,075,893	4,550,932	5,115,639	5,098,713	8.6	△0.3	4.8
에듀테인먼트	878,973	992,488	117,989	155,861	240,287	0.4	54.2	△27.7
합계	50,060,134	53,948,101	57,938,569	58,614,765	58,915,138	100.0	0.6	4.2

2008년 기준 문화산업통계 60쪽[2010.4. 문화체육관광부 발행]

한국의 문화산업 중 가장 큰 비중은 출판이 차지한다. 출판은 문화산업의 가장 큰 영역이면서 문화산업을 움직이는 원동력이다. 가장 큰 연평균 성장을 기록하는 분야를 차례대로 보면, 애니메이션, 만화, 방송, 게임 순이다. 반면 영화/비디오 산업은 마이너스 성장을 기록했다.

3 콘텐츠가 왕이다

그렇다면 콘텐츠가 중요시되는 이유는 무엇일까? 이는 다미디어 다채널 시대의 도래와 깊은 연관이 있다. 예전에는 미디어가 희소성을 가졌다. 특히 지상파 방송은 주파수의 희소성으로 공적인 책임이 요구되고 있으며, 시장진입이 어려운 영역이다. 하지만 디지털 기술의 발전으로 미디어는 개인화되었으며 누구나 기자가 될 수 있게 되었고, 인터넷 방송국을 만들 수 있는 개인 미디어시대가 되었다. 인터넷방송이나, 인터넷카페 역시 하나의 공론장으로서 미디어의 역할을 하고 있다. 예전에는 미디어의 중요성이 매우 컸지만, 채널의 증가로 콘텐츠의 중요성이 점점 커졌다. 따라서 'Content is King'이라는 말이 생겨났다. 예전처럼 미디어나 채널이 왕이 아니라 콘텐츠가 왕이라는 것이다. OSMU를 가능하게 하는 것이 강력한 콘텐츠 즉, 킬러콘텐츠다. 킬러콘텐츠는 하나의 미디어를 대중에게 확산시키는 데 결정적인 역할을 한 콘텐츠를 말한다. 예를 들면 프로야구가 컬러 TV의 보급을 촉진했다는 점에서 킬러콘텐츠이고, 야동 역시 인터넷의 보급을 촉진했다는 점에서 킬러콘텐츠라고 볼 수 있다는 것이다. 킬러콘텐츠(Killer Contents)의 실질적인 정의는 말 그대로 죽이는 콘텐츠, 대박 콘텐츠다. 블록버스터(Block Buster)가 대규모의 제작비와 스케일로 만든 콘텐츠라면 킬러콘텐츠는 규모와 상관없이 큰 반향을 불러일으키면 된다. 우리가 알고 있는 〈워낭소리〉는 블록버스터가 아니면서도 킬러콘텐츠이고 〈1박2일〉, 〈무한도전〉, 〈대장금〉, 〈겨울연가〉, 〈아마존의 눈물〉 등의 인기 프로그램도 모두 킬러콘텐츠다. 이 프로그램들은 단순히 방송으로만 끝나지 않는다. 왜냐하면, 계속해서 수익창출이 가능하기 때문이다. 책으로도 나오고 케이블에서도 재방송하고, 달력도 만들고 영화로도 만들고, 해외에 방송 판권을 수출하기도 하고 세트장을 테마파크로 만드는 등 OSMU가 가능하다. OSMU의 오리지널은 디즈니다. 디즈니는 극장영화를 만든 다음에 TV 프로그램 배급-인터넷 다시보기-DVD -OST-만화책-캐릭터상품-테마파크까지 하나의 콘텐츠를 다양한 미디어의 형태로 공급한다. 여기에는 홀드백(Hold Back)이라는 시간설계도 포함된다. 하나의 미디어를 통한 수익의 극대화를 위해 다음 미디어를 통한 노출시점을 유예하는 것이 홀드백이다. 공중파의 본 방송을 케이블 방송과 동시에 방송하면 어떻게 될까? 사람들이 본방송을 충성스럽게 보지 않을 것이다. 그래서 공중파에서 방송한 뒤 수차례의 재방송과 특집방송으로 충분한 수익을 올린 다음에 케이블 방송에서 방송하도록 시간을 설정한다.

킬러콘텐츠에는 두 가지의 특성이 있다. 퀄리티와 판타지. 퀄리티는 품질로서 얼마나 잘 만들어졌느냐는 완성도의 개념이며, 판타지는 환상을 만들어내느냐 하는 환상도의 개념이다. 가로축 세로축을 퀄리티와 판타지로 상정하면 4가지 영역이 나온다. 각각 네모 안에 적합한 콘텐츠를 넣어 보자.

퀄리티 낮고 판타지 높음 (중박콘텐츠)	**퀄리티 높고 판타지 높음** (킬러콘텐츠)
퀄리티 낮고 판타지 낮음 (소박콘텐츠)	**퀄리티 높고 판타지 낮음** (기본콘텐츠)

1사분면은 킬러콘텐츠, 2사분면은 중박콘텐츠이며, 3사분면은 소박콘텐츠(소박맞는다는 뜻?), 4사분면은 기본 콘텐츠다. 이것을 커피와 방송 드라마에 대입해 보자.

캔커피 (중박콘텐츠)	스타벅스, 커피빈 등 (킬러콘텐츠)
자판기 커피 (소박콘텐츠)	사무실의 드립커피 (기본콘텐츠)

요즘 젊은이에게 가장 인기 있는 커피는 테이크아웃 커피다. 식사는 라면으로 하더라도 이보다 비싼 테이크아웃 커피를 마신다는 이야기도 많이 들린다. 테이크아웃 커피는 질(퀄리티)도 괜찮은 편이고, 판타지도 높다. 스타벅스 커피를 마시면 왠지 미국 시애틀이나 뉴욕에 와 있는 느낌을 받는다. 반면 집이나 사무실에서 마시는 드립 커피는 좋은 커피로서의 질은 있지만, 판타지는 약한 편이다. 주로 커피 마니아들이 즐기는 것이 드립커피인데 물론 원두나 로스팅에 따라 질은 큰 차이를 보일 수 있다. 드립 커피를 기본콘텐츠라 한다면, 편의점에서 파는 커피음료는 중박콘텐츠라 할 수 있다. 좋은 퀄리티라고 하기는 어렵지만, 광고에서 만들어진 판타지는 어느 정도 있다. 반면, 자판기 커피에는 좋은 퀄리티도, 판타지도 없다. 값이 무척 싸서 비용부담은 줄지만, 퀄리티와 판타지가 없어서 점점 외면받고 있다.

사랑과 전쟁 (중박콘텐츠)	선덕여왕 (킬러콘텐츠)
소리 없이 잊혀진 드라마 (소박콘텐츠)	TV 문학관 (기본콘텐츠)

드라마에 적용해도 분류가 가능하다. 물론 극히 개인적인 판단으로 한 것이니, 각각 개인의 판단 기준에 따라 달라질 수 있다는 것을 염두에 두자.

〈창의적인 콘텐츠 기획을 위한 8가지 비밀 中〉

제 2 장
어떻게 읽을 것인가?

Chapter 2 어떻게 읽을 것인가?

1 읽기의 기초

읽는다는 것은 본다는 것과는 다르다. 보는 것이 풍경이나 사물의 외관을 살펴보는 것이라면, 읽는다는 것은 그 안에 담긴 구조나 의미 등을 깊이 있게 살펴보는 것이기 때문이다. 한국과 가장 가까운 나라인 일본에 대해서 한국 사람들의 견해가 달라지는 것은 어떤 사람은 보고 왔는데 비해, 다른 사람은 읽고 왔기 때문이다. 임진왜란이 일어나기 직전 두 명의 관료가 일본에 파견되었다. 두 사람의 견해는 알려진 것처럼 매우 달랐다. 그리고 한국은 일본의 침입을 받았다. 이것은 지금도 마찬가지다. 얼마 전에 '일본은 있다.' 혹은 '일본은 없다.'라는 주장으로 팽팽하게 의견이 대립한 적도 있었다. 콘텐츠도 마찬가지다. 많은 사람들이 하루 중 상당 부분을 할애하여 영상콘텐츠, 인터넷콘텐츠, 출판콘텐츠 등을 접하고 있다. 이들 콘텐츠를 깊이 있게 읽기란 쉽지 않다. 텔레비전이란 눈으로 씹는 추잉껌이며, 라디오는 공부하면서 듣는 청각적 자극이며, 인터넷은 세상이 어떻게 돌아가고 있는지를 확인하는 거울역할을 하고 있다. 콘텐츠는 소비하기 쉬운 소비재일 뿐이다.

읽는다는 것은 무엇인가? 어린아이들이 새로운 언어와 지식을 습득하는 첫 번째 단계는 귀로 듣는 것이다. 같은 단어를 수백 번 듣고 그 단어를 내 것으로 만들 뿐만 아니라 사회화에 필요한 지식을 습득한다. 더 성장하여 글을 읽게 될 때, 지식습득의 속도는 매우 빨라진다. 책 한 권을 귀로 듣는 것은 매우 힘든 일이지만, 책을 눈으로 읽어나가는 것은 그보다 쉽다. 읽는다는 것은 지식습득의 가장 중요한 수단으로, 문맥을 이해하고, 행간을 읽고, 구조와 의미를 파악하는 과정이 바로 읽기의 과정이다. 따라서 읽는다는 것은 사물의 겉모습이 아니라 이면에 담긴 진실을 파악하려는 노력에 다름 아니다. 피스크 역시 TV 읽기(reading television)라는 제목의 책을 통해 텔레비전이 가진 문화적 의미를 풍부하게 살핀 바 있다. 그는 텔레비전이 예전의 음유시인이 하던 기능을 현재에 충실히 수행하고 있다고 주장한다. 따라서 미디어콘텐츠를 읽는 것 역시 콘텐츠의 문화적 함의를 파악하는 행위인 것이다.

그렇다면 콘텐츠를 어떻게 읽을 수 있는가? 이데올로기 분석이나, 서사분석, 정신분석 등 다양한 방법이 제시되고 있다. 이데올로기분석은 콘텐츠가 담고 있는 궁극적인 이미지를 찾아내는 작업이다. 콘텐츠에 담긴 주장, 표현 등에 나타난 이데올로기적 실체를 명확히 하는 것이다. 여기에는 롤랑 바르트가 말한 신화분석도 포함될 수 있다. 자본주의의 신화, 부르주와의 신화, 소비신화 등 다양한 신화의 형상을 파악하는 작업이 그것이다. 서사 분석은 서사의 구조 즉, 이야기와 담론의 구조를 분석하여 의미를 추출하는 작업이다. 이야기분석은 사건의 진행을, 담론분석은 이야기를 풀어나가는 표현방법에 대해 분석하는 것이다. 정신분석은 콘텐츠에 담긴 정신 혹은 심리적인 요인들을 추출하여 내용분석을 시도하는 방법이다. 살펴본 것처럼 콘텐츠를 볼 때는 다양한 접근방법이 존재한다. 따라서 콘텐츠를 볼 때는 어느 접근법으로 접근할지 선택해야 한다. 물론 처음 보는 콘텐츠를 어떤 방식으로 접근할지 결정하는 것은 쉬운 일이 아니다. 하지만 콘텐츠를 보면서 내용에 몰입하여 흥겹게 보기만 해서는 제대로 된 분석이 어려운 것도 사실이다. 콘텐츠를 소비하는 소비자의 입장에서는 그저 재미있고 흥미 있는 콘텐츠로밖에 인식할 수 없다. 따라서 소비자의 입장이 아니라 분석자의 입장에서 콘텐츠를 탐색해야 한다. 마치 호랑이가 상대방의 특성을 파악하려 호시탐탐하는 것과 같다. 그리하여 연속적인 징후들이 파악된다면, 그 점을 집중적으로 공략한다. 징후적인 관점들을 통하여 전체 콘텐츠의 맥락 아래서 콘텐츠를 분석한다면 새로운 해석을 끌어낼 수 있다. 한 번에 콘텐츠를 보면서 이런 징후적 관점들을 추출하는 것은 능숙한 분석자가 아니면 어려운 일이다. 따라서 일반적인 분석자라면 여러 번 반복해서 살펴보는 것이 중요하다. 거시적인 관점과 미시적인 관점의 관찰이 가능하다. 거시적인 관점이 콘텐츠가 만들어진 맥락적 상황, 시의성, 정치

사회적 맥락, 트렌드, 제작자, 수용자 등의 콘텐츠 외적인 요소들을 콘텐츠와 연결하는 것이라면, 미시적인 관점은 주제, 소재, 표현방식, 제작완성도 등과 밀접한 연관이 있다. 따라서 콘텐츠는 거시적인 관점과 미시적인 관점을 두루 섭렵하여 콘텐츠의 좌표와 성분분석이라는 작업을 동시에 수행해야 한다. 읽는다는 것은 내가 보고 있다는 것을 자각하는 행위에서 시작된다. 굳이 소격효과를 언급하지 않더라도, 콘텐츠를 낯설게 보는 데서 읽음은 시작된다. 불가근불가원이라는 말처럼 지나치게 콘텐츠에 몰입되지도 않고, 너무 무관심하지도 않은 적절한 거리에서 콘텐츠를 바라보는 노력이 필요하다. 그래도 콘텐츠를 읽기 어렵다고 하는 독자가 있다면 다음의 예를 들고자 한다. 다른 기획과 마찬가지로 한가지의 렌즈를 얻게 되면 이것으로 세상만사를 살펴보는 것이 필요하다. 당구를 처음 배울 때, 세상 모든 것이 당구대와 공으로 보이는 때가 있듯이, 콘텐츠를 분석할 때는 콘텐츠로 세상을 살피는 것이 필요하다. 필요하다고 해서 되는 문제라기보다는 자연스레 보아야 한다. 그렇게 보다 보면 내가 보는 콘텐츠의 구조와 의미 그리고 맥락이 어렴풋이 보일 것이다. 그렇다면 그 뿌리를 꽉 잡고 캐보아라. 칡뿌리처럼 탐스러운 읽음의 열매가 드러나게 될 것이다.

2 PD들이 생각하는 좋은 모니터

PD, 모니터의 홍수에 빠지다

최근에 새 프로그램을 기획하여 제작했다. TV 문화지대 〈낭독의 발견〉. 한 달여 기간 동안 준비하여 만든 첫 방송이 나가고 수많은 사람(방송사 부사장에서부터 국장 주간 차장 등 간부에서부터 선후배 동료 및 심지어 친척)들로부터 프로그램에 대한 이야기를 들었다. 일종의 모니터인 셈이다. 하지만 사람이 보는 눈이 크게 다르지 않은 이상, 똑같이 반복되는 칭찬이나 지적은, 죄송한 일이지만 듣는 사람에게 큰 감흥을 주지 못한다. "다 좋은데 조명 색깔을 바꾸면 좋겠다.", " 사회자의 등·퇴장이 부자연스럽다.", "사회자의 진행이 미숙하다."라는 등의 지적을 제외하면 대부분의 평은 "새롭고 참신하다.", "느낌이 좋았다."라는 지적들이었다. PD 스스로도 프로그램을 녹화하면서 그리고 편집하면서 이 정도면 이름이 부끄럽지 않다고 자부하여, 선배들에게도 프로그램을 꼭 보아 달라고 뻔뻔한 부탁을 했던 터이다. 최종 편집을 끝내고 몇 번의 모니터링을 끝낸 후 부서 내 시사회를 했다. 주간께서는 "감동적이고 완벽하다."라고 격려해주셨다. 방송이 나가는 날 집에서 프로그램을 모니터링 했다. 프로그램이 끝나는 스크롤이 흐르자 집에 전화가 울리기 시작했다. 맨 처음 온 전화는 예전에 함께 일했던 선배였다. "잘 만들었다. 스튜디오는 어디냐?"라는 질문과 함께 내일 보자는 이야기였다.

다음날 선배를 찾아갔다. 선배는 프로그램의 좋은 점 한두 가지와 함께 프로그램에서 고쳐야 할 부분 혹은 보완해야 하거나 눈에 거슬렸던 부분을 약 20여 가지 이상을 쉬지 않고 이야기했다. 이야기 대부분은 쇼프로그램의 연출법에 대한 것이었다. 즉 "출연자 뒤에 가느다란 나무가 떨어지게 해서는 안 된다.", "마지막 출연자는 아직 읽지도 않았는데 사회자가 다 읽은 것처럼 한 대사가 거슬렸고 프로그램의 신뢰도에 의심이 갔다.", "조명이 너무 차갑게 느껴졌다.", "화면의 커트가 너무 짧다.", "사회자의 얼굴에 그림자가 떨어진다.", "객석이 없는데 왜 자꾸 사회자가 들고나는지." 같은 예리한 지적들이라 감사하게 들었다. 하지만 선배의 지적은 끝이 없었다. 너무 여러 가지를 한꺼번에 듣자니 퇴불심도 슬슬 일어났다. 나의 이런 기분을 눈치챘는지 선배는 "노연출자의 올드한 연출법이라고 생각해도 좋다."라고 말했다. 다음 녹화 날 선배가 녹화장에 왔다. 그리고는 다시 "세트의 높이가 조금 높아서 출연자의 얼굴이 잘 보이겠느냐?", "나무 세트에 흰 페인트를 칠해야 하지 않겠느냐?", "나무 뒤의 전깃줄이 거슬린다.", "조명이 구슬처럼 보여서 출연자에 대한 관심이 분산되지 않겠느냐?" 등의 지적을 해주었다. 물론 그의 지적이 모두 타당한 것은 아니었지만, 후배의 프로그램을 위해 그렇게 다양한 관점에서 충고해준 선배는 없었다.

PD, 모니터에 감동하다

프로그램 홈페이지에도 여러 가지 의견이 올라왔다. 시청자의 소감이었는데 이들 역시 비슷한 의견들이었다. 그중 한 분이 쓰신 글이 눈에 들어왔는데, 무엇보다도 다른 의견과는 달리 글의 깊이가 느껴졌기 때문이다. 시청자인 그분의 모니터링 내용은 다음과 같았다.

1. 사회자의 미숙, 시간이 가면 나아질 것
2. 구성의 일관성, 단락 간의 연결고리 부족
3. '왜'에 대한 설명 개연성 부족, 왜 〈빈집〉이고 왜 〈박성연〉인지
4. 비주얼은 통일성이 있고, 미장센이 세심하게 연출되었음
5. 영상구성의 흐름과 화면전환의 호흡 자연스러움
6. 콘서트 형식의 구성과 무대형식의 구성이 읽기 프로그램의 지루함을 훌륭하게 보완
7. 비디오, 오디오 정보가 서로 충돌해서 의미와 정서전달에 방해됨. 자막 등·퇴장 시점과 관련이 있음
8. 비디오 인서트가 부자연스러움
9. 사회자의 동선을 보여주는 것, "안녕하세요?" 하는 것이 낭비
10. 출연자의 형식이 낯설고, 읽는 텍스트도 낯설지만, 브리지마저도 숨이 가빴음.

11. 텍스트 선정 및 출연자 선정에 대한 배경설명 필요
12. 텍스트의 깊이 선정에 고민해야. 〈빈집〉, 장석주의 〈소금〉은 고급텍스트인데 비해, 토크는 가벼움. 편차 조정해야.
13. 사회자의 대화능력은 서둘러 향상하거나 단순화시켜야 한다. 그의 지적 이미지만을 이용하라. 〈인물현대사〉의 문성근처럼
14. 아무도 시도하지 않았던 처음 보는 프로그램을 만드는 일이란 결코 쉽지 않다. 다양한 실험을 통한 완성도 높은 프로그램을 기대.

이 모니터를 보고 제작진은 큰 감명을 받았고 이 모니터를 모두 돌려보고 다음 제작에 꼭 반영하기로 마음먹었다.

좋은 모니터의 조건들

이 모니터는 좋은 모니터의 조건 여러 가지를 구비하고 있다. 이 모니터가 좋았던 점을 지적해보자

1) 정확한 지적 : PD들이 보게 되는 모니터에는 지적을 위한 지적이라는 것이 많다. 즉 어떠한 프로그램에 적용해도 유효한 지적, 즉 오락 프로그램에 대해 의미가 없다는 관행적인 지적 등은 아무런 감흥을 주지 못한다. 전혀 그렇지 않은데 모니터가 우격다짐으로 그렇지 않느냐고 주장할 때는 웃음이 나오기까지 한다.
2) 좋은 점에 대한 언급 : 세상 모든 일이 좋기만 하고 나쁘기만 한 것이 아니다. 일장일단의 요소는 갖추고 있기 때문에 제작자가 잘한 점에 대해서 인정을 받게 되면 그다음 지적들에 대해 더 마음을 열게 된다.
3) 방송 메커니즘에 대한 이해 : 위 모니터에서 보이는 것처럼 글을 쓴 사람은 결코 아마추어 모니터가 아니다. 출연자의 동선이나 자막 등·퇴장, 인서트의 문제 등 방송의 제작과정에 대한 이해가 느껴질 때 모니터를 그냥 보아 넘길 수 없게 된다.
4) 대안의 제시 : 문제가 있는 부분에 대한 일방적인 지적에서 끝나는 것이 아니라, 어떻게 하면 문제를 해결할 수 있는지, 대안까지 제시된

모니터에 제작자들은 감사하는 마음마저 갖게 된다.

5) 프로그램에 대한 애정 : 어린아이들에게 자라면서 가장 필요한 것은 사랑이라고 한다. 따라서 부모가 자녀를 사랑한다는 원칙을 느끼게 해주고 하는 지적과 그렇지 않고 하는 지적에는 큰 차이가 있다. 따라서 모니터에 나타나는 프로그램에 대한 애정은 제작자의 마음을 열어주는 가장 중요한 요소이다.

6) 방송에 대한 철학 : 위 모니터를 쓰신 분은 긍정적이고 낙관적인 생활태도를 보이고 있는 것처럼 보인다. 그뿐만 아니라 새로운 것을 시도하는 것의 중요성과 그것에 그치지 않고 좀 더 다양한 시도를 통해 완성도 높은 프로그램에 접근해야 한다는 등의 철학까지 선보임으로써 제작진의 마음을 움직이고 있다. 물론 지적한 것들이 100% 맞을 수는 없고 제작자로서 반론을 제기할 수도 있으나 이렇게 방송에 대한 철학까지 가지고 계신 분의 지적은 겸허하게 받아들이는 것이 도리가 아닌가 한다.

모니터, 마음을 여는 작업

방송프로그램을 제작하는 것이나 프로그램을 보고 모니터를 쓰는 일이나 그것이 지향하는 바는 크게 다르지 않다고 생각한다. 그것은 시청자나 제작자의 마음을 열고 그 안으로 가까이 다가가는 것이 아닐까. 제작자나 모니터가 본인 스스로만 만족하는 수준에서 그친다면 그것은 사회적으로 손실이 되는 셈이다. 왜냐하면, 전파나 모니터 모두 중요한 사회적 자원이기 때문이다. 삶에 대한 긍정적이고 낙관적인 태도를 보이고 방송에 대해 애정을 가지며, 방송 메커니즘을 이해하고 제작진의 숨은 의도까지 볼 수 있는 눈을 가지고, 좋은 점과 나쁜 점을 볼 수 있는 균형 감각을 가지고 정확하게 쓴 모니터. 그것은 좋은 프로그램이 더 많이 나올 수 있는 중요한 자원으로 작용할 것이다. 모니터 그들은 제작자에게 영향을 미치고 그들을 움직이는 또 다른 프로듀서이기 때문이다.

〈방송모니터, Who & How 中〉

제 3 장

방송 콘텐츠 읽기

Chapter 3

방송 콘텐츠 읽기

1 오락

1) 느낌표!!!!!!!!!!!!!!!!!!!!!!!! 장르에 대한 조소

2001년 가을, 독특한 모습을 한 오락 프로그램 〈느낌표〉가 선보였다. 많은 신문에서는 오락 프로그램의 새로운 지평 운운하면서 〈느낌표〉의 등장을 반겼다. 청소년, 독서, 계몽, 멸종위기의 동물 등 우리 사회가 가지고 있는 많은 문제점들을 오락 프로그램의 소재로 다루겠다고 나선 바, 신문사와 시민단체들이 그토록 외쳤던 방송의 공익성 운운의 사회적(?) 염원과도 크게 다르지 않다. 게다가 최고의 인기 개그맨 5명이 사회자로 나서고, 프로그램이 내뿜는 웃음과 감동의 양도 결코 적지 않다. 〈느낌표〉가 선정한 책들은 지금 이 순간도 최고의 베스트셀러로 팔리고 있고, 서울시 교육청에서는 0교시를 폐지하기까지 하였다. 대중적인 공익성의 위력이 유감없이 발휘된 순간이었다.

즐거움, 차원의 확대

〈느낌표〉가 다른 오락 프로그램과 다른 점은 교양과 다큐멘터리 프로그램들이 다루는 소재들을 그대로 다룬다는 점이다. 〈하자 하자〉 코너는 아침 식사를 못하고 새벽같이 등교하는 고등학생의 실태를 보여주어 청소년 건강에 대한 관심을 환기했고, 요즘은 폭주족 청소년들에게 헬멧 씌워주기 캠페인을 벌이고 있다. 〈다큐멘터리 이경규 보고서〉는 코너 이름에서부터 다큐멘터리이고, 〈책책책, 책을 읽읍시다〉는 독서 운동을 불러일으키고자 하는 교양성 프로그램이고, 〈길거리 특강〉은 교양프로그램의 하이라이트인 강의 프로그램이다.

하지만 〈느낌표〉가 이러한 소재들을 다루는 두드러진 방식은 그 유연성에 있다. 딱딱한 소재들을 말랑말랑하게 반죽해서 조몰락거린다. 즉, 학생들에게 따끈한 아침밥을 먹이면서 교육 현실을 고발하고, 책을 읽은 사람에게 선물을 주면서 독서를 권면한다. 안 잡히는 도심 속 야생동물 추적작전을 통해 삭막해진 우리의 환경에 대해 생각하게 하고, 길거리 강연을 통해 시청자를 계몽한다. 웃음만이 오락 프로그램의 유일한 가치인 양 경도되었던 오락 프로그램 제작풍토에 새로운 차원의 즐거움들이 가능하다는 사실을 환기한 것이다. 편부슬하의 폭주족 청소년이 가정의 소중함과 아버지와의 정에 대해 이야기할 때는 등을 토닥여주고 싶을 만큼 감동적이었고, 청소년들이 폭주를 하게 만드는 삶의 상처는 공감을 주었으며, 역경을 딛고 일어선 사람들의 뜨거운 강연이 주는 가슴 뭉클함 역시 '즐거움'을 주었다. 즉, 웃음이 즐거움의 한 가지 차원일지언정, 즐거움의 전부는 아니라는 것을 보여준 것이다. 〈느낌표〉는 제목처럼 느낌이라는 가치를 잘 거두어 냈다.

장르에 대한 조소

하지만 〈느낌표〉가 기본적으로 오락 프로그램이라는 사실에 착목하고, 그 웃음의 근거가 어디인지 생각해본다면 오락 프로그램의 다큐멘터리성 혹은 교양성에 대한 조소의 기미를 발견할 수 있을 지도 모른다. 〈다큐멘터리 이경규 보고서〉에는 정통 자연 다큐멘터리에서 나오는 중후함 대신, 가벼움으로 가득하다. 멸종되어 가는 동물을 찾아 나선 이경규 팀은 도심의 하천가를 뒤지며, 희귀동물을 찍지 못한 상황 자체를 다큐멘터리의 소재로 삼는다. 며칠째 못 찾고 있는 상황 즉, 일반 다큐멘터리에서는 모두 편집에서 누락되었을 그 과정들이 주 소재로 사용되는 것이다. 제목은 다큐멘터리이지만, 다큐멘터리의 중후함이나 딱딱함은 온데간데없다. 함께 등장하는 어눌한 말투의 박사는 때때로 높은 학식의 허약함에 대해 실토함으로써 웃음을 자아낸다. 박사는 생활 속의 야생동물에 대해서는 의외로 얕은 지식을 드러내고, 동물도감에서는 수없이 보았다지만, 실제로는 보지도 못한 동물도 있다는 등 이론의 허약함을 유감없이 드러내 보인다. 〈책책책 책을 읽읍시다〉는 어렵고 딱딱한 책이 아니라, 어린아이에서부터 어른까지 읽을 수 있는 그야말로 대중서를 다룬다. 책을 읽은 사람에게 주는 선물은 주인공이 정해진 시간 안에 책을 수레에 옮겨 실을 수 있을 만큼 가지는 땅따먹기의 방식을 닮았다(하루 동안에 갔다가 돌아올 수 있는 만큼 내 땅). 몇몇의 평자들은 이것이 책을 올바로 다루는 방법이 아니라고 지적하지만, 우리 사회가 틈만 나면 부르짖는 상식을 건들어 비틀기 때문에 재미있다는 것에 대해서는 관심이 없는 듯하다. 욕심을 내어도 천박하지 않은 것 그것은 책에 대한 한국인의 오래된 관념이다(책 도둑은 도둑도 아니다.). 책은 교양의 집적체로 상징되고 그것을 현대적인 소비욕망의 객체로 환치함으로써 미묘한 알레고리가 형성된다. 게다가 사행심을 조장할 수 있는 대박 보너스가 숨겨져 있지 않은가? 주인공과 감정이입을 하고 대박 보너스를 타도 크게 부럽지 않고, 못 타면 안타까운 것 그것은 책이 가진 문화적인 함의 때문이다.

장르와 매체들의 충돌

언제부터인가 각각의 장르와 매체들은 자신의 독특한 영역에 대해 텃세를 부리는 것 같다. 쇼 오락 PD들이 다큐멘터리를 만들면 교양 다큐멘터리 PD들은 좀처럼 인정하려 하지 않고, 반대로 교양 PD들이 만든 쇼양 프로그램 역시 쇼 오락 PD들로부터 온당하게 평가받지 못하는 것처럼 보인다. 각각의 장르에 대한 자부심에서 나온 것이라면 문제는 가벼워지지만, 자신만의 영역이라는 아집 때문이라면 그다지 아름답지 않다.

하지만 문제는 이 징후가 장르뿐만 아니라 매체를 사이에 두고도 엿보인다는 점이다. 일부 신문은 줄곧 방송이 공익적이지 않고 오락은 경박하다고 비난한다. 하지만, 막상 방송에서 공익적인 내용을 다루더라도 사정은 달라지지 않는다.

일부 신문의 〈느낌표〉에 대한 시선을 살펴보자. "'!느낌표' 독서는 없고 책을 희화화", "폭주만큼 위험한 '하자하자' 코너", "MBC '!느낌표' 균형감 도마 올라", "오락프로 '느낌표' 우리가 봐도 심해요." 등 논리적인 설명이 부족하고 감정이 앞선 언설로 가득한 일부신문의 시선은 차갑고, 심지어 질시의 냄새마저 풍긴다. 만에 하나라도 일부 신문의 시각에 대중적 공익성이라는 영역이 신문만의 고유의 영역이라는 생각이 자리하고 있다면, 그것이야말로 반공익적인 생각이 아닐까.

2002년 9월, 〈느낌표〉는 한국에서 오락 프로그램과 방송의 위치를 가늠하는 척도로 관심을 모으고 있다.

〈PD저널 2002년 9월 13일〉

2) 폭소클럽

매주 금요일 밤 까끌까끌해진 눈꺼풀을 올리면서 기다리는 프로그램이 있다. 스탠드 업 코미디 프로그램 〈폭소클럽〉. 엄밀하게는 토요일 밤 12시를 넘어서 시작하는 프로그램이므로 밤을 새워 기다리는 셈이다.

새로운 재미

방송사의 오락 프로그램이 주는 즐거움은 정형화 되어있다. 연예인의 등장과 이들의 평범함을 넘어서는 모습, 그리고 이들이 괴롭힘을 당하는 것을 담보로 손에 땀을 쥐게 하는 찻잔 속의 경쟁, 그리고 그 성취를 통해서 베풀 수 있는 선행의 결과에 대한 반응. 코미디 프로그램 역시 몸으로 치고 받고 넘어지던 슬랩스틱 코미디와 말이 가진 중의성을 통해 가벼운 풍자를 시도했던 80년대식 코미디, 허무한 느낌을 노리는 썰렁함과 〈개그 콘서트〉가 구축한 달변과 서사의 구조 등 답이 정해져 있다. 이러한 큰 공식들은 프로그램의 큰 줄기로 다른 즐거움의 지류를 덮쳐 하나의 흐름으로 도도하게 흘러왔다. 이러한 코미디의 흐름 속에서 폭소클럽은 오랫동안 금기시해왔던 미국식 스탠드 업 코미디를 브라운관으로 끌어 온 것이다. 한국과 미국의 사회문화적인 차이 때문에 좀처럼 시도해보려 하지 않았던 스탠드 업 코미디, 이제 한국방송에서 첫발을 조심스럽게 내딛고 있다. 보지 말라고 일부러 늦게 편성하는 것은 아니겠지만, 이 심야의 프로그램을 기다리는 이유는 프로그램이 재미있기 때문이다. 재미라고 다 같은 재미가 아닌 것처럼 이 프로그램이 주는 재미는 안정된 프로그램인 개그콘서트가 주는 재미와는 많이 다른 즐거움을 준다. 그 즐거움은 우리가 공중파 방송이 제공하는 맛과는 다른 새로운 맛이다. 한·중·일 음식에 길들여져 있는 한국사람이 먹는 월남쌀국수정도 될까? 이 프로그램에 출연하는 출연자들의 스펙트럼은 다양하다. 유명개그맨인 갈갈이에서부터 이름도 듣지도 보지도 못한 장한나에 이르기까지 다양한 출연자들이 코미디를 하고 퇴장하는 식이다. 따라서 이들의 웃음에는 억지 구성이 개입할 여지가 적다. 가학이나 괴롭힘도 없다. 입으로만 웃겨야 하기 때문이다.

방송의 아마추어리즘

물론 재미의 정도는 차이가 난다. 이 재미의 차이에 따라 기묘한 썰렁한 웃음과 통쾌한 웃음이 있을 뿐이다. 웃기지 않아도 짜증은 나지 않는 셈이다. 열심히 하려고 하는 자세에서 삶에 대한 성실한 모습이 엿보이기 때문이다. 방송이 이름난 연예인들만의 것이라는 착각을 하기에 충분할 만큼 연예인의 독점무대를 만들어 왔던 관행에서 보면 폭소클럽은 아마추어의 무대이다. 얼굴도 낯설고 그들의 코미디도 매끈하거나 화려해 보이지 않는다. 기타를 들고 모창을 하거나, 과학으로 인간의 행동을 코믹하게 풀어내거나, 레크리에이션 강사들의 막전무대의 이야기들이 가득하다. 따라서 폭소클럽이 성취한 새로운 감각 영역의 확장은 높이 사야 하며, 아마추어리즘 역시 계속 계발되어야 한다.

색깔을 지켜냄

따라서 폭소클럽이 가장 경계해야 할 것 역시 서세원의 토크박스의 전철을 밟지 않는 태도이다. 시청률확보차원에서 가수나 연예인이 등장하는 것까지는 괜찮지만, 그들이 토크박스에서 했던 개인기차원의 개그를 흉내 내는 것은 프로그램의 색깔을 희미하게 하는 반작용을 가져온다는 이야기에 귀를 기울일 필요가 있다.

밤이 깊어가는 금요일 밤 12시. 새로운 카니발은 시작되고 우리는 점잖게 웃음을 참느라 불면의 밤을 밝힌다.

3) 시사터치 코미디 파일 : 증발된 시사, 희미해진 웃음

한 달 넘게 〈시사터치 코미디 파일〉을 보면서 참 궁금했다. 〈시사터치 코미디 파일〉에 적지 않은 시청자들이 모이는 것을 어떻게 설명할까? 다른 채널에서 재미있는 것을 하지 않는다는 이유만으로는 설명할 수 없는 무엇인가가 프로그램에 있다고 보는 것은 시청률이 14-20%로 적지 않기 때문이다. 하지만 내가 본 〈시사터치 코미디 파일〉은 무뎌진 비판감각에 재미는 옛날보다 덜 느껴졌다. 김 기자의 취재파일은 〈한밤의 TV 연예〉의 특집 한 꼭지처럼 보였고, 황당한 사건은 황당했고, 시사유머 베스트는 쓴웃음을 머금게 했다. 삼행시 백일장은 시골 쇼의 분위기가 그대로 느껴졌고 사회자들의 사담 같은 멘트는 무례하게 느껴졌다.

편성, 좋은 이웃을 만나다.

연출자들과 책임연출자와의 대화를 통해 시사터치 코미디 파일의 선전(?)이 다른 채널의 내용에 힘입은 바 크다는 이야기를 들었다. 일요일 밤 10시 40분에서 11시 50분까지 방송되는 이 시간대는 다른 방송국의 채널들이 교양물을 주로 하는 시간대이다. 〈뉴스추적〉(SBS), 〈성공시대〉(MBC), 〈취재파일 4321〉(KBS1 TV) 등 1TV와 SBS는 딱딱한 내용을 다루고 있고, 〈성공시대〉도 사안에 따라 진폭이 크다. 12월 10일에도 〈시사터치 코미디 파일〉은 다른 채널들이 모두 노벨상 수상식 중계방송을 하는 것에 힘입어 선전했다(시청률 18% 기록-AC닐슨). 편성에 있어서 좋은 조건을 가진 〈시사터치 코미디 파일〉의 내용은 어떨까?

시사와 코미디는 어디에?

김 기자의 취재 파일은 한때 〈한밤의 TV 연예〉와 같은 시간대에 방송되던 〈시사터치 코미디파일〉의 전략이 고착화된 화석이다. 〈한밤의 TV 연예〉의 아성에 번번이 고배를 마셨던 당시 PD들이 〈한밤의 TV 연예〉와 맞편성으로 비슷한 소재를 담는 김 기자의 취재파일을 만든 것으로 보인다. 그 내용들을 보면 성형수술 붐(12/3), 순정신드롬(12/10) 등 한결같이 〈연예가 중계〉에서 취급할 만한 내용들이다. 시사라는 이름을 걸칠 수는 있어도, 코미디라는 이름은 걸기 어려운 꼭지다. 한번에 2건씩 나가는 황당한 사건. 황당한 사건을 넘어서 엽기적인 사건을 재연하는 이 코너는 일단 황당 사건의 선정 자체가 황당할 만큼 놀랍거나 재미있는 것이나 세태를 반영하는 것이 아니어서 황당하다. 김대희와 김영철이 고정으로 출연하여 여의도 공원에서 찍는 이 코너는 시사적이거나 코미디적인 요소를 잃어버리고 표류하는 것처럼 느껴진다. 12월 10일 방송분에서도 자신에게 관심을 두지 않는다고 집착하는 여자가 한강에서 투신자살을 시도했다는 사건과 오토바이 운전면허를 훔쳐서 위조했다가 경찰서에서 면허증의 주인을 만나 들통난 이야기를 재연했다. 두 사건이 최근의 경향을 반영하지도 않을뿐더러, 재미있을 만큼 황당한 이야기도 아니었다. 시사유머 베스트5 역시 웃음의 질이 균질하지 않고 진폭이 크다. 종합적으로 보더라도 낮은 수준의 유머들이 대부분으로 3행시류가 대부분이다. 신인 개그맨의 연기라고 해도 너무 아마추어적이어서 웃음을 불러일으키기에는 한계가 있는 것처럼 보인다. 시청자들이 제보하는 아이디어가 제한되어 있겠지만, 더 많은 자료를 찾는 노력이 더해져야 한다고 본다. 시사갤러리. 이 코너는 프로그램초기부터 꽤 주목을 받았던 꼭지다. 딴지일보의 이미지합성을 패러디한 이 갤러리는 프로그램 전체에서 그나마 시사와 코미디를 어느 정도 담보한 코너지만, 이 역시 점점 밋밋해지고 매너리즘에 빠져 참신한 맛을 기대하기는 어렵다. 시사백일장 장원급제. 프로그램을 통틀어 그나마 재미있는 코너라고 할 수 있는 것이 장원급제다. 하지만 어이없는 웃음이 많고 출연자의 개인기를 웃음의 소재로 삼는 것이 많아 좀 더 좋은 말들이 오고 갈 수 있게 조정이 필요하다. 12월 10일 경인여대편은 특히 시사적인 주제의 '박살 메모', '뒷거래', '진승현' 등이 본 시사적인 내용과는 아무 상관없는 내용으로 흐른 것처럼 시사의 기능을 포기하고 코미디만 건지려 하고 있다. 시사터치 코미디파일이 가진 정치풍자의 전통이 사라져가고 있다. 하지만 적지 않은 시청자들이 보고 있다는 것은 무엇을 뜻할까? 어쩌면 일요일 밤 10시 30분에 시청자들이 바라는 것은 시사비판이나 독한 풍자보다는 쉽게 보고 웃어 넘길 수 있는 오락성 프로그램일지도 모른다. 그런 의미에서 시사 터치 코미디 파일의 오락화로의 변신은 스스로 그 시간대에서 살아남기 위한 전략일지도 모른다. 하지만 그 시간대에 〈시사터치 코미디 파일〉이라는 이름을 내세우려면 세태나 정치, 경제, 사회에 대한 따끔한 풍자와 따뜻한 애정과 기발한 웃음을 유지해야 하지 않을까? 혹시 시청자들은 이것도 저것도 아닌 즉, 선택의 여지 없이 불만스럽게 텔레비전을 보고 있는 것은 아닐까?

웰컴 미스터 맥도널드; 유치함 속에 숨은 풍자

얼마 전 〈웰컴 미스터 맥도널드〉라는 영화를 보았다. 라디오 방송국 스튜디오에서 극본공모에 당선된 여 작가의 글이 망가지고 뒤죽박죽되어서 다시 새로운 라디오극장으로 되살아나는 과정에서 일어난 한바탕 소동에 관한 이야기다. 작가의 글이 어떻게 방송국의 상업주의와 제작자들의 매너리즘, 스타들의 자존심에 의해 뒤틀리는가를 풍자하고 출연자들의 캐릭터는 섬세하게 살아 있다. 하지만 스토리는 실망스러울 정도로 뻔한 해피엔드고 진행되어 가는 과정도 그렇게 흥미롭지 않다. 퇴물 여스타의 자존심으로 주인공의 이름이 미국식으로 바뀌고, 장소도 스토리도 바뀌어 처음의 대본과 달라지지만, 의협심이 조금 남아 있는 프로듀서의 하극상으로 작가의 뜻대로 주인공들이 다시 재회한다는 내용이다. 하등의 새로울 것도 없고, 그 과정이나 풍기는 분위기에서 우스운 것은 없었다. 격하게 말하자면 유치하게 느껴졌다. 결과가 뻔히 보이는데 그 결과에 이르는 동안의 조그마한 모티브를 가지고 웃음을 유발하는 모습에 쉽게 마음이 가지 않았었다.

하지만 웰컴 미스터 맥도널드의 유치함은 시사터치 코미디 파일의 그것과는 차원을 달리한다. 영화의 유치함에서 짜증까지는 나지 않은 것은 방송국의 메커니즘이나 연예산업의 구조를 풍자하는 비판의 힘이 숨겨져 있기 때문이다. 이런 풍자를 바탕으로 인물들의 캐릭터에 음영을 주고, 순간순간의 모티브에 힘을 주어서 그런대로 괜찮은 영화로 만든 것이다.

코미디프로그램의 시청자에 대한 예의

쇼 오락 프로그램을 비평하는 사람들이 자주 지적하는 것이 사회자나 진행자가 반말을 쓴다거나 비속어를 쓰고, 지나치게 자기들끼리 만의 이야기를 하는 사담의 수준으로 떨어져 결국 시청에 대한 무례를 범한다는 것이다. 〈시사터치 코미디 파일〉의 진행이 시청자에 대한 예의 운운 할 정도로 무례한 측면도 있으나 지금은 그것을 지적하고 싶지 않다. 왜냐하면, 코미디 프로그램이면 웃겨야 하는 것이 시청자에 대한 더 큰 예의가 아닐까? 시사터치 코미디 파일은 열심히 웃겨야 한다. 꼭. 시청자는 웃고 싶다. 하지만 웃다보니 허전한 것이 아니라 어쩌다 한 번쯤은 주변을 돌보게 되는, 그런 웃음을 선사 받고 싶다.

4) 개그 콘서트

겨울 방학 때의 일이다. 토끼를 잡으러 가자는 동네 형들의 제안에 일요일 아침부터 뒷산을 뒤졌다. 초등학교 저 학년생이 어떻게 토끼를 잡을 수 있었겠는가마는 동네 형들을 열심히 따라다니다가 점심때가 다 되어서 내려왔다. 눈이 무척 많이 내렸던 날이라, 옷과 신발은 눈에 젖어서 축축해지고 몸은 피곤했다. 하지만, 동네의 대한전선가게 창문에 전시용으로 틀어놓은 흑백텔레비전에서 나오는 〈웃으면 복이와요〉 재방송을 보느라고 추위도 잊고, 정신을 잃은 기억이 새롭다. 폭설 뒤에 햇볕이 따뜻해서 그다지 춥지는 않았지만, 한동안 가게 앞에서 텔레비전을 보는 것을 중단할 수 없었던 이유는 내가 좋아하는 코미디 프로그램이었기 때문이다. 그리고 20여 년이 흐른 일요일 저녁 8시 45분, 저녁상을 물리고 난 뒤 빠트리지 않고 챙기는 일한 가지가 있으니, 바로 〈개그 콘서트〉를 시청하는 일이다. CM이 시작하고 방송 시작하기 전에 세수와 이 닦기를 마치느라 화장실과 사랑방을 왔다갔다 하다가 매번 앞부분은 놓치기 일쑤다. 일찍 세수를 마치고 몸을 깨끗이 하고 정갈한 자세로 방송을 보느라고 기다리는 몇 초는 참 많은 기쁨을 준다.

도대체 이런 프로그램은 누가 만든 거야? 나는 〈개그 콘서트〉의 충성도 높은 시청자는 아니다. 다만, 꽤 즐겨보는 편이다. 간혹 재미없는 꼭지가 나오면 리모컨으로 채널을 넘나들기도 하지만, 여전히 즐겨보는 코너는 네 그렇습니다, 청년백서, 갈갈이, 봉숭아 학당 등이다. 코너명에서 알 수 있듯이 이 코너들은 실은 가장 인기 있는 코너이기도 하다(특별한 취향을 가진 사람들은 간혹 연인들이나, 자기야 하는 꼭지 등을 손꼽기도 한다.). 이 코너들의 어떠한 매력들이 시청자를 사로잡고 있는 것일까? 〈개그콘서트〉의 롱런은 우리 코미디 프로그램의 고질적인 자기 반복의 딜레마에서 벗어났다는 데에 있다. 우리가 보아왔던 슬랩스틱 코미디들은 조금만 인기 있으면, 계속해서 그 담화를 반복하는 우를 범하곤 했다. 그리고 조금이라도 이야기의 싹이 있어 보이면 무작정 펌프질을 하면서 시청자들을 유인해 왔고, 혹시 그것이 효과를 발휘하면 계속해서 그 의미의 고리를 마르고 닳도록 사용했다. 하지만 개그 콘서트는 담화의 자기 반복 기간을 짧게 줄였다. 짧은 진행시간과 용도가 다하는 코너에 대한 자기구조조정을 통해 새로워지는 템포가 그다지 길지 않다는 것이 장점 중의 하나이다.

두 번째의 특징은 개그의 서사성이라고 할 수 있는 다변에 대한 천착이다. 기존 개그의 특징은 말보다는 행동으로 시청자를 웃기는 특징을 가진데 비해, 〈개그 콘서트〉는 말이 주는 웃음의 가능성을 충분하게 살렸다. 수다맨 강성범의 거침없는 암기나 갈갈이와 청년백서의 주인공이 읊어 대는 그럴듯한 대사의 릴레이는 언어가 이해되기 직전에 다시 새로운 단어들을 나열하여 방송의 밀도를 높이는 방식으로 시청자의 주의를 끌어왔다. 그리고 이러한 개그의 서사성은 우리가 오랫동안 잊고 있었으나, 한국인 내면 깊숙이 내재해 있던 타령의 즐거움에 대한 기억을 환기시킨다. 이 타령은 나무꾼의 지게막대에서 시장의 장돌뱅이를 거쳐 만담꾼에 이어져 내려오는 한국적 발라드에 뿌리를 둔 것으로 보인다. 텔레비전은 스펙터클이 있어야 하는 매체이다. 보기 드문 장관을 보여주거나(다큐멘터리) 듣기 어려운 노래 실력이나(쇼), 빼어난 미모와 연기력(드라마), 보통이상의 말재주(개그)가 텔레비전이 애용하는 무기이다. 예를 들어보자. 새롭게 부각한 개그 콘서트의 입담꾼 박준형의 "젖과 꿀, 버터와 쇼트닝, 딸기잼과 포도잼이 흐르는 땅으로 인도할 것인가, 어느 어두운 지하 수맥이 흐르는 골방에 방치할 것인가"라는 대사처럼 현란하다 못해 어지럽기까지 하다.

세 번째, 담화의 자기복제를 통해 웃음을 끊임없이 생성시킨다. 웃음의 코드는 일반적인 상식을 가볍게 벗어나면서 웃음을 주는 것이 일반적이다. 이는 어느 코미디 프로그램에나 편재하는 것들로서, 〈개그 콘서트〉의 특징은 방송내용이라는 사이버 측면과 실제 연기하는 자연인 연기자로서의 리얼리티를 교직하는 데 있다. 개그맨들이 자신의 역할에 맞는 방송 상의 대사와 자신들이 방송 전에 했을 법한 연습과정에서의 대사의 변경 혹은 대사를 까먹을 경우, 다른 친구들의 대사를 흉내 내는 등의 다양한 사이버와 리얼리티와의 간극을 간지럽게 하면서 시청자를 웃기는 코드를 만끽하는 것이다. 물론 〈개그 콘서트〉에도 프로그램의 피로현상이 곳곳에서 감지된다. 시청자의 반응이 좋지 않은 코너를 지속하는 것이나, 엽기적인 코드를 통해서 시청자에게 놀라움(?)을 주고, 트렌스젠더 풍의 유머에의 지나친 의존 등이 그것이다. 이런 것들에 착목하여 좀 더 새로워질 수만 있다면, 일요일 저녁 8시 45분은 오랫동안 가슴 설레는 시간으로 남을 것이다.

5) 엿보기와 괴롭히기 : 오락 프로그램의 두 방법론?

자유선언을 보고

오락 프로그램의 방식은 고착되어버린 것일까? 즐거움이 묻어나는 오락 프로그램은 더 이상 찾기 어려운 것일까? 오락 프로그램은 하나같은 공식에 따라 만들어지는 것처럼 보인다. 시청자에게 엿보는 공범의식을 권유하고, 잘 나가는 사람이건 이상하게 생긴 사람이건 간에 누구든 타깃이 되면, 왕따가 가해진다. 누구도 안전한 사람은 없으며(엿보기의 매서운 눈초리와 왕따의 가혹한 회초리), 그 결과는 씁쓸하고 예쁘지 않으며, 보는 사람과 행하는 사람 사이의 거리를 더 갈라놓으며, 시청자는 더 이상 즐겁지 않다. 이제 오락 프로그램은 떠들썩하고, 시끄러워야 하며, 크게 판을 벌이고, 두 가지 방법론 중 하나를 끼워 넣어야 한다. 엿보기와 괴롭히기. 주말 오락 프로그램을 보자. KBS 2TV의 〈자유선언 오늘은 토요일〉, 〈가을동화 스페셜〉, 〈아버지의 이름으로〉, 〈생존게임 끝까지 남는다〉 이 세 코너 어느 것 하나 두 가지 방법론으로부터 자유로운 것은 없다. 〈가을동화 스페셜〉의 경우 〈가을동화〉 쫑파티부터 〈가을동화〉 명장면, NG 다시 보기, 스튜디오 토크, 연예인의 〈가을동화〉 따라 하기 등 〈가을동화〉 다시 보여주기로 일관했다. 명장면 사이에 보여주는 스튜디오의 주인공의 얼굴을 담은 창은 이 프로가 지향하는 오락성의 전형을 보여준다. 보여주고 보게 하는 것, 이 창은 시청자가 훔쳐보는 창이고, 제작자는 시청자가 창을 보는 것을 다시 감시한다. 스튜디오로 돌아온 카메라는 다른 사회자가 하는 질문이나 응답에 어떠한 리액션도 보여주지 않고 일관되게 여자연예인의 얼굴만 따라잡는다. 짧은 스튜디오(워낙 ENG가 많아서 스튜디오는 10분도 채 안 된다.) 샷에서 사회자와의 주고받는 장면을 조감하기는 어렵다. 주영훈, 이창명, 이동건 등 사회자가 하는 말은 듣기만 할 뿐 보기는 쉽지 않다. 게스트 출연자의 얼굴 하나로 시청률을 담보할 수 있다는 생각을 하는 듯하다. 게스트의 얼굴만이 엿보기의 대상일까? 잘된 드라마 찍고 난 후 출연자가 느낄 수 있는 감정적인 변화나 소회 같은 것은 엿볼 생각조차 하지 않는 것 같다. 송승헌, 송혜교가 명장면을 보고 눈가가 젖어 들어감에도 이를 허용하지 않는 가벼움으로 진지함에 조소를 날린다(가장 기억나는 장면에 키스 운운). 더군다나 어린 출연자에게까지 자기를 좋아하지 않는다는 이유로 '정신병원에 가야한다.'라고 한 주영훈의 무례하고 무지렁해보이는 발언은 언급하기조차 민망하다.

〈가을동화 스페셜〉이란 제목으로 〈가을동화〉의 애틋한 기억이 되살려지는 것을 넘어서 덧칠해지는 느낌은 곧바로 계속되는 〈아버지의 이름으로〉라는 코너에서 더해진다. 스타를 좋아하는 아이들을 이해하기 위해 아버지가 스타의 신상에 대한 정보를 암기하고 퀴즈를 잘 풀었을 때에 숨겨져 있는 스타의 얼굴을 볼 수 있게 하는 이 프로그램은 말 그대로 엿보는 프로그램이다. 자녀를 위한 아버지의 노력과 그 노력이 실패했을 경우, 느끼는 좌절감과 가족의 연대감에서 세대 간의 단절의 골이 메워지는 것을 기대했을까? 스타의 별명과, 어릴 적 꿈을 맞춰갈 때마다 가족은 스타의 귀, 다리, 손 등 신체의 일부분을 엿볼 수 있다. 하지만 실패할 경우는 스타의 어느 신체도 실루엣조차도 엿볼 수 없다. 한 가족을 대상으로 하는 이 코너는 흥미가 덜하다고 판단했는지, 지난주부터는 두 가족이 나와서 한 가족을 탈락시키는 재미요소를 추가하고 있다. 어른들이 아이들처럼 연예인 신상을 외우는 것도 격 없어 보이지만, 그럼에도 불구하고 연예인의 코빼기도 보지 못하고 돌아서는 모습을 보는 것은 더 씁쓸하다. 스타의 얼굴을 엿보고 여기에 실패하면 낙담하여 눈물을 흘리면서 돌아서는 모습은 결코 유쾌하지가 않다.

〈생존게임 끝까지 남는다〉, 엿보기와 괴롭히기를 겸한 코너다. 출연하는 연예인은 저마다 잘 나가는 주말 급의 스타로 이들이 어두운 방에서 줄에 걸려 있는 산 낙지를 만져서 가져오고, 여우목도리를 가져오다가 놀라 기겁하는 모습을 보고 방청객의 객쩍은 괴성이 터진다. 과정에서 탈락한 스타의 이미지에 가해질 자존심의 타격을 예상하며 텔레비전을 통해서 확인해야 한다. 잠자다가 막 일어난 스타의 개인기는 스타의 본모습을 본다는 의도 아래 보이고 그것이 짜인 것이든 애드립이든 스타의 모습을 보여주고 그것에 실패할 때 보여주는 모습이 즐겁지 아니함에는 변함이 없다. 엿보기와 괴롭히기는 〈자유선언 오늘은 토요일〉에만 국한된 것은 아니다. 〈한국이 보인다〉의 〈달려라 백구〉도 프로그램의 줄기는 훈련 견의 세계에 대한 소개와 개의 귀여움을 즐기는 쪽보다는 유재석의 튀는 행동과 이에 대한 교관의 대응 및 전체적인 괴롭힘이 줄기를 이뤄가고 있고, 문화방송의 〈일요일 일요일 밤에〉의 건강특집 천하일품 또한, 요리에 대한 이해보다는 엽기적인 요리재료를 알아맞히고 재료의 기괴함으로 출연자와 시청자를 놀라게 하는 것이 주재료다. 12일 방송분에서는 김용만을 닭대가리로 몰아가면서 다른 출연자들이 단합하여 약 올리는 것으로 일관했다. 물론 〈남희석의 해피엔드〉나 〈신동엽의 러브하우스〉 등은 좀 더 따뜻하고 푸근한 소재로 접근하고 있지만, 왠지 공영성이라는 이름을 위한 면피용 코너라는 느낌이 나는 것은 왜일까? 수많은 오락 프로그램의 흐름에서 보면 이 코너들의 비중은 작고도 미약하고, 시청률이 적게 나오면 언제라도 금세 문을 내릴 수도 있기 때문이 아닐까? 엿보기와 괴롭히기가 횡행하는 주말 오락 프로그램. 시청자가 좋아하기 때문이라고 생각 없이 답하기에는 방송국이 계발해 놓은 오락 프로그램에 대한 시청자의 선유경향에 대한 방송국의 책임이 면책될 수 없을 만큼 크다. 연예인이 아닌 일반 출연자들이 프로그램에 참여하고, 시청자도 함께 즐거움을 나눠 가질 수 있는 우리들의 오락 프로그램, 텔레비전이 우리 생활과 거리감을 두지 않고 우리 삶 그대로의 반영이라고 믿을 수 있는 날은 과연 올까? 방송국, 아니 오락프로듀서는 이제 시청자에게 새로운 즐거움의 방법론을 제시하는 데 게으르면 안 된다.

2 교양

1) 도전 골든벨, 미장센 : 미장송?

80년대 말 〈퀴즈 아카데미〉라는 프로그램이 젊은이들 사이에 인기가 있었다. 너도나도 함께 퀴즈에 나가보지 않겠느냐고 인사를 하던, 방학이 끝나고 도서관 휴게실에 우르르 모여 함께 퀴즈를 풀고, 진행내용에 일희일비했던, 퀴즈의 전성시대가 있었다.

그리고 10여 년. 다시 퀴즈 프로그램이 인기다. 최근에 보이는 퀴즈 프로그램의 권토중래는 상금의 등장과 궤를 같이한다. 방송의 공영성이라는 이데올로기에서 벗어나지 못한 방송사들이 상금을 내걸고 시청자를 유인하는 '확실하면서도 위험한' 방법을 택한 것에는 돈이라는 것에 비교적 관대하게 변화한 사회 분위기와 상금의 50%를 불우이웃을 돕는 데 사용한다든지, 장학금이라는 이름으로 지급한다든지 공영적인 포장술을 덧붙여서 였다. 방송국 퀴즈 프로그램들이 돈에 목을 매는 이유는 간단하다. 돈을 걸지 않으면 보지 않기 때문이다. 하지만 돈을 추구하는 세상의 경향과는 달리, 어쩌면 돈의 대척점에 있는 명예를 걸고 시작한 프로그램이 있었으니 그 이름이 〈도전 골든벨〉이다.

거꾸로 가는 퀴즈

〈도전 골든벨〉이 거는 상품은 노트북도 있고 오디오도 있지만, 프로그램을 보는 시청자가 프로그램 내내 느끼는 것은 골든벨을 둘러싼 명예 담론이다. '우리 학교에서 골든 벨을 울리느냐 울리지 못하느냐?'라는 관심은 '노트북을 타느냐 못 타느냐?'라는 관심을 압도적으로 누르고 있는 것으로 보인다. 자신의 명예보다 학교의 명예를 더 크게 생각하는 고등학생들의 순수한 마음에는 '상금 타서 좋겠다.'라는 부러움보다 더한 감동이 있고, 제자들의 기를 살리기 위해 몸을 던져 헌신하는 스승의 우스꽝스러운 모습에는 '쿨' 한 것보다 더한 따스한 사랑도 살아있다. 〈도전 골든벨〉은 프로그램 말미를 제외하고는 문제를 틀린 학생들이 주인공이다. 따라서 아무리 엉뚱한 답을 내더라도 학생들의 당당하고도 이유 있는 답변은 시청자가 보기에도 좋다. 학생들 간의 경쟁 관계는 사라지고 '어떻게 하면 우리 학교가 골든벨을 울리게 할 수 있을까?'라는 큰 목표를 향해 단합되는 모습은 방송은 물론 교육이 방치해놓은 대동의 세계를 연상케 한다. 이 시간만은 그 학교 학생과 선생님이 온전히 주인공으로 보이며, 그들의 살아 있는 모습을 느끼고 공감하는 것은 큰 즐거움이다.

이 즐거움을 살려주는 몇 가지의 요소가 있으니 첫째는 미장센이다.

미장센, 소도구의 힘

퀴즈 프로그램에서 출연자의 배치는 탁자 위에 놓인 경적(부저)에 손을 얹고 옆에 나란히 위치한 경쟁자와 대결하는 구도다. 하지만 〈도전 골든벨〉은 100명의 학생들이 번호에 따라 짜인 널따란 고무판에 앉는다. 가부좌를 틀고 편안하게 바닥에 앉아 있는 100명의 학생들의 모습은 책상에 갇히거나 부저를 누르기 위해 긴장하는 모습과는 거리가 멀다. 연좌농성이라든가, 과거 시험장을 연상케 하는 바닥에 앉는 행위는 묘한 해방감과 긴장감을 동시에 갖고 있다. 책상 앞에 선다든지 의자에 앉는 행위는 제도가 가진 순치된 행위의 표상인데 비해(법정이나 연단, 책상의 틀이라는 이마주) 바닥에 앉는 행위는 도구의 중재 없이 인간이 원초적인 방법으로 자연과 커뮤니케이션 하는 것으로 보인다.

이런 방식으로 편안하게 앉아 있는 학생들의 모습은 1등을 뽑겠다는 결의보다는 함께 즐기는 놀이로서의 프로그램의 성격을 표현한다. 거꾸로 쓴 모자와 그 모자에 꽂은 친구들의 명찰이나 하얀 칠판에 쓴 '나는 할 수 있다.' 식의 표어는 경쟁 일변도의 제도권 교육이 침범할 수 없는 독특한 분위기를 형성한다. 거꾸로 쓴 모자와 친구들의 명찰이 상징하는 중의성은 이 프로그램이 공부 잘하는 학생들만의 잔치가 아님을 극명하게 드러내는 기호로 읽힌다. 패자 부활전을 위해 선생님과 한 동아리가 되는 것을 돕는 것은 구멍이 뚫린 커다란 천 주머니다. 색깔이 있는 천 주머니 속에 몸을 담고 얼굴만 내민 학생들의 모습은 학생들 자신의 단결을 돕고, 시청자들이 보기에도 깔끔하고 명료하다. 이러한 소도구의 적극적인 활용으로 프로그램은 큰 비용을 들이지 않고도 독특한 분위기를 만들어 내는 데 성공하고 있다.

음악, 프로그램을 잇는 끈

나는 텔레비전을 보면서 눈물을 훔친 적이 거의 없었다. 하지만 고백하자면 최근에 몇 번 눈물을 보인 것은 도전 골든벨을 보면서였다. 골든벨 문턱에서 탈락하고 아쉬워하는 학생들의 모습에 감정이입이 되고 안타까움이 느껴지는 것을 막을 길이 없었다. 이러한 눈물강탈은 도전 골든벨이 사용하는 음악과 밀접한 관련이 있다. 이 프로그램에서 음악 혹은 음향은 큰 비중을 차지하고 있다. 프로그램 대부분을 차지하는 문제의 제시와 정답의 확인에서 음향효과가 사용되고 있으며 사이사이에 배경음악이 적절하게 사용되고 있다. 음향효과는 문제와 정답의 제시라는 것을 알리는 파블로프의 종소리 같은 신호로서의 역할을 넘어선다. 때로 음향효과는 프로그램의 진행을 이어주는 바탕으로서 프로그램이 지나치게 희극화되거나 혹은 감정에 흐르거나 들뜨는 것을 막아주는 가이드라인의 역할을 한다. 사회자의 지나친 애드립이나, 학생들과 선생님의 넘치는 애교나 과장된 행동, 과열된 분위기를 잡아주고 퀴즈라는 본령에 충실토록 틀 잡는 역할을 음향효과가 맡은 것처럼 보인다.

또한, 함께 문제를 맞추는 친구들의 탈락을 아쉬워하며 이별을 알리는 〈Time to say Good-bye〉나 당당하게 탈락한 학생들의 기를 죽이지 않고 살리는 〈위풍당당 행진곡〉 등의 배경음악은 프로그램이 가진 다양한 감정의 결을 극대화한다. 이것이 이 프로그램을 여타의 프로그램과 구별 짓는 변인이다. 함께 가는 동료의 탈락을 아쉬워하고 내가 아닌 누구라도 나대신 학교의 명예를 드높여주기를 진심으로 바라는 친구들. 그것이 뜻대로 되지 않았을 때에 느끼는 순전한 마음은 생존경쟁에 찌든 우리를 돌이켜 보게 하고 이를 돕는 것이 음악의 사용이다. 음악은 이렇게 마음을 치유하는 힘을 가지고 있고, 연예인 한 명 안 쓰고도 시청자를 끄는 힘으로 작용한다.

우리들을 위한 텔레비전

70년대에 〈우리들 세계〉라는 프로그램이 있었다. 김동건 아나운서가 진행을 맡았고, 고교생들의 재치와 웃음이 가득한 이 프로그램은 고교생 텔레비전 프로그램의 고전으로 남아 있다. 연예인 출연 없이 학생들의 이야기만 가지고 성공했던 이유는 학생들 그들만의 세계를 담았기 때문이다. 시청자의 가슴에 남아 있는 이 프로그램의 흔적을 〈도전 골든벨〉이 이어가고 있다면 과장일까? 몇십 년이 흐른 후 지금의 고등학생이 중년이 되어서 그들의 가슴에 남아 있을 아름다운 아날로그 텔레비전의 추억, 그것에 〈도전 골든벨〉이 이름을 하나 추가되기를 기원한다.

〈PD저널 2001년 1월 19일〉

2) <VJ 특공대>

생동감 혹은 선정성 그리고 풍요와 화해라는 이데올로기

〈VJ 특공대〉가 인기다. 매주 평균 15-20%의 높은 시청률을 보이는 〈VJ 특공대〉는 벌써 KBS의 효자 프로그램으로 자리 잡았다. 비결은 현장에 특공대처럼 저돌적으로 달려 들어가 생생한 화면을 거둬 올리는 것. 〈VJ 특공대〉는 빠른 화면변화와 짧은 컷, 신속한 카메라 워크로 시청자의 안방을 향해 달려가고 있다. 시청자는 특공대의 돌진을 환영하는 듯하다.

12월 1일 방송분에서도 특공대의 돌진은 여전했다. 노벨 디너가 펼쳐지는 북유럽에서부터 사람 잡는 도로가 있는 강원도와 김장준비가 한창인 해인사를 거쳐 연탄의 컴백을 환영하며 달동네와 시장통을 발이 닳도록 헤집고 다녔다. 4개의 꼭지가 하나의 구성을 위해 잘 정렬된 것도 보기 좋거니와(전채요리로서의 〈노벨 디너〉와 메인 디쉬로서 〈사람 잡는 도로〉와 〈해인사의 김장 풍경〉 그리고 여운을 남기는 후식과 같은 〈연탄이 뜬다〉의 배열은 좋았다.). 마음 편하게 큰 생각 없이 볼 수 있는 프로그램 하나쯤 있어도 좋다는 것을 보여주었다. 〈VJ 특공대〉가 여타의 프로그램과 다른 특징은 무엇일까?

〈VJ 특공대〉는 딱딱하지 않은 적당히 소프트한 소재를 잡아 가벼운 6mm 카메라로 있는 그대로를 찍는다. 기존의 ENG 카메라가 무거운 몸체와 최소한 4명의(카메라, 오디오, 조명, PD 거기에 리포터까지 포함하면 5명) 스태프들이 움직여야 하는 데 비해 6mm 디지털카메라는 가벼울 뿐만 아니라 VJ 혼자 기획, 구성, 촬영, 편집을 도맡아 할 수 있는, 혼자 북 치고 장구 치는 경제적인 제작 시스템이다. 적은 인원이 움직이기 때문에 기동성이 보장되고 출연자들에게 심리적인 부담을 적게 주기 때문에 이는 그대로 프로그램의 리얼리티에 반영된다. 따라서 6mm로 촬영하는 VJ 시스템의 가장 큰 장점은 자연스러운 리얼리티의 구현에 있다. 〈VJ 특공대〉가 시청자의 반향을 얻고 있는 것은 바다에서 막 건져낸 생선과 같이 펄떡이는 활기에 있다.

달리는 화면의 생동감 혹은 선정성

하지만 달리는 활기에 채찍을 더하려는 것일까? 〈VJ 특공대〉가 시청자의 눈을 사로잡기 위해 사용하는 퀵팬(QUICK-PAN; 좌우로 재빨리 카메라를 돌려 파노라마를 보여주는 기법), 퀵줌(QUICK-ZOOM : 재빨리 피사체를 당기거나 멀어지게 하는 기법)의 사용은 지나치다. 휙휙 돌아가는 화면을 보는 것이란 여간 피곤한 일이 아니다. 물론 이러한 변화무쌍한 화면변화가 현장에 있는 느낌과 무엇인가를 추적한다는 느낌을 주기 위해 시도되는 것이라는 것을 모르는 바 아니다. 다만, 화면변화가 지나쳐서 선정적이라는 느낌이 든다면 지나친 걱정일까? 12월 1일 방송된 해인사의 김장 풍경은 타이틀을 뺀 본 방송 11분 33초 동안 343번의 화면변화가 있었다(팬은 시작하는 화면 1번, 끝나는 화면 1번으로 측정). 693초 동안 343번이니 거의 2초에 한 번씩의 화면변화를 경험하는 셈이다. 이는 텔레비전 CF의 경우와 비슷한 화면변화로 이러한 화면을 1시간여 동안 본다는 것은 극심한 시각적 피로를 불러일으키는 것이다. 게다가 감각만을 열어놓는 단편적 CF가 아니라 연속된 내용의 줄기를 따라가는 하는 부담을 생각한다면 민간인이 특공대의 뒤를 쫓는 셈이다. 복잡한 자극 즉, 외형에 많은 선과 변화를 가진 것이 덜 복잡한 자극보다 훨씬 높은 주의력을 끈다고 하는 벌린(Berlyne)의 연구결과처럼 이러한 화면의 급속한 변화가 시청자의 눈을 끄는 데 도움을 주었을 것임은 쉽게 유추할 수 있고 그 장점도 부인하고 싶지 않다. 텔레비전 자막에서도 마찬가지로 시청률 경쟁이 치열한 프로그램일수록 자막의 평균화면 체류시간이 짧게 조사되었는데, 왜냐하면 쉬지 않고 변화하는 화면은 그 자체가 스펙터클이고, 이는 시청자의 주의를 계속 끌 수 있는 장치로 작용하기 때문이다. 하지만 그것이 지나치다면 선정적이라고 할 수 있다. 영국 왕립언론위원회의 보고서는 선정성의 정의를 다음과 같이 내리고 있다. "선정성 : 특정의미를 극도로 강조하고 흥분을 자극하며 실제보다 흥미롭고 중대한 것처럼 윤색하는 것". 꼭 영국 왕립언론위원회를 빌리지 않더라도 휙휙 돌아가는 〈VJ 특공대〉에서 선정성이라는 혐의를 거두는 일은 쉽지 않다. 혹 시청자의 주의를 끌려고 화면변화를 빠르게 하는 것은 아닐지라도 결과적으로 지나치게 빠른 화면변화는 시청자를 쉽게 질리게 한다. 하지만 이런 우려와는 달리 〈VJ 특공대〉의 화면변화는 시청자가 화면을 지각하는 능력의 최고점에 닿을 때까지 계속될지도 모른다. 어쩌면 해독하지 못하고 그저 보고 넘겨야 하는 화면까지도 생기게 되고 이것들이 스타일로서 프로그램의 기호라는 점에서 짧아지는 화면 시간은 어느 정도까지는 더욱 고조될지도 모르는 일이다. 하지만 모든 프로그램 아이템이 이렇게 빠르고 자극적인 화면변화를 써야 하는 지가 진정 궁금하고 6mm 카메라가 담을 수 있는 여유 있고 서정적인 화면들도 배제되는 것이 안타깝다. 때로는 차분하게 때로는 전투적으로 비디오 저널리스트들의 다양한 이야기를 듣고 싶은 것이다. 이때 하필이면 시청률이 낮다는 이유로 없어진 〈TV 문화기행〉이 생각나는 것은 왜일까?

풍요와 화해라는 이데올로기

〈VJ 특공대〉가 제공하는 시각적 포만감에 지치게 될 때 눈에 띄는 또 한 가지는 사물에 대한 시각의 차원이다. 〈VJ 특공대〉가 바라보는 세상은 특공대가 돌진해서 아직까지 보이지 않은 재료들로 가득 찬 곳이며, 혹은 이미 다뤄진 재료들이라 할지라도 다른 방법으로 가공해서 시청자에게 제공해야 할 재료의 공급원으로 보인다. VJ 자신은 빠지고 단순히 이러한 재료를 가공해서 전달하는 것으로 VJ의 역할이 끝나는 것으로 보인다. 그래서 VJ 없는 〈VJ 특공대〉에는 세상에 대한 따뜻한 애정이나, 진지한 고민이 부족해 보인다.

여기서 제기되는 것은 너무나 소박하고 기본적인 질문이다. 왜 보여주는 것일까? 바쁘고 복잡한 현대사회에서 눈으로 취하는 휴식으로서의 리프레쉬먼트인지? 아니면 살아가는 다양한 모습을 통해 동시대를 조망하고 세상을 이해하는 창인지? 다큐멘터리가 딱딱하고 어려울 필요는 없지만, 존재의식까지 무시할 필요는 없다고 보인다. 〈VJ 특공대〉가 이제까지 보지 못한 스펙터클을 보여주는 것으로만 만족한다면 단순히 눈으로 씹는 추잉검이거나 화보 수준의 잡지로밖에 자리 잡지 못할 것이다. 좀 더 풀어 이야기하자면 이야기의 핵심을 알아서 쉬운 이야기를 하는 사람과 단순히 쉬운 이야기를 하는 사람과는 차이가 있다는 것이다. 〈VJ 특공대〉의 쉽고 시원한 그림들이 싫어서가 아니라 그러한 바탕에 좀 더 많은 애정과 고민이 담겼으면 하는 것이다.

예를 들어보자. 〈사람 잡는 도로와의 전쟁〉의 경우는 문제의 본질에 더 천착할 수 있는데도 불구하고 단순하게 도로를 둘러싸고 일어나는 해프닝 따라잡기 수준에만 머물러 있는 것처럼 보였다. VJ의 존재가 분명히 인터뷰하는 과정에서 엿보였다면 VJ가 인터뷰하는 대목에서 문제의식을 느끼고 도로공사관련자나 기타 법률전문가들의 인터뷰를 통해서 문제의 본질을 뚫어보고 프로그램을 관통하는 힘을 보탰어야 했다. 〈연탄이 뜬다〉의 경우도 마찬가지. 돌아온 연탄이 어떤 사회경제학적인 맥락이 있는지를 밑바탕에 깔고 여러 가지 에피소드를 보여주었다면 연탄 3제가 발하는 빛은 더했을 터이다. 그러면 〈VJ 특공대〉가 발현하는 이데올로기는 무엇일까? 혹여 의식의 부족과 풍요의 범람 그리고 소재를 통해 세상과의 화해를 권하는 것은 아닐까? 풍부한 볼거리로 상징되는 풍요와 따뜻한 인간적인 6mm 카메라의 현장성이 지칭하는 화해가 세상의 모순이나 세계를 이끌어 가는 힘을 덮고 있는 것은 아닐까? 사물의 바탕에까지 가 닿지 못하고 보이는 그림의 스펙터클에만 천착한다면 〈VJ 특공대〉는 앞만 보고 달려가다가 진로를 수정해야 하는 용병으로만 머물지도 모르는 일이다.

3) 100분 토론, 공론장으로서의 텔레비전

한국에서 대화 혹은 토론의 수준은 '화치(話痴)'라는 표현에서 이미 결정되었다. 말을 못하는 상태 혹은 그런 증세를 가진 사람을 뜻하는 화치가 적지 않은 만큼 텔레비전에서의 토론프로그램의 필요성은 비례한다. 다양한 의견이 존재하지만, 의견들이 정리되지 않고 개개집단의 이해에 따라 난마처럼 얽혀 있는 의견들은 사회의 다양성을 담보하는 바로미터라기보다는 우리 사회의 혼맥상을 그대로 드러내준다. 여기에는 의견의 공동시장이라는 비교적 공정한 공적인 장이 제 역할을 충분히 하지 못하는 것과 깊은 관련을 맺고 있다. 한국에서 여론이 만들어지는 메커니즘은 '진리와 거짓이 서로 싸우게 내버려두면 언제나 진리가 승리한다.'는 '사상의 공개시장'과 '자동조정의 원리'로 요약되는 밀턴의 아레오파지티카의 논리나 사회의 변화에 공론장으로서 여론시장의 존재를 언급한 하버마스의 논의와는 거리가 있어 보인다. 신문들은 각사의 이익을 위해 여론을 만들어내느라 바쁘고 방송사는 각각의 이해관계와 시청률 경쟁에 몰두하느라 합리적 이성에 기초한 공론장으로서의 역할을 방기하고 있는 것이 현실이다. 이런 척박한 토양에서 그나마 공론장으로서 제 역할을 하는 〈100분 토론〉의 존재는 카오스의 세계에 조그마한 빛을 던지고 있는 듯하다.

지금 여기라는 현실인식

〈100분 토론〉의 가장 우선적인 장점은 당연하게도 시사적이라는 데 있다. 시사적이라는 말이 '지금 일어나고 있는 최신의'라는 뜻을 담고 있다면, 시사의 뜻은 이데올로기적인 가치지향성을 담보하지 못한 폭넓은 데이터로서의 물량성이 느껴진다. 이런 시사성은 KBS 뉴스라인의 초청대담이 적자가 아닐까 싶고, 이런 뉴스의 미니대담과는 달리 시사성에다 '지금 여기'라는 가치지향성을 부가하면, 왜 이런 주제를 가지고 프로그램을 하는 지라는 철학이 설명된다. 〈100분 토론〉이 이번 주 주제로 잡은 '국가보안법 폐지' 문제는 시사적이면서도 중차대한 사안이다. 〈100분 토론〉의 주제가 가진 건강성은 비슷한 시간대에 방송되는 다른 프로그램의 주제를 살펴보면 자명해진다(타 방송사의 이번 주 주제는 '금연권 대 혐연권'). 최근 1달간 〈100분 토론〉의 주제를 살펴보면 '신문개혁 자율인가 타율인가((2/1)', 낡은 정치 깨뜨릴 수 있나(1/18)', '신문개혁 어떻게 할 것인가(1/11)' 등 키를 잃은 듯한 시사적인 주제가 아니라 초미의 관심이 쏠린 철학적인 지향성이 담긴 주제들이 대부분이다. 〈100분 토론〉의 강점은 '지금 여기'에서 일어나는 문제점들을 소홀히 하지 않는 데에서 출발한다.

패널을 닮은 사회자

오랫동안 방송된 심야토론이라는 프로그램을 보면서 가장 답답하고 아쉬웠던 점은 사회자의 불공정한 진행이었다. 진행자인지 패널인지 구분하기 어려운 진행자의 편파적인 진행에 채널을 돌리기 일쑤였던 시절이 있었다. 〈100분 토론〉을 보면서 진행자 유시민의 진행에 몇몇의 패널들이 공정한 진행을 주문하는 경우를 보았다. 왜 진보적인 쪽의 의견을 더 감싸고 보수적인 쪽의 의견은 무시하느냐는 요지인데 이런 의견에 대한 안이한 대응의 결과는 산술적인 균형이기 쉽다. 이는 항상 양비론으로 끝나기 마련이고, 토론 프로그램을 시작하기 전과 끝난 후에 뭐가 달라지는 지 인지하기 어려운 두루뭉술한 결론으로, 토론 도중 잠시 보였던 사회적인 의견의 골을 확인하고 이내 현실의 봉합으로 끝을 내고 마는 것이다.

사회자가 단순한 토론의 중재나, 산술적인 균형을 취하는 것이 공정함의 기준으로 보이지만, 이는 소극적인 공정함이다. 좀 더 적극적인 공정함이라면, 비논리적이고 불합리한 답변에 대해 즉시 질문을 더할 수 있고, 그 비논리적인 논리의 얼개를 들추어내는 것도 필요하다. 그래서 때로는 사회자가 패널의 의견과 같아 보일 수도 있다는 아쉬움은 남는다. 이런 아쉬움의 해결책은 결국 왜라는 질문에서 찾을 수 있다.

이 프로그램을 하는 이유는 무엇일까? 단순히 난마처럼 얽힌 우리 여론의 지형도를 살펴보고는 다시 덮어두는 것인가? 여러 여론들이 몇 가지로 정리되어서 그것들이 서로 경쟁하여 진리가 거짓을, 최선이 차선을, 논리가 비논리를 드러내는지 질문하는 것인가? 시사토론을 하는 목적이 후자라는 데 동의한다면, 어느 패널이 지적한 유시민의 진보 쪽에 편파적으로 보이는 진행은 그렇게 편파적이지만은 아닐 수 있다.

물 흐르는 진행

〈100분 토론〉의 장점은 때로는 교통경찰 같고, 선장 같은 진행에 있다. 기가 센 패널들이 등장하여 자신의 페이스대로 프로그램을 쥐락펴락하는 경우가 종종 있다. 서로의 감정이 격앙되어 상대방의 말이 끝나기도 전에 말을 끊는다든지, 말에 딴죽을 건 예의 없는 토론자들이 난투를 벌일 때 진행자의 역할은 필수적이다. 심지어 진행자의 말을 억누르고 제지하는 것을 수수방관하는 진행은 토론을 이전투구의 장으로 만드는 첩경이다. 진행자 유시민의 장점은 패널들에 대한 컨트롤 능력에 있다. 예의 있게 발언의 핵심 요지를 정리하고 다른 주제로 옮겨가고 억지를 부리는 발언은 과감히 자르는 진행은 이 프로그램을 구별 짓는 또 다른 변인이다. 프로그램 시작과 끝 부분에 분명하게 밝히는 프로그램의 토론 목표와 지향성은 프로그램의 진행이 어떻게 풀어져야 하는지에 대한 당위성과 필요성을 환기하고 프로그램이 끝나고 시청자들이 어떠한 여론의 층위를 형성하는지에 영향을 미치는 여론 조성의 역할로 기능한다.

그리고, 텔레비전 매체의 투명성

토론 프로그램에서 출연자의 표정과 제스처는 출연자의 이데올로기와 토론태도를 보여준다. 만고풍상을 겪은 듯한 국회의원의 완고함과 눈 아래 주머니를 달고 있는 듯한 노교수의 고집, 개량한복에 뿔테 안경을 쓴 진보적 사회학자의 이데올로기적 좌파성, 방송 진행 경험 있는 국회의원의 느긋한 여유. 이 모든 것들이 눈썹을 위아래로 움직이며 짓궂게 질문하는 진행자의 자신감과 결합하여 어떤 화학적 반응을 보이는 지 살펴보는 것은 텔레비전 토론 프로그램에서만 얻을 수 있는 장점이다. 말하는 화자의 콘텐츠를 보조하는 이런 비언어적인 언어(nonverbal language)들은 텔레비전 토론의 강과 약, 진실과 거짓, 예의와 무례 등을 보여주는 도구로 기능한다. 한 조사에 따르면 비언어적인 언어가 언어적인 언어보다 더 많은 정보를 제공한다고 한다. 텔레비전 토론프로그램에 더 많은 관심을 둬야 하는 이유는 여기에 있다. 텔레비전에 반영된 것이 사실일 수는 있지만, 진리일 수는 없다는 의사환경론에도 불구하고 텔레비전이 진실을 담보하는 것은 그것이 일정 정도의 투명성을 보여주는 시각매체라는 점 때문일지도 모른다.

4) 다큐멘터리 3일

가을 개편부터 〈다큐멘터리 3일〉 팀으로 옮겨왔다. 비교적 긴 기획기간을 거쳐서 딱 72시간만 찍어서 시간순으로 편집해서 방송하는 독특한 프로그램이다. 장소만 잘 잡으면 문제없을 것 같은 이 프로그램을 막상 제작하려고 하니 쉽지 않았다. 나는 호젓한 등대 같은 곳을 잡아서 여기를 찾는 사람과 지키는 사람들의 3일을 담으려고 했었다. 하지만 선배들은 첫 작품으로는 너무 위험한 선택이라고 충고했다. 우선 사람들이 많아야 건질 수 있는 이야기가 많다는 것이다. 너무 한적한 곳이라면 담을 수 있는 기본 재료가 너무 적다는 것이다. 그러고 보니 〈다큐멘터리 3일〉이 이제까지 담았던 장소는 모두 왁자지껄하고 사람들이 많다는 공통점이 있다. 남산, 유람선, 버스, 지리산산장, 병원선, 시장, 국회 등등. 나는 첫 방송으로 안산의 국경 없는 마을을 잡았다. 〈다큐멘터리 3일〉의 출발은 기존 다큐멘터리의 한계에서 출발했다. 많은 다큐멘터리들이 지나치게 연출해서 PD의 의도대로 만들어 내는 것에 대한 반성으로, 연출하지 않고 있는 그대로의 리얼리티를 보여주자는 것이다. 어릴 적 가을철 추곡수매기간이 되면 쌀가마니에 푹 찔러서 따라 나온 쌀을 보고 쌀의 등급을 가늠하던 기다란 반쪽모양의 대롱이 떠오른다. 〈다큐멘터리 3일〉은 우리 사회가 어떤 모양을 하고 있는지 기다란 대롱으로 푹 찔러 거기에 나온 것을 보여주는 것과 유사하다. 사회과학에서 말하는 무작위 표본추출인 셈이다. 샘플이 많을수록 현실을 대표하는 힘은 커진다. 다만, 너무 커지면 문제점이 생긴다. 이 샘플들 중에 45분간 보여줄 수 있는 샘플을 선택하고 배제하는 메커니즘이 작동할 가능성이 생긴다는 점. 이것은 〈다큐멘터리 3일〉이 딛고 있는 디딤돌을 스스로 치우는 것에 불과하다. 많이 찍어서 PD가 보여주고 싶은 것만 골라서 보여준다면, 기존의 과잉 연출 다큐멘터리와의 차별성이 사라지는 셈이다. 그럼에도 불구하고 〈다큐멘터리 3일〉이 가진 미덕은 적지 않다. 우리의 일상이 된 친숙한 공간에 시간을 한정하여 들여다보면, 우리가 짐작할 수 있는 수준의 이야기들이 쏟아져 나오고 거기에 두드러진 캐릭터가 생겨난다. 이 캐릭터는 우리의 짐작을 넘어서 새롭고, 구체적인 이야기를 들려줌으로써 시청자를 매료시킨다. 시간의 흐름에 따라 맨 마지막 날, 그 캐릭터의 일상의 모습을 다시 환기함으로써 기막힌 수미쌍관의 피날레를 장식한다. 다큐멘터리임에도 불구하고 마음을 울리는 힘을 갖고 흡사 한 편의 드라마 혹은 실험영화를 보는 느낌이 들기도 한다.

다큐멘터리 입문 책에서도 이미 언급되었지만, 다큐멘터리의 출연자는 '사회적 연기자'이다. 사회적 연기자가 만들어내는 것이 '사회적 드라마'가 아니고 무엇이겠는가? '부산 불꽃축제' 편은 흡사 한 편의 독립영화를 보는 것과 비슷한 감흥을 주었다. 지리산 산장 편 역시 산에서 일어날 수 있는 거의 모든 것을 보여주었다. 하지만 한 가지 남는 아쉬움은 있다. 다큐멘터리가 현실을 구성하고, 다큐멘터리는 구성된 현실이라는 점을 상기할 때, 다큐멘터리의 충실한 균형감각은 더할 나위 없이 중요하다 하겠다. 다큐멘터리가 지나치게 극화됨으로써 세계를 미화하는 것은 아닌지 하는 염려가 조심스레 고개를 든다. 지나치게 감성에 호소하고, 긍정적이고 따뜻한 면만을 응시하려는 움직임이 감지되기 때문이다. 수많은 갈등이나 긴장관계를 삭제하거나, 한 개의 장소나 사물을 고립시켜서 그 자체의 '입장'을 청취하고, 큰 관계보다는 개별화된 개인의 사적인 이야기에 초점을 둔다면, 다큐멘터리의 존재 근거가 위협받을 수 있다. 왜냐하면, 다큐멘터리는 사회적 드라마지 그냥 드라마는 아니기 때문이다. 그렇다면 이번 글의 모티브 역시 나왔다. 사회적이라는 단어와 음식을 연결해보자. 음식은 사회적이다. 안산 단원구 원곡동 취재를 갔다가 베트남 사람이 운영하는 쌀국수집에서 오리 알을 먹게 되었다. 그냥 오리 알이 아니라 곧 부화하는 오리 알이다. 껍질을 까니 어린 오리의 형태가 또렷하다. 털까지 있었다. 이 알을 먹는 것이 부담되었다. 성의를 생각해서 조금씩 먹었으나, 맛을 전혀 느끼지 못했다. 서로 오리 알을 먹으라고 권하는 민망한 상황이 되었다. 식당 주인은 자신의 호의가 받아들여지지 않은 것에 대해 점점 불편해했다. '먹는 음식 가지고 그러는 것 아니다.'라고 말한 것이다. VJ 한 명이 오리 알을 들어서 입에 넣고 일어나며 어색함은 끝이 났다.

우리가 개고기를 먹는 것이 사회적인 관습에 따라 비교적 자연스러운 만큼 부화하기 직전의 오리 알을 먹는 것도 사회적이다. 따라서 먹는 것을 비난하면 안 되겠지만, 그것을 흔쾌히 먹기를 기대하는 것 역시 과욕이다. 개인의 사회적 맥락을 무시하라는 것과 같기 때문이다. 많은 미식가들이 내린 결론 중의 하나는 음식은 여럿이 먹으면 맛이 더해진다는 것이다. 일본 동경의 라면집 중에 '이치란'이라는 식당이 있다. 이 식당은 식탁이 독서실처럼 칸막이가 되어 있다고 한다. 궁극의 맛을 아무 방해 없이 느껴보라는 주인의 배려가 느껴진다. 하지만 실험하듯 맛을 측정하며 먹는 것보다 여러 사람들과 함께 먹는 것이 한국적인 미식이다. 〈여수엑스포 운명의 72시간〉 취재차 여수에 갔다가 굴 양식장을 발견했다. 8명이 배불리 굴을 구워 먹었는데도 단지 삼만 원만 받아서 우리를 놀라게 했다. 얼마 전 저녁 모임에 이 여수 굴을 택배로 주문해서 와인과 함께 먹었다. 10여 명이 모인 자리, 아무 소스 없이 먹는 생굴, 초장에 먹는 생굴, 찜통에 쪄낸 껍질 굴 등 다양한 굴을 맛보았다. 굴을 레어(Rare), 미디움(Medium), 웰던(Welldone)으로 다양하게 먹은 셈이다. 바다에서 막 따낸 것처럼 싱싱한 맛에 여러 명이 즐겁게 이야기를 하며 먹어서 더 맛있었다. 음식은 사회적인 맥락이 중요하다. 하물며 다큐멘터리야 말해 무엇하리. 〈다큐멘터리 3일〉 팀 다음 회식은 생굴파티다.

5) 방송비평 어디가고 웬 '방송방랑기'1)

방송과 마찬가지로 신문도 공적인 기구이며, 여론형성에 큰 책임을 가지고 있음은 어린아이도 아는 상식이다. 신문에 실린 글을 보고 어이가 없었다. 글은 수준 이하의 조잡한 것이어서 주위의 모든 사람들은 일체의 대꾸를 하지 말라고 했지만, 혹여 이 글이 올바른 것인 양 유포될지 몰라 프로그램을 제작하는 프로듀서로서 소견을 피력하고자 한다. 〈다큐멘터리도 나쁘지는 않다. 그렇지만 내가 원한 것은 특별할 것 없는 중국 다큐멘터리가 아니라, 도올과 함께 조그만 강의실에 앉아 재미와 약간의 흥분을 갖고 공자와 '열정적인 만남'을 갖는 것이었다.〉는 불만으로 글은 시작된다. 다큐멘터리의 편성은 100강의 대장정을 시작하는 프롤로그로서 2000년 6월부터 준비되어온 것이었다. 100강의 강의를 강의로 시작하는 것보다 다큐멘터리로 시작하는 것이 프로그램 전체를 시청하는 시청자의 이해를 돕고, 참고자료로 충분한 가치가 있다고 생각되어 편성한 것이다. 이러한 생각이 좋다 나쁘다 이야기했다면 수긍할 수도 있다. 하지만 평자의 불만은 〈내가 원한 것이 아니어서〉 싫다는 것이다. 여기서부터 글은 초등학생이 쓴 글보다 못한 텔레비전 시청방랑기가 되는 것이다.

우리 프로듀서들에게 열등감은 없다. 처음으로 김용옥이라는 출연자를 발굴하지 못한 아쉬움은 남지만, 교육방송과 같은 강의일변도 형식에서 발전된 것이기 때문에 열등감은 없다(다양한 형식이 융합된 지적 즐거움을 주는 프로그램임은 앞으로 100강이 끝나는 동안 보여질 것이다). 따라서 열등감 때문에 다큐멘터리를 방영한 것이 아님은 물론이다. 이런 근거 없는 추론은 평자의 현직 다큐멘터리 프로듀서에 대한 열등감 때문에 나온 것은 아닐까라고 생각할 수도 있지만 우리는 그렇게 이야기하지 않는다. 다만, 열등감 때문에 다큐멘터리를 편성한 것이 아니라고 말한다. 〈결과는 실패였다. 우선 시청자는 '도올의 중국여행기'를 기대하지 않았다.〉 결과가 실패라는 근거가 어디에 있는가? 우선이라고? 시청자들이 원하지 않았다고? 다

1) 〈도올의 논어이야기〉 1, 2회가 연속으로 첫방송 되고 한 신문에 방송평이 게재되었다. 방송평에 대한 반론적인 성격의 비평글이다.

큐멘터리가 나간 제1강의 시청률은 12.0%(AC닐슨 조사)로 적지 않은 시청률이다. 텔레비전을 보는 시청자와 글을 쓰는 평자는 다른 시청자인가? 시청자 주권의 시청자와 텔레비전을 보는 시청자는 다른 사람인가? 평자는 실패라고 예단한 프로그램을 12%의 시청자들이 보았고, 50여 분이나 늦은 11시 50분에 시작한 제2강을 11.7%의 시청자들이 보았다. 같은 시간 서울방송의 한국-중국 축구경기가 16% 나온 것을 고려할 때 적지 않은 시청률이다(논어이야기 프로그램의 시청자와 축구 시청자는 대상이 성인 남자로 비슷하다). 제작진은 8-9%만 나와도 선방하는 것으로 생각했다. '도올의 중국문명기행- 공자와의 만남'(제목이 '도올의 중국여행기'가 아니다)을 원하지 않은 것은 평자이지 시청자들이 아닐지도 모른다는 생각이 강하게 든다. 프로그램을 보고 친구들하고 수다 떨려고 한다면 제1강만 보건 도중에 결석하건 그것은 자유다. 하지만, 신문에 인쇄해 공중에 퍼뜨리려면 제2강까지 보고 이야기하는 것이 최소한의 태도이고 도리라고 생각한다. 기본이 부족하고 겉멋 부린 글들이 흩날리는 이유를 알 수 있을 것 같다. 〈하지만 이제나 저제나 기다려도 중국 풍광만 이어질 뿐, 강의의 맥과 동떨어진 '도올 김용옥의 중국방랑기'가 되어버렸다. 스튜디오에 김용옥이 등장한 지 5분 만에 제1강이 끝났을 때 나는 기막히고 허탈했다.〉 제2강을 보았더라면 알 수 있었을 텐데, 제1강에서 보인 공자의 유적과 태산 등의 중국의 풍광은 5강, 6강뿐 아니라 앞으로도 계속 강의에서 참고할 참고자료로 계속 기능하게 된다. 개인적으로 기막히고 허탈하다니 제작자로서 안타깝다.

〈다큐멘터리 역시 너무 멋과 모양을 부렸다. 거창하게 중국을 보여 주겠다는 욕심에 온갖 카메라 장난을 했다.〉 다큐멘터리를 찍은 프로듀서는 TV 문화기행을 연출하다가 도올의 중국기행에 동행해 6mm 카메라로 2주에 걸쳐 화면에 담은 것이다. 제작진은 다큐멘터리가 담고 있는 아름다운 영상과 적절한 편집에 온당한 평가를 하고 있고, 김용옥 선생도 다큐멘터리에 대해서는 100% 만족할 만한 작품이라는 평가를 내리고 있다. 카메라 장난을 했다는 표현은 심하게 부적절하고 예의에 벗어난 표현이다. 〈게다가 강의실의 도올과 달리 '현장에 약한 김용옥'을 적나라하게 드러내는 바람에 그의 매력을 반감시켰다.〉 다큐멘터리를 찍은 프로듀서는 현장에 약한 김용옥 선생을 포착한 것이 아니라, 동양철학자로서 공자의 유적을 직접 들러보는 가운데 느끼는 소회나 감정을 그대로 담은 것이다. 이것은 현장에 약하고 강하고의 문제가 아니다. 대철학자가 남긴 흔적 앞에서 한국의 동양 철학자가 눈동자 촉촉하게 젖어드는 감정의 포착은 자연스러운 연출로 평가되어야 할 부분이라고 생각한다. 〈지금 우리 TV는 온갖 기교와 말장난에 빠져 있다. 나는 작게, 단순하게 그리고 가난하게 도올 강의를 듣고 싶다. 그와 나, 그리고 공자의 3자대면 만을 원한다.〉 지금 우리 TV가 온갖 기교와 말장난에 빠져 있다는 말에 온전히 동의하지는 않으며 중국문명기행 다큐멘터리를 기교와 말장난으로 연결하려는 연상 효과의 시도에도 반대한다. 다큐멘터리는 기교를 절제한 프로그램이고 말장난은 찾기 어렵다. 다큐멘터리를 통해서도 평자는 공자에 대해 알 수 있고 도올과 충분히 소통할 수 있다. 평자가 원하는 3자 대면을 충분히 할 수 있다. 평자의 글을 보고 제작진의 한 사람으로서 한 명의 시청자를 만족하게 하지 못한 것에 대해 진심으로 안타깝고 다음 강의에서 충분한 보상을 받을 수 있기를 기원한다. 한 가지 궁금증? 왜 평자는 회사 다닐 때 송년회로 '샤워 쇼'를 보러 갔다가 보지 못했다는 이야기를 비유로 삼았을까? 혹시 김용옥 선생의 강의를 '샤워 쇼' 쯤으로 생각하는 것일까? 물론 아닐 것이고, 그렇더라도 어쩔 수 없다. 다만, 좀 더 유쾌한 비유를 사용하는 세련됨은 정녕 기대할 수 없을까? 또 한 가지 궁금증. 평자는 왜 글을 쓰는 걸까? 혹시 평자는 장사되는 방송분야에 대한 관심을 증폭시켜줄 투사로(?) 키워지는 것이 아닐까? 아니다. 그가 순수하게 방송에 애정을 가진 시청자이자, 평론가이기를 진심으로 바란다.

〈KBS 사내게시판 2000년 10월〉

3 드라마

1) 미니시리즈 <눈꽃>

일본트렌디 드라마 혹은 한국판의 자기복제

1980년 말에서 1990년 초 일본에서 유행한 젊은이들의 감수성을 반영한 트렌디 드라마는 한국의 드라마에 많은 영향을 미쳤다. 문화방송의 〈질투〉가 트렌디 드라마라는 이름을 한국에 소개한 것을 필두로 수많은 드라마가 트렌디라는 이름으로 유행했다. 신세대 담론을 등에 업고 등장한 트렌디의 뿌리는 일본이다. 일본 대중문화의 유입과 모방에 대한 지루한 논의가 있었지만, 그 기준에 대한 논의도 제대로 진척되지 못하고 대부분이 제작자의 양심을 환기하는 수준에서 그쳤다. 더욱 안타까운 것은 얼마 안 있으면 모방논의 자체가 의미가 없어질지도 모른다는 사실. 대중문화에 있어서 한국의 것과 일본의 것을 구분하는 것 자체가 어려울 만큼 두 문화는 이미 혼융되고 있다. 대중문화가 완전히 개방되는 2002년 이후에는 두 나라의 대중문화는 하나의 울타리로 틀지어질지도 모른다. 하지만 '아직은…' 이다. 그래서 더욱더 우리 것에 대한 논의는 필요한 것이 아닐까. 미니시리즈 〈눈꽃〉을 보면서 우리 식의 대중문화 자활론이 떠오른 것은 왜일까?

부인되는 가족관계

상식 책에서는 트렌디 드라마를 그저 "최근의 경향(트렌드)을 반영한 드라마"라고 설명한다. 문자 그대로의 설명을 듣고 트렌디 드라마가 어떤 것일까 궁금해 하던 차에 일본어 공부를 하며 일본인 선생님으로부터 일본의 대표적인 트렌디 드라마라고 할 수 있는 〈스가오노 마마(화장 안 한 얼굴 그대로-영어로는 just the way you are)〉라는 미니시리즈를 빌려보았다. 순종적이고 여성적인 덕성을 강조하는 일본사회에서 순치되어온 여자 주인공이 중성적인 여자 주인공을 만나 동거하면서 한 남자를 두고 사랑 다툼을 하고 결국은 자신이 좋아하는 일을 위해 달려가나, 그 결과가 결코 녹록지 않고, 거기서 인생을 배워간다는 이야기다. 여기서 가장 눈에 띈 점은 주인공들이 모두 혼자 사는 것으로 설정된 것이었다.

멀리 단신 부임한 홀아버지와 떨어져서 혼자 도서관 사서로 일하는 여자 주인공, 고아로 태어나서 친척들로부터 버림받고 혼자 사는 또 다른 여자 주인공 2, 어떤 이유에서인지 설명되지 않으나 혼자 사는 남자 주인공. 이들이 연결되는 지점은 여자주인공이 아르바이트를 하는 오사케야(선술집)의 주방장과 사장이다. 우리나라 드라마의 주인공들이 항상 유복한 가정에서 가족 간의 보살핌이나 관심의 수혜를 누리고 있을 때 일본 트렌디 드라마의 주인공들은 이런 가부장적인 가족관계의 거추장스러움을 거둬버린 것이다. 혼자 사는 것이 일상화된 드라마 관습은 낯설었다. 이런 분열된 가족 혹은 부인되는 혈연관계는 〈101번째 프로포즈〉나 〈도쿄 러브스토리〉에서도 마찬가지다. 여기에서 인정되는 가족관계의 상한선은 형제나 자매간이며 수직적인 가족관계는 역시 찾기 어렵다.

이런 드라마를 보면서 트렌드 드라마의 첫 번째 특징은 가족관계의 부인이라는 것을 어렴풋하게 알게 되었다. 이런 가족관계의 부인이 유교적인 가부장제 사회에서 보이는 신세대의 가치관을 적극적으로 반영하는 것처럼 보인다. 드라마처럼 화려하지 않은 현실, 생각이 고루하고 세대차이가 나는 현실을 조명하지 않음으로써 드라마에의 몰입을 방해하지 않으려는 것일까. 드라마는 현실과 동떨어진 의사환경을 조성하고 그들만의 세계를 꾸며주고 이를 소비하는 시청자에게 제공한다.

"시봉아 고마워, 너 아니었으면 독립 같은 건 꿈도 못 꿨어." 주인공 유선(윤손하 분)은 아버지와 떨어져서 혼자 살다가 친구 시봉의 원룸에 살고 있고, 서인하(박용하 분) 또한 신문사에서 나와 프리랜서로 오피스텔에서 살고 있다. 태빈(김상경 분)의 가족관계는 친족인 아버지와 어머니의 부재와 계모와의 연결뿐으로 드라마 내에서 보이는 현재적 친족관계는 오직 서지호와 서인하 오누이의 관계뿐이다. 트렌디 드라마의 기본을 잘 갖추었다. 그럼 트렌디드라마의 제2장은?

기호, 난무하는 이미지

네트의 시대인가? 주인공들이 연결되는 중요한 소도구는 이동 통신 핸드폰이다. 핸드폰이 뒤바뀌고, 핸드폰으로 생일축하음악을 들려주고, 심지어 서지호의 핸드폰 음악은 이 드라마가 지향하는 바를 간접적으로 암시한다(만화 캔디의 주제가 "외로워도 슬퍼도 나는 안 울어"). 핸드폰이 한국에서 갖는 이미지는 초기의 부와 권위의 상징에서 세련된 감수성의 상징으로 바뀐 듯하고 이 드라마는 그것을 놓치지 않고 하나같이 작고 최신기종의 핸드폰을 통해 구현하고 있다. 드라마의 주인공들은 신세대이고 그들의 생활은 재벌 2세나 프리랜서 사진작가, 청담동 카페 요리사, 동물원 인턴 수의사로 이들의 생활공간은 카페, 레스토랑, 동물원, 원룸, 오피스텔, 그리고 동화 같은 자전거를 타고 다니는 예쁜 길 등이다.

드라마에서 빼놓을 수 없는 중요한 소도구 중 하나는 요리이다. 요리가 상징하는 바는 세대를 따라 다양하다. 입에 풀칠하는 호구지책에서부터 이미지를 소비하는 패션이라는 생각에까지 이른다. 〈눈꽃〉에서 구현되는 이미지는 후자일지언정 전자 쪽은 찾기 어렵다. 산장에서 요리하는 유선의 아버지와 인하의 요리하는 모습, 그리고 사진을 찍는 요리는 먹는 요리 쪽보다는 눈으로 보고 소비되는 이미지가 더 강한 요리들이다. 꽃으로 만든 샐러드나 먹기 아까울 만큼 예쁜 요리들의 등장은 요리가 입으로 먹히는 것이 아니라 눈으로 소비되는 이미지라는 것을 보여준다. 이는 요리라는 아이콘이 일본의 대중문화에서 차지하는 비중을 생각할 때 일본이라는 담론과의 연결을 피해 가기 어려워 보인다. 서구적인 것을 먼저 받아들이는 것이 근대화라는 생각이 우리 사회를 지배한 적이 있다. 최근의 신세대 대중문화에서는 서구라는 기호가 일본이라는 기호로 바뀌었을 뿐이다. 미니시리즈 〈눈꽃〉이 지향하는 바가 단순하게 앞서 가는 기호의 나열에만 그친다면, 기호는 그저 난무하기만 한다.

필연성 없는 스토리 – 이미지의 종착역

자전거. 서울에서 앞에 바구니가 있는 자전거를 발견하기는 쉽지 않다(야쿠르트 아주머니 말고). 하지만 드라마에서 사용되는 자전거는 빈번하고 과감하게 사용되고 있고 드라마가 리얼리티를 희생하고라도 기호를 얻겠다는 연출자의 생각을 보여준다. 이렇게 난무하는 이미지들은 현실적인 유대를 상실하기 때문에 곧 힘을 잃게 되고 그 자체만 흩날리게 된다. 자전거를 타다가 우연히 넘어지고 그것도 다리 아래서, 그 아래를 지나가던 차의 지붕에 정확하게 떨어져서 그 꽃이 다시 주인공을 찾아오기가 생각만큼 쉽지는 않다. 또한, 여자 주인공 유선이 자전거를 타고 약속장소에 나가자 갑자기 서인하가 옆으로 와서 병행 주행하는 것도 자연스럽지 않다. 물론 이런 일들이 아주 불가능한 일은 아니다. 문제는 이런 적은 개연성은 그만큼의 리얼리티만 확보할 수 있다는 점이다. 이런 적은 리얼리티로 시청자를 설득하며 출발하는 것이 얼마나 어려운가는 누구보다도 설득해 본 사람이 잘 알 수 있을 것이다.

캐스팅 – 현실의 연출학

드라마에서 캐스팅이 차지하는 비중은 천차만별이겠지만 한 가지 분명한 것은 캐스팅에 따라 드라마의 명암이 갈릴 수도 있다는 것이다. 그만큼 캐스팅은 드라마의 존망을 가를 수 있는 중요한 연출영역이 되어버렸다. 연출자들이 어떤 이유로 윤손하, 박용하, 채정안, 김상경을 택했는지는 알기 쉽지 않다. 하지만 드라마에서 느껴지는 것은 연출자가 지향하는 트렌디의 지향점과 드라마의 주인공들이 발현하는 지향점이 다르다는 것이다. 좀 더 구체적으로 이야기하자면 주인공들이 발현하는 이미지가 연출자가 생각하는 이미지를 충분히 소화해주지 못하는 것처럼 보인다는 것이다. 이 격차는 드라마를 서걱거리게 하고 시청자를 불편하게 한다. 그렇다면 이 해결책은 단 하나 지향점을 맞추어야 한다. 드라마에서 지향하는 트렌디의 정도를 낮추고 좀 더 현실적인 드라마를 만들어야 한다. 기호가 난무하는 것을 막는 현실적인 사건연결이나 작위적이지 않은 자연스러운 흐름이 소망스럽고 그에 걸맞은 연기가 아쉽다. 그래서 드라마가 빛나고 세련되고 비현실적인 기호의 세계에서만 머물지 말고 우리가 숨 쉬며 살아가는 현실의 세계로 걸어 나와야 하지 않을까?

2) 거침없는 사랑, 소격을 통한 몰입

모 통신회사에서는 드라마를 브랜드로 사용하여 드라마의 최대 소비자인 여성소비자를 겨냥했다. 드라마는 여성의 환상, 꿈, 낭만, 그리고 사랑을 포괄하는 상징이다. 수많은 드라마들이 이 같은 드라마의 드라마다움에 몰두했고, 시청자들은 그 환상에 마음을 맡기기도 하였다. 최근에 종영한 드라마 〈거침없는 사랑〉은 그 드라마다움이라는 손쉬운 방법을 포기하고 드라마답지 않음을 선택하는 용감성을 보였다. 공중파 방송에서 드라마답지 않은 드라마를 선택한 것은 어떻게 보면 무모할 만큼 용맹스러운 일일지도 모른다.

이 드라마가 포기한 것과 얻고자 한 것은 무엇일까? 이 드라마의 가장 큰 미덕은 드라마의 리얼리티의 확보이다. 이 드라마는 연기자들 자신의 사랑 이야기가 아니라 오늘 아침 출근길 지하철에서 어깨를 맞대고 있었던 한 남자의 이야기이고, 그 남자를 기분 나빠하는 옆자리의 여자 이야기일 수도 있다. 많은 드라마들이 연기자의 후광을 넘지 못하거나 기대어, 흡사 연기가 아닌 연기자에게 몰입을 강요하는 것과는 달리, 〈거침없는 사랑〉은 연기자가 아니라, 연기 그 자체에 그리고 그 연기가 담고 있는 이야기로 투명하게 전영하는 장점을 가지고 있는 셈이다. 이 드라마의 주인공은 만화의 주인공처럼 예쁘거나 멋있지는 않다. 오히려, 틈틈이 발을 삐거나, 자신을 바라보는 사람들에게 "뭘 쳐다보느냐?"라고 쏘아붙이고, 로맨틱한 분위기에서 상대방의 머리를 때리는 평범한 사람들이다. 이들의 비범치 않음은 드라마를 드라마답지 않게 만든다. 브레히트는 사회주의적 미학의 관점에서 극 자체에 몰입되어 현실과 멀어지는 관객을 위해 틈틈이 현실을 확인하는 장치를 마련했다. 〈거침없는 사랑〉에서 드러나는 이러한 가벼운 소격효과 역시 이 드라마의 연기자나 혹은 달콤한 러브스토리에 빠지는 것을 막는 역할을 하는 것처럼 보인다. 하지만, 이런 소격이 현실을 너무 닮을 만큼 적절한 것일까? 드라마가 주는 소격의 장치들은 근접한 현실모방을 가능케 한다. 드라마를 보는 내내, 드라마를 드라마로 보다가 드라마를 통해 현실을 들여다보고 있는 자신을 발견한 것은 혼자만의 일이 아닐 듯하다. 시청자들은 드라마에서 무엇을 볼까? 이 드라마를 보면서 시청자들은 일종의 줄다리기를 하는 것은 아닐까? 시청자들은 드라마에서 보이는 주제, 소재, 연기, 연출, 대본 등 다양한 드라마적 요소를 보면서 이 정도면 됐다는 한계를 그리고 그 안에서 시청행위를 하는 듯하다. 만약에 이러한 것들에서 합격점을 받지 못한다면, 드라마는 좋은 평가를 얻을 수 없다. 시청자는 드라마가 만들어진 이야기임을, 그리고 오연수와 조민기가 연기하고 있지, 실제로 사랑에 빠진 것이 아님을 분명하게 안다. 시청자가 드라마를 보면서 드라마에 빠져드는 것은 이러한 가정을 전제로 그 범위 안에서 동일화한다.

"드라마라는 것 다 안다."
"그래 얼마나 잘하나 보자."
"대본은 얼마나 리얼한지, 연출은 얼마나 자연스러운지"

드라마는 여러 가지의 은유로 가득하다. 빈번히 발을 다쳐서 절룩거리는 여주인공 서경주는 자신의 앞가림조차 제대로 못 하는 노처녀의 변변찮음을 상징하면서도, 누군가가 자신의 발이 되어줄 사람에 대한 강렬한 존재의 필요성에 대한 암시로 나타난다. 남자주인공 한정완은 성공한 교양 있는 남자로 나타나지만, 그의 부족한 부성 콤플렉스는 그가 사랑을 선택할 때, 반복되는 콤플렉스의 공여자로서의 자신의 발목을 잡게 된다. 극 초반에 나타난 부케 꽃을 빼앗아 간 남자에게서 다시 꽃을 받게 되고 그리고 오랜 시간 후에 다시 부케 꽃을 앗아간 사람을 얻게 되는 구성도 흥미롭다.

'사랑하거나 떠나라.' 1960-70년대 미국의 대중문화의 한 축이었던 히피이즘을 대표하는 이 선언은 사랑하지 않지만 떠날 수 없는 비범치 않은 남자와 친엄마가 아니지만 친엄마 못지않게 친밀한 관계를 가진 여자의 관계에 대한 성찰로 덮여 있다. 이런 사람들이 떠나서 사랑할 수 있을까? 드라마가 이러한 관계에 대한 고려들을 게을리 했다면, 드라마는 싱거운 로맨틱 코미디로 흘렀을 것이다. 하지만 드라마는 이런 위험요소를 가볍게 뒤로했고, 끊임없이 넘어지고 발을 삐고 절룩거렸다. 주연의 사랑 못지않게 조연들의 사랑의 진지함에도 적지 않은 비중을 둠으로써 주인공의 사랑만이 그럴듯하고 주위의 것들은 그렇지 않은 것이라는 공식을 깬 것도 높이 사고 싶다. 조연들의 연기를 코믹이 아닌, 진지함으로 잡아낼 수 있는 힘이 이 드라마의 장점이 아닐까?

〈PD저널 2002년 8월 9일〉

3) 가을동화를 보는 눈

나는 드라마를 자주 보지 않는다. 드라마를 보면 아내와 말다툼을 하게 되기 때문이다.

일전에 최민수와 황신혜가 나오는 〈사랑의 전설〉이라는 드라마를 보다가 아내가 정색하며 "당신은 날 위해 선물 포장해 보았어?"라고 묻자 TV 보기를 중단하고 말다툼해보자며 마주앉은 적도 있었다. 드라마 남자 주인공과 비교당해서 유쾌한 남편이 어디 있으랴? 우리는 드라마를 보지 말자고 약속하며 말다툼을 풀었다. 하지만 우리의 약속은 곧 흐지부지해졌으니 우리 부부를 흔든 것은 지금 낙양의 지가를 올리고 있는 〈가을 동화〉다. 5회부터 슬쩍 본 것이 재미있어서 인터넷으로 1회부터 다시 보는 나를 아내는 공범의식인지 "재밌지?"라며 거들었다. 아내는 나 몰래 1회부터 다 본 것이었다. 일요일 저녁에도 월요일이 염려스럽기보다는 기대되는 것은 왜일까? 이 둔한 드라마 기피자를 텔레비전 앞에 앉혀 놓는 〈가을동화〉의 어떤 점이 매력적일까?

대본, 대중적이고도 대중적인

누구나 한 번쯤은 품어 보았을 '내가 정말 부모님의 친자식일까?'라는 출생의 비밀이라는 의구심을 건드리면서 〈가을동화〉는 사랑의 시도와 실패, 근친상간이라는 금기에의 유혹을 아름답게 엮어간다. 따라서 이야기는 어린이를 위한 '동화'라는 제목의 표현과 아역배우의 기용으로 어린 시청자들에게 손을 내밀고, 사랑의 희망과 좌절 그리고 번뇌를 가득 담으면서 20-30대 시청자를 끌어들이고, 가족사의 비애와 기구한 운명에 대한 동정으로 중년의 시청자를 아우르는 '가족 드라마'로서의 위용을 갖추게 된다. 현실에서는 일어나지는 않는 왕자와 거지류의 운명의 기구함은 프로그램 중반에서 운명적인 사랑과 저돌적인 사랑 사이에서 번민하는 은서의 삼각관계로 전이되면서 현실에서 많이 일어날 수 있다는 리얼리티의 세례를 받게 된다. 준서의 흔들리는 눈빛이 상징하는 우유부단함과 결국 감행하는 어린 결심의 파산, 복잡한 자신의 과거를 참회하게 하는 한 사람에 대한 애정의 순진함이 묻어나는 터프가이 태석의 정신적 발육, 자신의 목소리와 주위의 기대 사이를 힘겹게 겨루다가 시들어가는 은서의 가련함은 삼각관계를 구성한다. 이 삼각의 구도는 은서와 신애, 유미라는 동성의 3각의 갈등구조와 대칭 또는 공명을 준다. 마찬가지로 은서는 양가 집안을 대칭으로 데칼코마니를 그려내는 가운뎃점이다. 이러한 대칭구조와 중복의 구조는 어느 방향으로나 주인공 은서와의 관련을 떨어뜨려 놓지 않는 적당한 거리를 유지하게 하고 드라마가 느슨해지는 것을 막는 역할을 한다. 처음 드라마 시놉시스를 알게 되었을 때 느꼈던 새롭다는 느낌은 최근의 드라마가 우려먹는 신데렐라 콤플렉스와 그악스러운 도시생활에서의 성공과 뻔한 삼각관계 아니면 불륜이라는 진부함에서 벗어났기 때문일 것이다. 아이가 바뀌었다면 그 뒤죽박죽은 어떻게 될까? 그리고 그 심란함이 가정환경에만 그치는 것이 아니라 목숨만큼 소중한 사랑에까지 영향을 미친다면, 그리고 그들이 이러한 운명의 도전을 어떻게 응전해나갈 것인지도 말이다. 〈가을동화〉는 이런 대중의 무의식에 자리하고 있는 원초적인 호기심과 불안감에 의문을 잘 던지고 잘 받아내고 있다.

연출, 예술과 악수하는 리얼리티

많은 영화배우들은 텔레비전에 출연하는 것을 약간은 내려다보는 경향이 있다. 영화와 텔레비전에 함께 출연하는 연기자들은 자신을 탤런트가 아닌 배우로 소개해 주기를 바라고 스스로도 그렇게 소개한다. 텔레비전 프로그램을 제작하는 입장에서는 씁쓸한 일이 아닐 수 없지만, 언젠가는 연기자들이 텔레비전에 출연하는 것을 더 자랑스럽게 생각할 수 있게 해야 하는 책임감을 느끼게 하는 부분이다. 이 일화에서 알 수 있듯이 지금 텔레비전은 영화보다 덜 예술적이고 덜 세련된 매체로 인식됐다. 하지만 영화보다 더 예술적인 속성에 가까운 텔레비전 프로그램들도 적지 않다. 그리고 어쩌면 앞으로는 예술적인 경지에 이르러야만 지상파 방송에서 살아남게 될지도 모른다. 〈가을 동화〉가 확보한 예술이라는 말은 중의적으로 사용되는 바, 시각적으로 매력이 있는 독특한 자극이라는 뜻의 속어적 의미와 현세를 사는 인간으로 하여금 많은 것을 사유케 하는 삶의 진실이 담긴 관념적인 의미 두 가지다. 〈가을 동화〉는 예술의 의미의 제1의 즉, 보기에 시원한 그림들과 아름다운 구도들과 제2의, 한 인간의 기구한 운명에 대한 동정과 감정이입을 가능하게 하고 있다.

기존의 화면에서 보기 어려운 여백이 많은 샷(하늘을 많이 담은 폐교 샷, 바닷가 샷)과 클로즈업 샷과 롱 풀 샷의 끊임없는 교섭, 실루엣이 강조된 인물 샷 등은 시청자를 안방에서 영화관으로 인도할 만큼 시원하고 예쁘다. 적절한 부감 샷의 사용(한태석의 집 현관에서 아래를 바라보는 샷은 뭔가 낯설고 새로운 것이 있을 것 같은 생경함과 태석의 지위와 위치를 잘 설명해준다.), 창가에서 유리창을 닦는 준서와 은서의 등을 마주한 구도와 손끝이 닿는 것을 포착해내는 익스트림 클로즈업 샷 등의 적절한 사용은 화면이 얼마나 감정의 변화와 밀접하게 연관되어 진행되어야 할 연출기법인지를 보여준다. 프로그램 중반 이후에는 어느 화면이든 화면의 분할이나 구도의 적용이 상당한 수준에 올라 있는 것을 보게 된다. 어느 화면이든 잘 위치된 오브제의 아름다운 모습이 의미를 생성하고 시청자를 끄는 매력으로 작용하게 된다. 어쩌면 화면의 구도나 앵글은 이야기구조나 연기력 못지않게 드라마를 끌고 가는 힘으로 승격한 것처럼 보인다. 아름다운 화면에서 빼놓을 수 없는 것이 또한, 조명의 적절한 사용이다. 조명이 프로그램에서 중요하다는 것은 우리가 외국 스타의 인터뷰 장면과 우리 스타의 인터뷰 그림이 질감에서 큰 차이를 보여준다는 데서 알 수 있다. 잘 계산된 조명은 화면의 때깔을 높여준다. 〈가을 동화〉에서 사용되는 조명은 기존의 드라마에서 볼 수 없는 아름다움과 리얼리티를 담보하는 역할을 하고 있다. 황혼이 지는 가을 하늘을 배경으로 잡은 바스트 샷은 주인공의 대사보다 그 아름다운 화면을 더 떠올리게 한다. 기존의 드라마가 주인공 얼굴을 지나치게 밝게 부각시켜 프로그램의 몰입을 방해하고 픽션임을 드러내는 기제로 작용하는 데 비해, 〈가을 동화〉의 주인공들이 받는 한 톤 어두운 조명은 시청자로 하여금 "그래 이건 드라마야. 하지만 너무나 그럴듯해."라는 생각을 줄 만큼 절제되어 시청자의 몰입을 돕는 역할을 한다. 절제된 조명사용의 극치는 저녁 바닷가 신. 주인공들의 얼굴이 어둠에 묻혀 어렴풋하게만 보이고 어둠의 색깔이 그대로 살아나도록 조명은 어두운 포복을 계속하고 있는 것이다. 처음에 어두워 보이는 화면은 곧 시청자를 그 실재하는 어둠으로 끌어들였다. 백 조명으로 인물의 실루엣이 그대로 살아나는 것 또한 아름다운 화면이 주는 즐거움임을 부인하기 어렵다. 이 드라마의 미덕은 아름답고 예쁜 그림에만 함몰되어 있지 않다는 점이다. 인생의 굴곡과 빛과 그림자를 어느 것 하나 외면하지 않고 담보하고 있다. 장터의 남루한 식당, 어촌의 구멍가게의 삶이 얼마나 궁핍할 것인가는 거기서 살지 않더라도 잠시 들르기만 해도 알 수 있다. 이 드라마는 이런 삶의 그림자도 놓치지 않고 정면대결하고 있고 그 리얼리티를 통해 오히려 화면의 아름다움이 가질 수 있는 '현실에서 벗어날 수 있는 허무함'을 덮어주고 있는 것이다.

연기, 연기력에서 아우라의 차원으로

〈가을동화〉가 시청자를 처음으로 끌어들이는데 공헌한 것은 역설적으로 연기다. 역설적으로라는 표현을 쓴 것은 어떻게 보면 드라마에서 가장 아쉬운 점이 연기라고 생각되기 때문이다. 프로그램 초반의 두 어린이 연기자는 진한 감정을 잘 표현해 시청자의 눈물샘을 자극했다. 지명도나 인기와는 거리가 있었던 어린 연기자가 시청자 대중에게 호소한 것은 대본에 충실한 연기와 드라마에 대한 헌신 때문으로 보인다. 연기자가 성인으로 바뀐 뒤에도 송승헌, 송혜교는 그들이 풍기는 분위기와 이미지로 시청자를 끌어들였다(이것은 연기력보다는 아우라라고 보는 쪽이 옳을 것이다). 출연인물의 연기력을 과장되게 표현하자면, 중저변고(中低邊高)의 특징이라고 할 수 있다. 즉 중심인물일수록 연기력이 아쉽고 주변인물일수록 연기력이 나아진다는 것이다. 물론 주관적인 판단이므로 위험할 수도 있다는 염려가 들지만, 이를 정리하면 다음과 같다.

중심인물 ◀────────────────▶ 주변인물

준서, 은서　태석, 유미　신애　교수 부부　홀어머니

주변인물의 연기일수록 빛이 더하는데, 교수 부부와 홀어머니 역할을 맡은 정동환, 선우은숙 그리고 이해숙의 연기는 뛰어나다. 특히 바닷가 어머니의 궁핍하고 거친 삶을 연기하는 이해숙의 연기는 감히 최고봉이라 보아도 부족함이 없어 보인다. 딸을 빼앗기고 딸을 맞이하고 딸에게 미안해하는 마음을 연기하는 이해숙의 연기는 실제 엄마의 그것에 근접해 보인다. 두 남녀 주인공 준서와 은서가 좀 더 사실적으로 연기한다면 이라는 아쉬움은 프로그램 중반을 넘어서면서 조금씩 약해지고 있다. 초반의 설익은 연기가 점점 무르익어가는 것을 보면 이들 연기자들도 연기를 통해 성숙해가는 것처럼 보인다. 물론 아직도 연기에 아쉬운 점은 남지만, 어찌 연기하는 힘만이 연기력일 수 있으랴. 송승헌, 송혜교 두 송 오누이가 풍기는 이미지와 아우라는 후천적인 연기력이 확보하지 못한 틈새를 막고도 남음이 있다. 송승헌, 송혜교 없는 〈가을동화〉라니. 상상하기 어렵다.

가을, 얼마 남지 않은 아쉬움

〈가을 동화〉에도 아쉬운 몇 가지가 있다. 아름다운 그림을 찍기 위해 현실적으로 불가능한 샷(도로를 등 뒤로 하며 앉아 있는 샷)이 보이는 것은 드라마에의 몰입을 방해하고, 눈물의 과잉은 진정한 슬픔을 표현하는데 오히려 방해된다는 것도 지적하고 싶다. 눈물연기를 좀 더 절제하고, 예뻐 보이는 화면을 위해 리얼리티를 손상하는 위험은 피해야 하지 않을까.

〈가을 동화〉는 이제 종반을 향해 달린다. 주인공 은서가 백혈병이고, 준서는 미국으로 향하기로 되어 있다. 한 가지 염려스러운 것은 드라마가 인기 때문에 횟수를 늘려서 늘어지지는 않을까라는 것이다. 지금까지의 만남과 이별, 마음을 열었다가 닫기의 반복이 더 반복되는 것은 지루해지는 느낌을 피하기 어렵다. 행여 프로그램을 늘려서 시청자를 실망시키지 않기를 바란다. 가을이 일 년 내내 그리운 것은 언제인지 모르게 왔다가 어느새 우리 곁에서 그냥 사라지기 때문이다.

〈PD저널 2000년 11월 9일〉

제 4 장
세상 읽기

Chapter 4

세상 읽기

1 노영심의 선물

얼마 전에 내가 연출하고 있는 〈낭독의 발견〉이라는 프로그램에 노영심 씨가 출연했습니다. 연출자 못지않은 연출 감각으로 정평이 나 있는 그녀와의 작업은 묘한 긴장감을 주었고, 오랜만에 방송에 출연하는 그녀 역시 신중을 거듭했습니다. 야외촬영을 위해 VJ를 그녀에게 보냈습니다. 종로구 부암동 그녀의 동네를 산책하는 장면을 촬영하고 돌아온 VJ는 책상 위에 푸른 나뭇잎에 놓인 분홍빛 꽃과 앵두를 올려놓았습니다. 웬 거냐고 묻자 노영심 씨가 제작진에게 선물로 보냈다는 것이었습니다. 예상하지 못했던 조그맣고 아름다운 선물에 〈낭독의 발견〉 제작진은 한동안 조용히 침묵을 지켰습니다. 그리고 딱 앵두 한 알만 맛보고는 이틀 후에 있을 녹화에서 이 선물을 소품으로 보여주자는데 의견을 모았습니다. 아트디렉터 윤이서 씨에게 앵두를 식탁 위에 배치하자는 제안을 했고, 커다란 유리그릇에 앵두를 담아내기로 했습니다. 선물로 받은 나뭇잎 앵두와 함께 말입니다. 그녀가 보내온 조그만 선물이 프로그램의 한 컨셉이 된 것입니다. 녹화 날 스튜디오에 도착한 노영심 씨는 원목 탁자에 자신이 전해준 선물이 놓인 것을 보고 미소를 머금었습니다. 선물이야기를 꺼내자, "선물이라고 드린 것은 아니고 그냥 드렸는데 선물로 느끼셨다니 다행이네요."라며 머쓱해했습니다.

녹화 내내 그녀는 자신이 가지고 있는 피아노 연주자로서의 재능, 글 쓰는 이로서의 재능, 낭독자로서의 재능을 마음을 다해 보여주고자 하였고, 이것은 그녀가 시청자에게 전하고 싶은 진실한 마음의 조각이라고 느껴졌습니다. 방송이 끝난 늦은 밤, 그녀에게서 메일이 도착했습니다. "방송을 잘 보았습니다. 무엇보다 마음을 열어주어서 감사합니다." 하지만 마음을 연 것은 그녀였고, 그녀가 앞으로 열어갈 수많은 사람들의 마음들이 도열해 있는 모습이 아른거렸습니다. 조그마한 선물의 힘, 그것은 사람의 마음을 이어주고, 모아주어 결국은 힘을 만들어 주는 게 아닌가 싶습니다. 2004년 6월 마지막 날은 작은 앵두로 말미암아 오래 기억될 듯합니다.

〈한국일보 1000자 춘추 2004년 7월 19일〉

2 인순이의 선물

지금으로부터 10여 년 전, 〈열린음악회〉 조연출을 할 때였다. 〈열린음악회〉 몇 주년 기념 특집에 출연한 가수 인순이 씨가 리허설 도중에 이의를 제기했다. VCR 화면으로 편집된 자신의 비중이 너무 작다는 것이다. 〈열린음악회〉와 떼려야 뗄 수 없는 것이 인순이인데 〈열린음악회〉가 너무 홀대하는 것 아니냐며 항의했다. 당시 연출을 맡았던 선배는 인순이 씨의 주장이 부당하다고 생각했는지, 강하게 대응했다. 편집이 맘에 들지 않으면 노래하지 말라고 했다. 인순이 씨는 더욱 화가 났고 무대 밖으로 뛰쳐나갔다. 선배는 잡지 말라고 했으나, 조연출인 나의 역할은 그녀를 잡아야 하는 것이었고 그녀를 뒤따랐다. 현관계단에 앉은 그녀는 펑펑 울기 시작했다. 〈열린음악회〉가 이래서는 안 된다면서.

울음이 잦아들기를 기다렸다가 편집 비중이 작은 것에 대해 사과했다. 연출자가 아니라 그녀의 팬으로서 그녀가 〈열린음악회〉와 등지는 모습을 보고 싶지 않다고도 말했다. 한참 후 그녀는 다시 무대에 서겠다고 말하고는 무대에 올랐다. 냉랭한 분위기의 어색한 무대. 그녀는 상한 마음을 다스리고 노래하기 시작했다. 그녀의 노래에는 깊은 울림이 있었다. 어쩌면 그녀는 울었는지도 모른다. 녹화가 끝나고 며칠 뒤 매니저가 카드를 가져왔다. 인순이 씨가 보내온 카드엔 이렇게 쓰여 있었다. "그날 무대에 설 수 있도록 설득해주어서 고맙습니다. 오늘부터 친구로 생각하고 싶습니다. 가수 인순이"이 카드는 내가 받은 가장 인상적인 편지고 큰 선물이다.

그로부터 7년 뒤, 〈낭독의 발견〉에서 연출자와 출연자로 다시 만났다. 〈거위의 꿈〉 낭독을 마치고 텅 빈 객석을 향해 "여러분, 나에게 박수쳐줘야 돼요."라고 울먹였고, 스태프들이 친 박수가 스튜디오를 채웠다. 방송이 나가고 그녀의 홈페이지가 다운되고, 낭독 홈페이지에도 수많은 글들이 올라왔다. 그녀에게서 문자가 왔다. "저 지금도 게시판 글 보며 울고 있어요." 길지 않은 방송생활 동안, 인순이 씨의 〈낭독의 발견〉은 아무리 오래 연출을 해도 다시 만나기 어려운 느낌이 들었다. "지금 죽어도 좋다"는 극상의 행복감. 속 깊은 인순이 씨가 다시 내게 준 선물이었다.

〈좋은 생각 2007년 12월호〉

3 섬진강 아이들의 〈낭독의 발견〉 제작기 : 방송은 마케팅이다

방송이 세상을 제대로 반영하지 못한다고 생각했던 것은 80년대의 사회주의적 리얼리즘과 관련된 것만은 아니었다. 지금 여기서 일어나고 있는 삶의 팔딱거리는 활기나 변화하는 시대의 감수성 등을 좇아가지 못한다는 면에서 역시 마찬가지다. 한 잡지를 보다가 문득 이런 생각이 들었다. 우리는 익숙하고 편안한 것에 초점을 맞추고, 방송을 위한 방송을 해오고 있지는 않았는지라는 생각.

대중문화의 일부분에 대해 답변해야 할 책임이 있는 방송으로서도 대중의 좋은 취향 혹은 문화적 취향을 계발할 기회를 제공하는 것 역시 공익성의 중요한 부분이라고 생각한다. 시중에 유통되는 시사주간지를 읽으며, 인테리어 잡지를 넘기며, 요리잡지를 뒤적이다가 이런 생각이 들었다. 나는 잡지를 만들고 싶었다. 시대의 흐름을 정확히 반영하고 비전을 제시하며 문화의 모습을 제대로 포착하는 그런 잡지 말이다. 그리고 얼마 전 잡지를 만들게 되었다. 〈TV 문화지대-낭독의 발견〉이라는 잡지. 이 잡지는 무엇보다 시대 흐름을 잘 반영하는 것이 생명이라고 생각한다. 건강을 중시하는 흐름에 따라 잡지의 컨셉을 유기농으로 정했다. 아무런 경계 없이 있는 그대로 믿고 받아들여도 괜찮은 잡지. 매주 다양한 출연자들이 정련되지 않은 자신만의 방식으로 자신에게 영향을 끼친 텍스트를 낭독한다. 하지만 문제는 대중성이었다. 책을 소리 내어 읽는다는 아날로그적인 소재를 어떻게 급변하는 시대에 걸맞게 '볼 만하게' 만드느냐 하는 것이 첫 문제. 즉 비주얼이 문제였다.

두 번째 문제는 낭독이라는 소재를 어떻게 '들을만하게' 전달하느냐 하는 것, 오디오의 문제였고, 얼마나 근사한 출연자가 괜찮은 내용을 읽느냐 하는 것 역시 중요한 과제였다. 다행스럽게 아트디렉터와 음악감독과 피아니스트의 도움으로 프로그램은 이런저런 문제를 헤치고 나갈 수 있었다. 프로그램 제목에 대한 궁금증과 호기심은 프로그램이 뿌리내리는 데 효과적이었고, 문화프로그램을 만들고 싶어 하는 스태프들의 진지한 열성 또한 큰 도움이 되었다. 하지만 그 다음 문제는 프로그램의 지명도였다. 생소한 이름의 프로그램을 기억하는 데 시간이 걸리는 것이었다. 게다가 〈TV 문화지대〉라는 프로그램 아래 4가지의 요일별 프로그램제목이 따로 있어서 소위 2중 브랜드로 인한 도달률의 저하가 문제였다. 시청자는 물론 같은 방송사의 직원들조차 프로그램이름에 고개를 갸웃갸웃했다. 사내홍보가 필요하다고 생각되어 사내 전자게시판에 프로그램에 대한 글을 올렸다. 사내보에도 제작 후기를 실었고, 심지어 홍보실의 협조를 얻어 프로그램 포스터를 제작하기도 했다. 신문은 물론 지하철 무료가판 신문에도 홍보문을 보냈다. "너무 하는 것 아니냐?"라는 지적도 있었지만, 직원들이 잘 알아야 주변에 프로그램을 홍보할 수 있는 것이라고 아직도 굳게 믿고 있다.

스튜디오 녹화가 정착되었다고 생각할 무렵 야외 녹화를 준비했다. 첫 번째 야외 녹화가 바로 김용택 선생의 섬진강 변 학교를 찾아가는 것이었다. 편성실에서는 설 특집으로 방송하는 것이 어떻겠냐고 제안해왔다. 특집감은 아니었지만, 이렇게 들어온 제안을 굳이 뿌리칠 이유는 하나도 없었다. 녹화를 위해 세 번 임실을 찾았다. 섬진강 변 임실 덕치 초등학교에서 자라는 아이들은 자연 그대로였고, 공기는 맑았고, 물은 달았다. 스태프들은 처음으로 본 덕치초등학교 강당을 보며 탄성을 금치 못했다. 우리가 생각하는 초등학교에 대한 기억의 원형이 보존되어 있다고 생각했다. 셀링포인트는 바로 학교의 추억, 낭독의 추억, 자연의 추억이라고 포지셔닝했다. 하지만 아름다운 강당은 곧 철거가 예정되어 있었고, 우리가 기억하는 나무 책걸상도 단 하나도 보존되어 있지 않았다. 향수를 자극하는 책걸상도 서울에서 공수했고, 오래된 강당은 새롭게 색색의 천을 휘둘러 변신했다. 아이들의 글은 자연을 닮아있었고, 그것을 주워담는 우리들의 손가락은 떨렸다.

따자따자 고추따자 고추가지 뿌러트리지 말고 고추따자
따자따자 고추따자 고추따서 엄마 기쁘게 해드리자
따자따자 고추따자 고추 빨리 따서 집에 가 밥 먹고 컴퓨터하자

채현이의 동시처럼 아이들의 글 속에는 자연과 노동과 사람과의 관계들

이 생생하게 살아 있었다. 하지만 이런 살아 있는 날것을 얼마나 변형되지 않게 전달하느냐 하는 것은 전적으로 PD의 능력이었다. 방송이 나가고 다시보기로 몇 번을 더 보았다. 부족한 것도 많고, 아쉬운 것도 많다. 하지만 이제 막 시작한 프로그램으로서 시청자에게 제대로 신고하기 위해서는 앞으로도 시청자에게 맹렬하게 알릴 것이다. 높은 시청률로 일신상의 영예를 누리기 위한 것이 아니다. 단지 문화프로그램으로서 살아남기 위한 최소한의 시청률을 위해서이다.

방송에 대한 새로운 정의들이 늘어나고 있다. 이제 방송프로그램을 제작하는 것 역시 철저히 시장지향형으로 바뀌어야 하지 않을까? 시청자들이 원하고 필요로 하는 것이 무엇인지 귀를 쫑긋 세우고 살펴야 하고 새로운 방식으로 포장하여 시청자에게 알리는 즉, 마케팅이 중요해지는 셈이다. 문화프로그램이건 개혁프로그램이건 예능프로그램이건 다 마찬가지다. 방송은 마케팅이다. 하지만 우리 프로그램의 마켓쉐어는 언제 늘어날까?

〈KBS PD 협회보 2004년 2월〉

4 단박 인터뷰, 단박엔 못 만든다.

2003년 〈낭독의 발견〉이라는 프로그램을 만들면서 고민했던 것은 무명의 PD가 시작하는 새 프로그램에 누가 출연해 줄 것인가라는 새삼스러운 의문이었다. 방송일이 다가오자 그 고민은 더욱 커졌고, 몇 번의 출연약속과 펑크로 마음고생이 더 커졌다. 한 선배 PD는 '섭외펑크는 있어도 방송펑크는 없다.'라는 명언으로 후배를 위로해주었다. 다른 선배는 '섭외가 안 되면 프로그램을 내려야 한다.'라는 평범하면서도 쓴 약 같은 진리를 상기시켜주었다. 가장 큰 힘이 되었던 것은 책임 있는 선배의 다음과 같은 응원이었다. "네 멋대로 해라. 마음껏 욕심내라. 500% 지원되는 회사다." 이런 든든한 지원 아래에서 프로그램이 안 될 리가 없다. 부족한 콘셉트이었지만, 〈낭독의 발견〉은 이제 문화계의 별과 같은 예술인들이 거의 다 출연한 괜찮은 프로그램이 되었다. 프로그램을 만드는 동안 어려운 일도 없지 않았지만, 방송을 통해 맛본 행복감에 비하면 아무것도 아니다. 참 행복했다. 그리고 PD가 되었다는 사실에 진실로 감사했다.

〈낭독의 발견〉을 시작한 지 3년 반이 되는 올 3월 중순 선배 PD의 전화를 받았다. 저녁을 함께하자는 것. 개편 관련이야기를 하다가 슬슬 본론을 꺼냈다. 새 인터뷰 프로그램을 진수시키는 데 해볼 의향이 있느냐는 것이다. 새 프로그램을 만들고 싶은 마음이 굴뚝같던 차에 들었던 선배의 제안에 '이 프로그램은 내가 해야 한다.'라는 생각이 번개처럼 스쳤다. 게다가 선배에게 진 빚도 갚아야 한다는 의무감도 작용했다. 흡사 첩보영화의 주인공이 옛 보스의 지령을 받는 장면을 연상케 하는 이 순간은 채권자와 채무자가 바뀌는 순간이기도 하다. 프로그램 주인을 찾느라 고민했던 선배는 헤어지며 "오늘 밤부터는 편히 잘 수 있겠다."라며 유유히 사라졌다. 선배와 헤어진 그날부터 불면의 밤이 시작되었다. 프로그램 기획안을 쓰고, 콘셉트를 잡고 방향을 잡느라 무척 힘이 들었다. 생전 처음 해보는 시사인터뷰가 낯설고 감이 잡히지를 않았다. 게다가 진행자는 PD다. 사전을 뒤져 '단박'이라는 단어를 찾았다. '즉시', '직접적으로', '현장에서'를 뜻하는 부사를 붙여 〈단박 인터뷰〉라고 이름 지었다.

화, 수, 목 3일 방송되는 준 일일방송의 편성도 생경하기는 마찬가지다. 방송일이 다가올수록 불안감은 커졌다. 방송 일주일 전까지도 출연자가 결정되지 않았다. 불안해하는 스태프들을 “프로그램이 스스로 섭외를 하니, 프로그램에 귀를 기울이자!”라는 말도 안 되는 말로 위로했다. 방송 며칠 앞두고 섭외가 결정되고 첫 방송을 하게 되었다. 프로그램의 질은 아쉽지만, 문제없이 방송을 치러냈다는 것 자체가 절반의 성공이다. 첫 방송을 끝내고 첫 주말을 보냈다. 하나의 방송프로그램이 이름을 달고 망망대해로 흘러가는 것을 물끄러미 지켜본다. 조급하지 않게, 하지만 간절히 마음을 담는다면 프로그램은 순항할 것이다. 이제부터 다시 시작이다.

〈한겨레 신문 2007년 5월 9일〉

5 단박 인터뷰 진행 김영선 PD

PD로서 가장 어려운 일 중의 하나는 연출을 아는 PD를 연출하는 일이다. 이 일보다 더 어려운 일은 PD로서 자신이 연출되는 대상이 되는 것을 눈뜨고 지켜보는 일일 것이다. 단박 인터뷰는 이 두 가지의 어려운 일들이 혼융된 기묘한 프로그램이다. 이 프로그램을 연출하는 일은 "방송사 입사 이래 최대의 위기"라는 후배의 걱정스러운 염려를 듣게 했으며, 실로 부족한 머리털이 표백되는 어려움을 주었다. 방송에 대해 어느 정도 안다고 생각했던 자만심을 단박에 깨어버리는 힘겨운 과정도 있었다. 도무지 프로그램을 가늠할 수 없어 몸부림치는 동안 방송날짜는 다가오고, 자신을 출연자로 제단에 올려놓은 김 PD의 고통은 이루 말할 수 없었음을 짐작할 수 있다. 프로그램 틀을 정하기 전에 김 PD는 몇 번의 장문의 이메일을 보내왔다. 다른 장르의 PD들이 만나 만드는 프로그램은 문자 그대로 산고의 고통을 겪었으며, 드디어 첫 방송을 타게 되었다. 첫 방송을 끝내고 우리가 얼마나 뿌듯해했는지는 그동안의 고통이 설명해줄 법하다. 함께 프로그램을 만들면서 많은 것을 알게 되었다.

진행자 김 PD는 PD에게 참으로 편리한 출연자였다. 급작스럽게 상황이 바뀌어서 오프닝 멘트를 수정해야 할 때, 이래라저래라 하지 않고 그저 김 PD가 문장을 만들어 내는 것을 지켜보면 된다. 또한, 출연자 섭외에도 막강한 힘을 발휘한다. 이명박 후보를 출연시킬 때의 일이다. 전화로 섭외가 안 되어 무작정 대전 강연장으로 내려갔다. 강의하는 동안 보좌관을 설득하기를 무려 3시간여. 아무래도 힘들 것 같았으나, 김 PD는 끝까지 물고 늘어졌다. 결국, 다음 날 아침 공항에서 인터뷰하자는 약속을 받아냈고 그 방송은 두 자리 수의 시청률을 선사했다. PD임이 틀림없는 그는 화급한 상황에서는 편집까지 하는 고마운 출연자다. 매주 3일의 방송을 준비하는 그에게 매주 세 명의 거물급 출연자의 인생이 스쳐 지나감을 느낀다. 걱정되었던 진행 능력도 만만치 않음을 방송을 통해 보여주고 있다. 방송 시작되고 한 달이 지났다. 김 PD의 불만은 왜 진행자 연출을 해주지 않느냐는 것이다. 그는 연출자로서의 자아와 출연자로서의 자아를 분리해서 자신을 객관적으로 연출하는 능력이 있는 PD다. 게다가 PD로서 내가 가장 싫어하는 것이 간섭받는 것인 것처럼, 그에게 특별히 간섭하고 싶지 않다. 진행이 어떠해야 하는지 잘 알고 있는 그가 모니터링을 통해 스스로 바꿔가고 있다. 그럼 프로듀서인 나는 무엇을 할까? 그저 따뜻한 눈으로 그의 활약을 지켜보며 격려하기만 하면 된다. 예민한 그는 나의 격려에 대한 강도를 보며, 진행을 잘했는지, 뭔가 부족했는지 놀랍도록 알아맞힌다. PD들이 진행하는 프로그램이 많이 늘었다. 진정성 때문이라고들 말한다. 나는 PD는 사건의 구조뿐만 아니라, 감정의 구조를 충실히 기록하는 사람이라고 생각한다. 이 때문에 객관적이지 못하다는 지적도 받는다. 하지만 진실 아닌 사실이 허무한 것처럼 사건만으로는 진실을 뚫어보기가 쉽지 않다. PD들의 진행은 진실에 접근하려는 PD들의 소박한 마음이 모인 결과다. 김 PD가 펼쳐 보이는 사건과 감정의 구조가 논란이 많은 PD 저널리즘에 작은 돌파구가 될 것으로 믿어 의심치 않는다.

〈KBS PD협회보 2007년〉

6 서울유감

한국의 문화는 서울을 중심으로 움직인다. '말은 제주도로 사람은 서울로'라는 말에서 알 수 있듯이 서울 집중화의 역사는 길다. 시골에 살았던 내가 방학 때 서울에 올라와서 느끼는 문화적 충격은 시골에서는 볼 수 없는 방송이 존재한다는 사실이었다. 당시로써는 재미있기까지 한 방송이 부럽기 그지없었다. 지금이야 전국 어디서나 같은 방송을 볼 수 있다. 하지만 새로운 정보의 불균형은 아직도 건재하고 있다. 방송의 주된 소재가 서울을 중심으로 이뤄지고 있는 것이다. 즉, 전국방송이라는 것을 까먹은 듯 방송은 서울 날씨를 주된 소재로 삼는다. "내일 비가 오니 우산 준비하셔야 하겠습니다."라는 단정적인 멘트는 서울에만 비가 내리는 경우에도 사용된다. 한강의 잠수교가 물에 잠겨도 전국적인 뉴스로 둔갑한다. 대학관련 뉴스가 나오면 방송화면은 대부분 서울소재 대학 캠퍼스만 일관되게 편집한다. 취재의 편의상 이뤄지는 관행이지만, 전 국민이 보는 방송이라는 것을 염두에 둔다면 적절해 보이지는 않는다. 지방의 뉴스가 화제가 될 때에도 지역민의 관점보다는 서울중심의 시각이 지배적이다. 대표적인 뉴스가 부안 방폐장 건설 관련 뉴스다. 지역민의 생존이 달린 문제가 한 지역의 지역이기주의로 쉽게 매도되는 것을 지켜보았다. 최근에 수도이전을 둘러싼 여론의 엇갈림을 보면서 수도이전 반대의견에는 혹시 수도권에 사는 국민들의 자기중심적 시각이 자리 잡고 있는 것은 아닌지 염려스럽다. 문제는 집중이 아닐까 싶다. 서울이 움직이면 모든 것이 바뀐다는 생각 때문에 수도권이나 충청권이나 수도이전을 둘러싸고 논의가 더 뜨거웠는지도 모른다. 그것은 지금까지 서울이 가지고 있는 우월적 독점성을 반증한다. 골고루 발달하고 함께 잘 사는 사회, 그 첫걸음은 지나치게 큰 서울을 조금은 작고, 여유롭게 만드는 데서 시작된다. 지방분권을 경험하지 못한 우리 사회의 생경함을 다시 한 번 들여다볼 때다.

〈한국일보 1000자 춘추 2004년 11월 11일〉

7 의자 없는 사회

백화점에서 일하는 계산원들의 표정은 그리 밝지 않다. 온종일 서 있어야 하는 이들의 업무 형태 때문인 듯하다. 이들의 종아리도 퉁퉁 부어 있기 일쑤다. 떠오르는 한 가지 의문. 왜 종업원들에게 서서 일하게 하는 것일까? 앉아서 일하도록 의자를 주면 안 될까? 물론, 경영자로서는 업무의 효율성이나, 손님에 대한 적극적인 응대 등 다양한 이유가 있을 것이다. 하지만 다리가 아파서 불편해하는 종사원들의 표정을 보아야 하는 손님의 불편한 마음은 배려하지 않은 듯하다. 의자 없는 환경은 백화점뿐만 아니다. 길거리를 나서도 제대로 앉을 수 있는 의자를 찾기가 어려운 것이 사실이다. 물론 건강한 시민이야 길거리 의자가 절실하지 않겠지만, 몸이 불편한 사람에게 의자는 오아시스만큼이나 반갑다. 하지만 의자는 부족하고 정류장에 있는 의자는 먼지 때문에 선뜻 앉기 어렵다. 왜 의자가 부족한 것일까? 거리를 걷다가 의자를 발견하고 잠시 휴식을 취하거나 사색에 잠길 수 있다면, 이 또한 커다란 복지가 아닐까?

2001년 스위스 취리히에서 벤치아트라는 행사가 있었다. 원하는 시민들 누구나가 의자 값을 지불하고 예술가에게 의뢰해 만든 의자를 시내에 설치하는 프로젝트였다. 수많은 시민들의 참여로 취리히에는 다양한 예술벤치가 놓였고, 시민들에게 휴식을 줄 뿐만 아니라 훌륭한 볼거리로 자리 잡았다. 시민의 복지에 대한 무관심, 조그마한 공간이라도 상업적 이익을 위한 공간으로 돌리는 탐심 때문에 도시는 답답하다. 도시에 의자를 설치하여 시민들이 쉴 수 있는 공간을 마련하는 것, 그것은 조그마한 공원을 만드는 일이다. 우리에게 작은 공원 혹은 오아시스가 많아졌으면 좋겠다. 이번 추석에 좌석권 구하지 못해 입석으로 귀향하시는 분들. 힘내세요!

〈한국일보 1000자 춘추 2004년 9월 24일〉

8 PD와 책에 대한 몇 가지 질문

〈가요무대〉 조연출할 때의 일이다. 시청자의 일기를 모아서 낭독하고 관련 노래를 듣는 기획을 준비할 때, 평생 일기를 써 오신 할아버지 한 분을 알게 되었다. 8절지 크기의 종이를 철해서 10줄로 줄을 그어서 한해마다 한 칸씩 하루하루의 일기를 채워 넣은 일기장에는 50년 전 당시의 월급수준, 물가수준, 생활 풍속 등이 고스란히 적혀 있었다. 일기는 그 자체로 생활 박물관이었으며, 역사의 기록이나 다름없다. 왜 일기를 써왔느냐는 질문에 할아버지는 어릴 적 부모님을 여의고 세상에 의지할 곳이 없어서 자신의 과거 경험에서 지혜를 얻기 위해 일기를 썼다고 말했다. 자신도 잊어버리는 경험을 글로 남겨서 어려운 선택의 기로에 설 때마다 참고했다는 것이다. 제작하면서 수많은 선택에 부닥친다. 스태프들의 질문들에 PD들은 빠짐없이 대답해왔다. 하지만, 쉽게 대답할 수 없는 딜레마에 빠질 때면 고민이 깊어진다. 주변 선배들에게 문의하지만, 언제나 그렇듯 답은 "네가 선택해라"다. 어느 쪽을 선택해도 결과가 크게 다르지 않은 경우라면 몰라도 선택에 따라 결과가 크게 달라진다면 PD의 선택은 중요할 수밖에 없다. 파급효과가 개인에만 그치는 것이 아니라 시청자에게 전달되므로 더욱 그러하다.

왜 PD 핸드북은 없는 것일까?

PD들 모두 공감하고 있지만, PD들이 선택의 기로에서 참고할 수 있는 기록이 적다. '스태프들과의 갈등이나 텃세를 어떻게 해결해야 하는가?' 식의 고민을 해결해 주는 실용적인 기록이 있다면 큰 도움이 될 것이다. 이에 PD들의 제작 핸드북을 제안한다. 기자들의 스타일북과는 달리 제작에서 경험한 다양한 실용적인 사례들과 해결방법을 정리한 책 말이다. 내용은 이런 것들이 되겠다. 야외 중계에서 비가 올 확률이 90%인 경우 공연을 취소해야 하나 계속해야 하나? 해외촬영 도중 카메라를 분실하면 그냥 돌아와야 하나? 카메라를 빌려서 녹화해야 하나? 어렵게 찍은 녹화테이프 원본을 지웠을 때 복원시킬 방법은 없나? 등등 수두룩하다. 선배들의 경험을 구술로든 문서로든 정리해서 분류해 놓기만 해도 좋은 핸드북이 될 것이다.

글 쓸 시간이 어디 있나?

세상에서 가장 만나기 어려운 사람들이 PD들임은 자명하다. 밥 한번 먹자고 했으나 먹지 못한 PD들이 얼마나 많은가? 바쁜 PD들에게 글쓰기는 도전이다. 얼마 전에 기획했던 프로그램 〈낭독의 발견〉 제목으로 책을 펴냈다. 주변에서는 바쁜 와중에 언제 책을 썼냐고 물어왔다. 실은 프로그램 시작에서부터 매주 녹화 때마다 틈틈이 출연자나 녹화에 대한 생각들을 프로그램 홈피에 올려놓은 것을 모은 것이다. 일기장이 아니어도 개인 홈페이지나 블로그 아니면 프로그램 홈피에 글을 써 놓아도 좋다. 중요한 것은 사이버 상에만 남겨두지 말고 꼭 책으로 엮어야 한다는 것이다. 그래야 기록으로 남고 참고자료로 기능하게 된다.

내 책을 내줄 출판사가 있을까?

출판계가 불황의 회오리에서 벗어나지 못하고 있다. 영상문화의 발전으로 대중이 활자문화에서 이탈하기 때문이라는 분석이 있는가 하면, 시대흐름을 출판계가 따라가지 못했다는 반성하는 분석도 있다. 이런 흐름 속에서 출판계가 은근히 기대하는 것은 영상문화와 활자문화의 결합이다. 원소스멀티유즈의 효과를 누리겠다는 것인데 뉴미디어시대는 콘텐츠의 시대에서 인터페이스의 시대로의 전환되는 때이기 때문에 바람직하다. 책은 같은 콘텐츠를 다른 방식으로 전달하는 또 다른 인터페이스이기 때문이다. 출판사들의 태도가 호의적이라는 것을 이야기하고 싶다. PD들 중에도 책을 내고 싶어 하는 PD들이 적지 않을 것이다. 하지만 어떻게 해야 할지 몰라 머뭇거리고 있는 분이 있다면 주저 마시고 기획의도를 가지고 출판사의 문을 두드리라고 말씀드리고 싶다. 34명의 동료 PD들과 생각을 모은 책 〈PD, WHO & HOW〉도 출판사를 찾아가 협의하다가 기획한 것이다. 그래도 궁금한 내용이 있으시다면 필자에게 직접 문의하시기 바란다(hongks@kbs.co.kr). 무료로 컨설팅 해 드릴 예정이다. 이제 막 프로그램을 끝냈거나 지금 열심히 프로그램을 만드는 PD분들, 그리고 프로그램을 기획하기 시작한 PD분들. 모두 프로그램 이름으로 책을 펴내시길 기대한다. 방송 PD들 한 분한 분이 왕성한 문화생산자가 되어 방송을 둘러싼 문화가 풍부해지고 PD 문화에 윤기가 더해졌으면 좋겠다. PD의 운명은 결국 생산해야 할 그것 아닌가?

〈PD저널 2005년 3월 17일〉

9 PD의 공간

방송사 입사 전에 신문사에서 편집 일을 할 때, 누이가 방문한 적이 있었다. 어두컴컴한 신문사 편집국에서 쪼그리고 일하는 모습을 보고 누이는 안타까웠다고 말했다. 국민들에게 영향을 미치는 '그럴듯한' 신문이 이런 공간에서 만들어진다는 데 대한 놀라움과 안타까움의 표현이리라. 공간의 효율적인 활용으로 경제적 효과를 높이고자 한 기업으로서의 선택이 좁고 어두운 공간이었을 것이다.

컨베이어 벨트의 기능공?

방송사에 입사한 후에는 사무공간의 필요성을 인식하지 못했다. 왜냐하면, PD는 사무실이 아니라 스튜디오, 야외, 편집실 등 현장에서 발로 뛰어야 하는, '앉아 있을 시간이 어디에도 없는(있어서는 안 되는)' 존재라고 교육받았기 때문이다. 사무실은 돌아다니는 일이 없는 시간에 뛰어나갈 준비를 하는 대기소 정도로 여겨졌다. 사무실에서 할 수 있는 일은 신문이나 잡지를 뒤적이는 것이지 책을 보는 것처럼 집중력이 필요로 하는 일은 언감생심이다. 새로운 프로그램을 구상하거나 작가들과 심도 깊은 이야기를 하기도 쉽지 않지만, 외부의 손님을 자리에서 맞아 환담한다는 것은 더더욱 어려운 일이다. 물론 회의실이 없는 것은 아니다. 사무실 주변에 회의 탁자와 의자가 군데군데 배치되어 있다. 하지만 다른 팀이 회의하는 소리가 방해한다. 최근에 만난 한 선배는 "뒷사람과 의자 등이 닿아서 불편할 뿐 이미 충분히 적응했다."라는 체념을 들려주었다. 도대체 뒷사람과 의자 등이 부딪히는 환경에서 어떻게 새로운 프로그램 아이디어가 나올 수 있을까? PD 한 명의 공간이 1평도 채 안 되는 손바닥만 한 곳에서 '국민의 정신건강을 책임질' 프로그램을 만들어내는 것이 놀랍기만 하다. 좁은 공간에 나란히 앉아 일하는 PD들의 모습은 컨베이어 벨트 작업대에 앉아 있는 기능공이나 콜센터의 전화상담원을 연상케 한다. 하지만 컨베이어 벨트나 콜센터도 등이 부딪히거나 옆 사람 소리 때문에 일을 못할 만큼 인간공학을 무시하는 것 같지는 않다. 게다가 PD들에게는 작가와 자료조사 FD 등 딸린 식구들이 적지 않아 혼잡도는 더하다. 한 PD는 "의자들이 너무 붙어 있어서 반갑지 않은 매니저를 따돌리는 데는 최고"라고 쓴웃음을 지었다.

공간의 이데올로기

PD들이 자리에 앉지 않고 계속 밖으로만 뛰어다니게 하는 데에도 이데올로기가 숨겨져 있는 것은 아닌지 생각해본다. 함께 모이기 어려운 분절화 된 PD 문화. 그 시원에는 좁은 사무공간을 통한 PD들의 현장 내몰기가 자리하고 있는지, 또한 생각보다는 기계적으로 프로그램을 찍어내기를 기대하는 방송철학이 공간으로 반영되었던 것은 아닌지, 넓게 산재한 PD들보다는 한눈에 모든 PD들을 다 보고 싶어 하는 관리마인드는 없었는지. 이제 시대의 풍경은 바뀌고 있다. 최근에 KBS는 본관 로비를 시청자 광장으로 만들었다. 민주광장으로 불렸던 공간을 시청자를 위한 공간으로 변화시킨 데에 대한 반응은 폭발적이다. 여의도 공원을 이용하는 시민들뿐만 아니라 직원들도 자주 이용하고 있다. 죽어 있는 공간을 되살려서 휴식의 공간으로 만드는 공간변화의 현장을 목도하는 셈이다.

공간에 투자하라

일전에 모 통신 기업을 방문했다가 깜짝 놀란 적이 있었다. 남산 아래 자리 잡은 현대식 사옥은 그렇다 치더라고, 사무실 안은 조용한 도서관 같았고, 직원 한 명의 사무공간은 3평 정도로 널찍했다. 직원들은 자신의 손님을 위한 의자를 옆에 두고 있었고, 간단한 협의도 가능했다. 방송에 진출하고자 온 힘을 다하고 있는 이 회사에는 방송사에 없는 것이 있었다. 공간의 철학. '생사가 오락가락하는 현장'에서 '발이 부르트도록 뛰어야 하는' PD에게 무슨 사치스러운 사무공간 타령이냐는 질문에 이제는 PD들 스스로 답해야 한다. 왜냐하면, 스스로 답하지 않고 체념한 사람에게는 아무것도 거저 주지 않는 것이 세상의 냉엄한 철학이기 때문이다.

〈PD저널 2005년 4월 28일〉

10 예능 프로그램은 좋은 프로그램이 아니다?

방송국 PD라면 누구나 좋은 프로그램을 만들고 싶어 한다. 그것이 언제가 될지는 모르나, 언젠가 제대로 하나 만들어서 PD로서의 보람을 느끼고 싶어 하는 것은 어쩌면 인지상정에 가깝다. 하지만 이런 인지상정도 예능 PD에게는 멀게만 느껴지는 꿈이 되어 가는 것은 아닌지 모르겠다. 주위에서 좋은 프로그램으로 채택되는 예능 프로그램을 보기가 좀처럼 어려운 일이 아니기 때문이다. 방송위원회가 한 달에 한 번 선정하는 〈이달의 좋은 프로그램〉. 선정결과를 보면 심사위원들이 혹시 〈이달의 좋은 프로그램〉이 아니라 〈이달의 좋은 교양 다큐멘터리〉를 뽑는 것은 아닌가 하는 생뚱한 혐의마저 들었다. 호기심으로 최근 5년간의 〈이달의 좋은 프로그램〉 시상내역을 살펴보았다. 선정된 총 134편 중 다큐멘터리는 104편으로 77%, 교양은 18편으로 13%를 차지한 데 비해, 드라마는 9편으로 7%, 쇼 오락은 3편으로 겨우 2%에 불과했다. 다큐멘터리와 교양 프로그램을 합하면 그 비율은 90%를 차지한다. 그렇다면 열에 아홉은 다큐멘터리와 교양프로그램을 선정하고 한 번은 드라마와 쇼 오락을 합해서 준 셈이다. 〈이달의 좋은 프로그램〉은 〈이달의 좋은 다큐멘터리〉로 이름을 바꾸어도 열 번 중 아홉 번은 맞는 셈이니 크게 무리 없어 보인다. 이 결과만을 적용한다면 쇼 오락 프로그램 프로듀서들과 〈이달의 좋은 프로그램〉과의 상관관계는 없어 보인다. 그리고 이런 불균등한 상황에서 〈이달의 좋은 프로그램〉 상을 받은 쇼 오락 프로듀서들이 정말 대단해 보이기만 한다. 한편으로 이달의 좋은 프로그램 선정을 행여나 꿈꾸는 쇼 오락 프로듀서들의 아홉 배나 힘든 고투에 연민과 동정이 느껴진다.

얼마 전 연합회에서 선정하는 〈이달의 PD상〉 심사를 맡으면서 두 가지 점에서 놀랐다. 심사대상 프로그램 대부분이 교양 다큐멘터리프로그램 일색이라는 것과, 참신성, 정보성, 완성도, 즐거움이라는 기준에서 다른 기준들이 3점 만점인 데 비해 즐거움이라는 기준만 2점 만점으로 상대적으로 적은 비중을 가지고 있었다는 점. 왜 차이가 있느냐는 질문에 그저 관행이라는 대답을 받았다. 물론 예능 프로그램이 하나도 올라오지 않아서 즐거움이라는 기준이 크게 변별력을 가지지 못했다. 하지만 현업인들의 모임인 프로듀서 연합회의 심사 기준도 즐거움이라는 기준을 저평가하는 점은 못내 씁쓸했다. 심사가 끝나고 스스로 깊이 자문했다. 정말 즐거움을 주는 프로그램은 정보를 주는 프로그램보다 덜 좋은 것일까? 코미디프로그램이 건강한 즐거움을 주면 좋은 프로그램이 아닐까? 쇼 프로그램이 위로와 감동을 전해주면 좋은 것 아닐까? 각각의 다른 가치가 왜 인정받지 못하는지 진실로 궁금하다. 얼마 전 경쟁력 강화 및 정체성에 대한 사내 심포지엄이 있었다. 여러 가지 이야기들이 오갔지만, 궁극적인 문제는 결국 근본적으로 오락에 대한 생각을 정립하는 데 달렸지 않을까 생각했다. 다큐멘터리나 교양프로그램이 오락 프로그램보다 더 가치가 있다고 순위 매기는 담론들이 방송문화를 주도하고 있는 한 오락 프로그램이 제 역할을 다할 수 없을 것이다. 오락이 제대로 역할을 다하기 위해서 교양이 가미되어야 하고, 교양프로그램이 제대로 평가받으려면 절대 오락다우면 안 된다는 인식은 오락이 제 역할을 다하는 것을 방해하는 가장 큰 적일 지도 모른다고 한 학자의 말은 앞으로도 유효할 것이다.

〈PD저널 2001년 11월 30일〉

11 왜 다시 담론인가?

얼마 전에 한 시민단체가 주최한 심포지엄에 참석한 적이 있었다. 발제자와 토론자를 포함하여 총 9명의 패널이 준비한 행사에 귀를 기울이고자 참석한 일반인은 9명이 채 되지 않았다. 패널들이 어떻게 보면 서로의 얼굴을 보면서 더 자주 이야기할 수밖에 없는 아이러니한 상황이 발생한 것이다. 그럼에도 불구하고 이러한 심포지엄을 무시할 수 없는 이유는 단 한 가지. 그것이 공적인 차원에서 일어나는 작은 공론장일 수 있다는 사실이었다. 9명도 안 되는 참가자들 중 몇몇은 인터넷 뉴스 기자들이었고, 이 행사의 내용은 그들을 통해 공중에 알려진 것이다. 따라서 이날 논의된 담론들은 사회적으로 유포되고 방송에 대한 기존의 고정관념에 새로운 관념의 층위를 보탠 것이다. 담론의 중요성을 일깨워주는 대목이다.

학자들과 현업 PD들이 토론을 하는 와중에 깊이 깨달은 사실 한 가지는 "누가 담론을 지배하는가?"하는 것이었다. 대중에게 큰 영향을 미치는 매체인 방송과 그 안의 프로그램을 만드는 PD들은 어떻게 보면 제작 그 자체에만 매몰된 나머지 이야기를 만들어 지배적인 것으로 유포시키는 힘, 즉 담론의 힘으로부터 멀어진 것은 아닌지 자문해보자. PD들의 담론이탈현상은 확성기를 들고 소리를 치지만, 정작 자신과 방송에 대한 이야기는 속 시원히 이야기할 수 없는 상황과 은유적으로 연관되어 있다.

우리 사회엔 수많은 방송관련 담론들이 존재한다. '방송은 공영적이지 않다.', '방송이 저질이다.', '방송이 선정적이다.', '공정하지 않다.' 같은 담론들 말이다. 수많은 담론 중에 방송의 자기시각은 많이 반영된 것 같지 않다. 왜 방송이 자신의 문제에 대해 소극적으로 대처해 온 것일까? 물론 최근에는 미디어 비평 프로그램의 등장으로 방송이 자신의 이야기를 하기 시작했지만, 지배적인 담론의 차원으로 끌어가기에는 아직도 힘이 벅차 보인다.

담론의 힘은 단어의 탄생에서부터 시작된다. 가령 방송의 공영성이라는 화두를 생각해보자. 공영성이라는 주제에 대해 가장 많은 언설을 관장하는 그룹은 아마 공영성을 전공한 학자일 터이다. 그 학자가 연구한 외국의 공영성 관련 제도, 공영성의 역사 등은 방송을 제작하는 PD들은 물론이고 방송사 경영자들의 사고와 사회적 행동의 반경을 제한하는 범주로 작용할 것이다. 이것은 방송현상을 둘러싼 새로운 단어가 탄생할 때마다 마찬가지이다. 즉, 수용자의 접근권을 뜻하는 액세스(Access)권이라는 개념이나, 자유롭게 네트워크에 접속할 수 있는 디지털 시대의 편재성을 뜻하는 유비쿼터스(Ubiquitous) 등의 개념 등은 이 개념을 만들어내고 이것을 자유자재로 휘두르는 사람의 정치적 성향이나 이데올로기적인 정향성을 반영하고 이것이 어느 정도의 실천력을 동반한다. 방송을 둘러싼 수많은 제도적인 실천이나 기술 역시 담론으로 간주할 수 있다면, 지금 방송관련 담론을 만들고 유포하는 것은 방송 외적인 영역이 주도하고 있음을 목도할 수 있다. 얼마 전까지만 해도 방송에 대한 담론의 최고 생산자는 신문이었다. 그리고 그들이 참고하는 자원들은 수많은 방송관련 단체와 학자 시민단체, 방송프로그램 등이다. 오랫동안 방송환경의 열악함과 사회적 관계에서 방송이 처한 부조리한 위치 등에 대해 수없이 울분과 분노를 토로했지만, 바뀐 것이 많지 않은 이유는 다른 데에 있지 않다. PD들이 담론투쟁에서 지배적 담론을 생산하고 유포하지 못했기 때문이 아닐까? PD들이 자신들의 손에서 벗어난 힘으로 만들어지는 환경하에서 프로그램을 열심히 만들고, 프로그램으로 말하려고 노력해 온 것일 수 있다는 말이다.

그렇다면 문제는 다시 담론이다. 방송이 방송을 더 활발히 이야기해야 한다. 방송관련 학회나 세미나, 공청회, 심포지엄에 더하여 PD들 스스로 공론장을 만들고, 자신의 제작경험이나 방송에 대한 의견을 개진해야 한다. 왜냐하면, 이런 언설들이 하나의 조그마한 권력으로 방송환경을 변화시키는 힘이 될 수 있기 때문이다. 또한, 방송 PD들이야말로 이렇게 해서 결정된 환경에서 '프로그램으로 말해야 하는' 사람이고, 방송에 가장 정통한 우리 사회의 전문가이기 때문이다. PD들이 다시 담론에 관심을 둬야 한다. 푸코도 이런 말을 했다 하지 않는가! "담론이 권력을 만든다."

〈PD저널 2004년 7월 15일〉

12 우리 미디어의 위치는 어디인가?

얼마간 방송제작 현장을 떠나 있다. 연구소에 근무하는 만큼 이런저런 세미나와 심포지엄, 포럼을 들을 기회가 적지 않다. 우리가 만드는 방송이 하나의 현상으로 분석되고 객관적으로 보는 일은 흥미롭다. 자신의 모습을 직접 본다는 것이 어려운 만큼 객관적인 거울을 통해 우리 자신을 반추할 수 있으니까. 하지만 최근에 몇몇 세미나에서 본 모습들은 실망스러웠다. 일부에 국한되기는 하지만, 논문이라는 이름을 붙이기에 부족한 글이 논문이라는 이름으로 발표되고 반론이나 토론은 아주 짧게 넘어간다. 이렇게 발표된 글들 일부분이 신문 등 다른 매체를 통해 확산되고, 이것이 여론을 끌어가는 모습을 보았다. 이쯤 되면, 사실의 선택으로 인한 메시지의 왜곡을 염려하지 않을 수 없다. 한 학회에서 모 기자가 KBS의 보도가 지나치게 여당에 편향되어 있다는 지적에 대해, 열정적으로 변론하였다. 즉, KBS 조직구성원의 변화에 따른 변화이지 이데올로기적으로 편향되지는 않았다는 것이었다.

하지만 문제는 기자의 열정적인 태도였다. 한 학자가 기자의 열정적인 태도에 대해 저널리스트가 객관적이어야 하는데 이런 식으로 주관을 개입하니 문제라고 질책했다. 신문에 나온 기사는 다음과 같다. 세미나의 문제는 연구방향뿐만 아니라 진행에서도 빈번하게 보인다. 세미나에서 논의되는 담론의 수준이 지나치게 정치적이라는 것. 좀 더 정확히 이야기하자면, 정파적이다. 이미 연구자와 발표자가 누구이냐에 따라, 연구 결과의 방향을 예측하기가 어렵지 않다는 것이다. 세미나를 지켜보던 한 학자가 의사진행 발언을 했다. 논의의 차원이 역사적 발전 방향이라고 하는 큰 관점이 아닌 정파적 차원으로만 흐르고 있다는 것이다. 수없이 많은 토론들과 논의들이 반복되지만, 논의가 앞으로 나아가지 못하는 이유는 논의의 목적이라는 데 조차도 합의가 되어 있지 않기 때문이 아닐까 싶다. 미디어가 사회를 반영하는지, 미디어가 사회를 끌어가는지에 대한 오래된 질문은 최근 입사시험 문제로도 등장했다. 하지만 그보다 더 중요한 일은 제대로 사회를 반영하고 제대로 이끌어가고 있느냐 하는 것이 아닐까 싶다(만약 이끌어간다면).

제대로 사회의 전체적인 모습을 정확히 비추지도 않으면서 스스로 미디어라고 주장하는 것은 넌센스가 아닐 수 없다. 미디어의 역할에 대해서 논쟁이 한창이다. 리프만과 듀이의 미디어 관으로 대표되는 이 논쟁에서 우리 사회에 대한 함의를 생각해 볼 수 있다. 사실에 기초한 증명 가능한 팩트를 전달하는 역할을 해야 한다는 리프만의 주장에 대해 듀이는 구성원들의 다양한 의견이나 견해를 쏟아 부을 수 있는 공론장 역할을 해야 한다고 역설했다. 어느 쪽이 옳은 것인 지의 문제는 차치하고라도 혹시 우리 사회와 미디어는 두 가지 다 놓치고 있는 것은 아닐까 염려스럽다. 2004년 한국 미디어의 위치는 어디쯤일까?

〈PD저널 2004년 10월 28일〉

13 인풋이 이야기하는 것

방송 PD들이 방송사에서 자주 듣는 말이 있다. "논문 쓰지 마라."라는 말과 "예술 하지 마라."라는 말이다. 지나치게 딱딱하여 이해하기 어렵거나, 심오한 예술을 대중이 좋아하지 않는다는 뜻으로 사용된다. 논문과 예술은 방송이 좋아하지 않은 단어가 되어버렸다. 그래서인지 방송에서 예술을 발견하기란 쉽지 않다. 만들어보아야 시청률도 제대로 나오지 않고, 생색내는 데서 그칠 바에야 아예 만들지 않는 것이다. 물론 예술을 담으려고 노력하는 프로그램이 없는 것은 아니다. 하지만 부족하기만 하다. 그렇다면 방법론을 고민하지 않을 수 없다. 문화 예술의 형태를 TV라는 매체가 어떻게 반영해야 하는지를 말이다.

세계의 우수 공영방송프로그램을 순회하며 상영하는 INPUT KOREA 행사에서 재미있는 프로그램들을 만났다. 새로운 프로그램과의 만남에서 문화 예술 프로그램의 형식에 대한 암시를 얻었다. '역사적 인물을 다룸에 영상자료의 빈곤을 어떻게 극복할 것인가?'라는 주제 아래 제시된 〈A Cat and a Half〉. 러시아 시인 요세프 브로드스키(Joseph Brodsky)의 삶을 다양한 클래식 음악의 편집과 애니메이션, 스틸사진, 오브제, 재연 등을 통해 되살려낸 작품이다. 기존의 익숙한 표현방식에 우리들이 얼마나 길들여졌으며, 새로운 표현방식을 개발해내는 데 게을렀는지 되돌아보게 하는 작품이었다. 새로운 표현 수단을 쓸, PD들은 주저하게 된다. 이 주저함이 변화없는 표현방식의 진부함을 가져온 것인지도 모른다. 〈A Cat and a Half〉는 마음껏 요리된 비주얼과 오디오가 얼마나 시청자를 즐겁게 해줄 수 있는지를 보여주었다. PD가 비주얼과 오디오를 자유롭게 다루기 위해서는 매체와 얼마나 친숙해져야 하는지도 보여주었다.

이라크 전쟁에 대한 전 세계의 뉴스 화면만을 편집한 〈Views on War〉 전쟁에 대한 시각의 문제, 페미니즘의 문제, 문화종속의 문제, 미디어의 사실왜곡 문제를 제기해서 잘된 '논문' 한 편을 보는 느낌이 들었다. 물론 기발함에만 그치지 않고 깊이 있는 분석을 통해 미디어와 전쟁에 대해 통찰을 주었기에 더욱 빛났다.

14 TV 자진납세

작년 여름 겨울연가 열풍 취재차 일본에 들렀을 때의 일이다. 한 서점에 들러서 겨울연가 소설책이 팔리는 현황을 살피고 나서 동행한 일본 NHK 담당자에게 물었다. 이 서점의 체인이 몇 개나 되는지. 담당자는 정확지는 않지만, 약 몇 개라고 간략히 대답해주었다. 그리고는 어딘가에 전화를 걸었다. 한참 지나 식당에 도착할 무렵 그 담당자가 다시 나에게 말을 걸었다. 서점 체인 수는 정확하게 몇 개라고 딱 떨어진 숫자를 말해주었다. 뜬금없다는 생각이 들었으나, 전화를 걸어서 알아봐 준 정성이 고마웠다. 머물고 있던 호텔에서 아침 식사를 하던 중에 잘 모르는 음식이 있기에, 종업원을 불러서 이 음식이 무엇이냐고 물었다. 종업원은 "도로로"라고 대답하고는, 고체도 액체도 아닌 상태를 뜻한다고 말하는 것 같았다. 식사를 하는데 이번에는 지배인이 커다란 사전을 가지고 왔다. 그리고는 "도로로"라는 단어를 손으로 짚어주며, 영어로는 "GRIND"에 해당한다고 알려주었다. 굳이 사전까지 가져와, 알려줄 것까지는 없지 않을까 생각했는데, 막상 설명을 듣고 보니 정확하게 알 수 있어서 좋았다. 두 가지 사건을 겪으면서, 이들이 얼마나 정확한 지식을 유통하기 위해 노력하는지 어렴풋이 느꼈다. 이와 대조적으로 매스컴에서 일하는 사람이지만, 마음속 깊이 체화된 나의 주먹구구식 정보감각에 대해서 돌이켜 보게 되었다. 정확한 숫자보다는 "약 몇 개", "대략"이라는 방어막으로 보호하고, 출처를 정확히 밝히지 않고 "소식통에 따르면"이라는 책임회피성 전제를 두르는 부정확한 언어습관, 심지어 정확한 정보를 얻으려는 노력을 "그럴 필요까지야…" 하며 귀찮아하는 경향까지 있다.

KBS 〈가족오락관〉이라는 프로그램의 재미있는 꼭지 중 하나는 귀마개를 쓴 채로 단어를 전달하는 놀이다. 단어가 사람을 거치면서 들쭉날쭉 왜곡되는 과정을 살펴보는 것은 즐겁고도 씁쓸하다. 어찌 보면 우리 사회 정보 유통의 한 단면 같아서다. 정확한 정보도 전달과정을 거치면서 왜곡되기 쉽다. 부정확한 정보는 말할 것도 없다. 우리 사회를 둘러싼 수많은 갈등의 배후에는 혹시 우리 사회의 부정확한 정보전달 관행이 한몫하고 있지 않은지 돌이켜본다. 그리고 그 책임의 일부가 매스컴에서 일하고 있는 사람들의 책임은 아닌지 하는 것도. 하루에도 몇 번씩 보이는 잘못된 방송 자막, 잘못된 대사, 부정확한 출처인용, 현실을 왜곡하는 정보전달, 미필적 고의에 의한 사건 일부분만의 조명. 그렇다면 방송이 전달한 부정확한 정보에 대해서는 늦게라도 좋으니, 스스로 자수하는 프로그램도 필요한 것은 아닐까?

〈좋은 생각〉

15 웰빙 투게더

지난 4일 서강대에서 독특한 공연이 열렸다. '낭독의 발견' 음악감독인 강승원씨가 결혼 20주년을 자축하는 공연이었다. 전형적인 '딩크족'인 강 감독은 자녀의 결혼식 대신 본인의 결혼식을 기념하는 기발한 행사를 기획한 것이다.

강 감독을 포함한 그룹 '우리동네 사람들'의 공연이 있었고, 그룹 '동물원'과 서강대 노래동아리 '에밀레' 후배들의 축하공연이 곁들여졌다.

이번 행사의 절정은 강 감독이 부인에게 20년 전에 프로포즈 하면서 불러주었던 노래를 다시 부르고, 머리에 화관을 씌워주는 대목이었다. 20년 동안 변하지 않는 뜨거운 사랑을 다시 확인하고 부인은 뜨거운 눈물을 흘렸다.

객석에는 조용한 감동이 흘렀다. 한 출연자 부부는 "결혼 17년차라며 3년 꾹 참았다가 20주년 기념식을 하겠노라"며 한껏 부러워했다. 결혼하고 20년이 지나서도 애틋하게 살아가는 모습을 보여주고, 주위 사람으로부터 축하를 받는 모습이 당당하고 아름다웠다. 함께 잘 살아가는 것이 도전받는 시대에 우리가 살고 있기 때문이다.

웰빙이라는 단어가 유행처럼 번지고 있다. 잘 먹고 잘사는 것을 뜻하는 이 단어에는 개인은 있지만, 함께 잘 사는 것의 가치는 그다지 부각되지 않는 것 같다.

이혼율의 급격한 증가로 함께 잘 사는 부부는 점점 줄어들고 있다. 요즘 너무 많이들 헤어지는 것이 안타깝다며, 강 감독이 부른 노래로 이날 공연은 끝났다.

"떠나보내는데 익숙해졌어, 떠나가는 것도 마찬가지야. 다시 처음으로 돌아가고 싶지만, 나는 지금… 유리창에 비친 내 모습 너머로, 당신은 내게서 멀어지고 있고 사랑이라는 허전함 속엔, 기쁨보다 슬픔이 많아."

진정한 웰빙은 함께 잘사는 것이 아닐까? 웰빙 투게더!

〈한국일보 1000자 춘추 2004년 8월 14일〉

16 가을엔 낭독을 해보세요

얼마 전 조카 자전거를 얻어와 출퇴근을 시작했다. 짧은 거리여서 자전거를 타기가 민망하지만, 자전거 출퇴근은 여러 즐거움을 준다.

자전거를 타면 가벼운 운동이 되어 몸이 상쾌해짐을 느낀다. 승용차를 운전할 때와는 표정도 확실히 다르다. 승용차를 탈 때의 무표정하게 굳은 얼굴이 부드럽게 풀어지는 것이다.

요즘 자전거를 타면 가을바람이 얼굴을 간지럽힌다. 바람이 얼굴에 부딪치는 느낌은 소나기가 얼굴에 떨어지는 느낌과 흡사하다. 자연스레 유년의 추억이 떠오른다. 비를 맞으면 얼굴에 함박만한 미소가 번지고 신나기 시작하던… 어른들은 비를 맞아야 아이들도 자란다며 크게 말리지도 않으셨다.

소설가 김훈이 KBS 〈낭독의 발견〉에 출연해, 자전거에 대해 이야기 한 적이 있다. 몸의 힘이 물리적인 힘으로 전화되는 과정이 큰 즐거움을 준다고 했다. 아날로그적인 즐거움을 만끽하는 그는 아직도 연필을 깎아 글을 쓴다고 했다. 연필과 종이의 마찰력을 몸으로 느끼며, 쓱쓱 밀고 나가는 기분이 좋다고 했다.

디지털시대 전자의 움직임이 거대한 세계를 움직이고 있지만, 아직도, 아니 그래서 더욱, 육체를 움직여 직접 만들어내는 경험이 소망스러운 것인지 모르겠다.

다시 가을이 왔다. 독서의 계절이라지만, 이제 눈으로만 빨리 읽는 묵독에만 얽매이지 않고, 소리 내 읽는 낭독은 어떨까? 책 속에 갇혀있던 텍스트들이 몸 속으로 날아 들어오는 새로운 경험을 할 수 있을 것이다.

눈으로 본 내용을 소리 내 목소리로 읽고, 그것을 몸이 다시 받아들이는 새로운 신체감각. 이제, 가을은 독서의 계절이 아니라, 낭독의 계절이면 좋겠다.

〈한국일보 1000자 춘추 2004년 9월 4일〉

17 섭외에 울고 웃는 PD

방송 PD를 괴롭히는 큰 문제 중 하나는 섭외다. '연락=섭외'이던 호시절이 지난 지 오래. PD의 능력이 섭외로 판별될 만큼, 섭외는 어렵고도 중요한 문제가 되었다. 섭외는 전쟁이다.

나가지 않겠다고 버티는 사람을 기어코 출연시키기 위해 혈육과 지인을 통해 호소하거나, 많은 출연료를 제시하거나, 특집기획을 제안하거나, 예전에 함께 일한 정을 들이밀기도 한다.

시청률은 물론이고, 프로그램의 격을 올려주는 데는 '방송에 잘 출연하지 않는 A급 출연자'가 최고다. 문제는 '방송에 잘 출연하지 않는' 부분. 아무리 대단한 스타라도 여기저기 출연하다 보면, 별 감흥을 주지 않는 진부한 출연자가 될 수 있다. 반대로 지나치게 출연을 거절하다 보면, 대중의 기억에서 사라질 수 있다.

출연자들도 참 위험한 게임을 하고 있는 셈이다. PD들, 이런 게임에 질려서 덜 알려진 참신한 인물로 덤벼들었다가 고초를 당한다. 프로그램이 '뜨지' 않아서.

물론 섭외에서 가장 중요한 것은 프로그램 그 자체다. '정말 잘 만들면' 섭외가 쉬워진다. 그게 참 어렵다. 때로는 광고도 팔아야 하고, 시청률도 팍팍 올려야 하고, 동시에 공영성도 생각해야 하는 PD들에게 '정말 잘 만든다'는 것은 시지푸스의 신화처럼 바위를 계속 굴리는 일일 수 있다.

언젠가 선배와 함께 어느 가수를 섭외하러 집을 찾았다.

그는 출연 생각은커녕, 쇼 프로 연출에 대해 장광설을 늘어놓았다. 부끄럽고 쑥스러웠다. PD들에게 섭외는 즐거움과 아픔을 주는 성숙의 과정이다. 최근 공을 들여온, 방송출연을 극도로 기피하는 분에게서 연락이 왔다. "죄인 ○○○ 자수합니다. 출연하겠습니다." PD들, 때로는 이런 맛에 산다.

〈한국일보 1000자 춘추 2004년 7월 29일〉

제 5 장
메타포 리딩

Chapter 5 메타포 리딩

1 단박인터뷰와 홍어

〈낭독의 발견〉을 시작한 지 3년 반이 되는 올 3월 중순 선배 PD의 전화를 받았다. 저녁을 함께하자는 것. 개편 관련이야기를 하다가 슬슬 본론을 꺼냈다. 새 인터뷰 프로그램을 진수시키는 데 해볼 의향이 있느냐는 것이다. 새 프로그램을 만들고 싶은 마음이 굴뚝같던 차에 '이 프로그램은 내가 해야 한다.'라는 생각이 번개처럼 스쳤다. 방송일이 다가올수록 불안감은 커졌다. 방송 일주일 전까지도 출연자가 결정되지 않았다. 불안해하는 스태프들을 "프로그램이 스스로 섭외를 하니, 프로그램에 귀를 기울이자!"라는 말도 안 되는 말로 위로했다. 방송 며칠 앞두고 섭외가 결정되고 첫 방송을 하게 되었다. 프로그램의 질은 아쉽지만, 문제없이 방송을 치러냈다는 것 자체가 절반의 성공이라고 생각할 만큼 힘든 프로그램이었다. 게다가 없는 집에 제삿날 돌아오듯이 닥치는 방송을 위해 쉴 새 없이 뛰느라 제대로 된 뒤풀이도 못하고 한 달이 지났다. 팀워크가 걱정되어 방송이 시작되고 한 달이 지날 즈음 엠티를 떠났다. 목적지는 전남 목포와 진도. 운림산방을 보고 영암 구림마을에서 하룻밤을 보내는 여정을 잡았다. 좁은 봉고차에 몸을 세워 탄 우리들은 아침 일찍 서해안고속도로를 탔다. 그동안 쌓인 피로 때문인지 모두 쿨쿨 잠을 잤다. 목포 독천식당에는 오후 2시가 다 되어 도착했다. 다들 힘들어 지쳐 있다가, 갈낙탕과 특 낙지비빔밥으로 생기를 얻었다. 고생한 보람을 느끼는 표정이 역력했다. "이제 어디로 가요?" 식사를 마친 후배들이 여유 있게 물었다.

"진도 운림산방"차는 한 시간여 남하했다. 첨찰산 아랫자락에 고요히 자리한 운림산방의 지세나 풍광은 사람의 마음에 돌을 달아 바다 깊숙이 잡아내리는 서늘함이 있다. 이 고요와 품격을 만들고 지키느라 소치 허련의

자손들이 얼마나 노심초사했을지 가늠할 수 있다. 사는 곳 자체가 그림인 이곳에서 좋은 그림이 안 나오기도 어렵다 싶다. 영화 스캔들에서 전도연이 배를 탔던 연못이 있는 정원이 이곳이다. 운림산방을 마음껏 누린 스태프들에게 저녁 식사를 물었다. "전복죽 아니면 홍어" 전복죽이어서 약하다 생각했는지 홍어를 먹자는 의견이 나왔다. 4명의 PD는 홍어를 먹을 줄 알지만, 나머지는 전혀 먹지 못한다. 이런 경우를 위해 홍어와 게장을 함께 내는 식당이 있다. 목포 하당신도심의 인동주마을. 진도에서 차를 타고 다시 목포로 나와 인동주마을에 들렀다. 4인 한 상에 홍어 삼합과 게장 두 마리가 나오고 밥과 국이 나온다. 값은 3만 원. 홍어를 먹는 PD들은 함께 모여 삼합을 먹고, 스태프들은 게장을 먹었다. 남은 홍어는 포장하도록 비닐봉지를 배치해 놓았다. 영암 구림마을 숙소로 가는 도중에 라면을 샀다. 홍어 라면을 끓여 먹기 위해서다. 인터넷카페 '홍어를 좋아하는 사람들의 모임'에서 제안한 요리가 바로 홍어 라면이다. 수박을 먹으며 프로그램 토론을 하느라, 홍어 라면은 결국 먹지 못했다. 아침을 먹고 다산초당을 보고 귀경길에 올랐다. 아침도 든든히 먹어서 점심 생각을 할 수가 없었다. 고속도로 휴게실에서 라면을 먹었다. 어제 먹다 남은 홍어를 남겨놓고 온 것을 생각하니 아쉽기만 했다. 그래도 〈단박 인터뷰〉 엠티의 기억은 값싸고 푸짐하게 먹었던 홍어에 있다. 그 후 홍어 라면을 맛있게 먹은 것은 강원도 평창의 펜션에서였다. 봉평의 맛있다는 식당에서 맛본 메밀국수의 맛에 실망하고, 다음번에는 라면과 홍어를 준비해 갔다. 하룻밤을 자고 출발하기 직전에 점심으로 홍어 라면을 끓였다. 요령은 쉽다. 라면을 끓이다가 삭은 홍어 2-3점을 넣어 함께 끓이면 되는 것이다. 홍어가 익으면 휘산성이 더욱 강해져서 라면의 느끼한 맛을 단박에 없애준다. 강원도 산골에서 이내를 바라보며 먹는 홍어 라면의 맛은 잊을 수 없다. 홍어를 먹으며 든 생각 한 점. 삭은 홍어가 톡 쏘듯이 〈단박 인터뷰〉도 굵고 짧고 통렬하게 질문해야 단박이다.

〈PD저널 2007년 10월〉

2 가요무대와 멸치국물 국수

10년여 전에 〈가요무대〉 조연출을 했다. 기발한 상상력과 추진력으로 유명한 최공섭 선배와 맡은 것이다. PD, AD가 함께 바뀌었고, 우리는 열정을 가지고 덤볐다. 선배는 시작부터 거창한 기획안을 준비했다. 400여 명의 시청자를 초대해서 트로트 가수와 함께 1박 2일 여행하는 프로그램 '〈가요무대〉 여름 가족여행'을 기획한 것이다. 철도청의 협조를 얻고, 시청자의 신청을 받아 100가족 400여명을 뽑았다. 충남 보령군청에서 숙식을 협조해주셨고, 기차 지붕에 〈가요무대〉라는 글자도 크게 새기고 헬기 촬영까지 했다. 그야말로 프로젝트다. 기차를 타고 보령으로 내려가는 과정을 찍기 위해 선배는 중계차를 분해하여 기차에 탑재하고는 기차 안에서 가수들과 가족들의 노래와 춤을 녹화했다. 지금 생각하면 어떻게 PD 두 명이 이런 큰 프로젝트를 그것도 매주 정규프로그램을 만들면서 추진했는지 놀랍기만 하다. 당시 이 프로그램을 취재했던 중앙일보 권혁주 기자는 방송상 수상 가능성이 있다며 사무실에서 함께 숨죽여 방송을 보았다. 방송 다음날 회사에 출근해보니 불똥이 떨어졌다. 기차 안에서 춤을 추는 장면이 문제가 된 것이다. 관광버스 안에서 춤추는 것이 문제가 되던 시기인지라, 객차 안에서의 가무가 연상 효과를 일으킨 듯하다. 기획하고 추진한 선배에게 부담되긴 했지만, 선배는 도전을 멈추지 않았다. 부모님을 위해 신청하는 자녀에게 우선권을 주는 '효 초대권 제도'를 도입하고, 연말에 불우이웃을 모셔서 식사를 함께 대접한 패키지형 연말특집을 준비하고, 탈북자들이 좋아하는 노래를 모은 특집 등 특집 릴레이를 펼쳤다. 조연출인 나도 선배의 열정에 감복하고 새로운 아이디어를 제안했고 선배는 재깍 수용해주었다. 획일적인 예고프로그램에 시를 직접 써서 음악과 함께 흘린 예고를 만들어보았고, 대학응원가 특집, TV 동창회 특집, 한 달에 한 번씩 온 가족이 볼 수 있는 특집으로 UP, NRG 등 10-20대 취향의 가수와 유열, 인순이 등 〈열린음악회〉 가수, 그리고 트로트 가수가 함께 트로트를 부르는 공연을 기획했다. '〈가요무대〉가 한 달에 한 번 마법에 걸립니다.'라는 카피를 내걸기도 했다.

그리고 가을 어느 날, 트로트가 가지고 있는 느끼함이 부담스럽던 차에 해금된 월북 작곡가들의 노래를 듣게 되었다. 〈연락선은 떠난다〉, 〈서귀포 칠십리〉, 〈목단강 편지〉 등

> 파도는 출렁출렁 연락선(連絡船)은 떠난다.
> 정든 님 껴안고 목을 놓아 웁니다.
> 오로지 그대만을 오로지 그대만을
> 사랑하는 까닭에
> 한숨을 삼키면서 떠나갑니다.
> 아이 울지 마세요. 울지를 말아요
> -박영호 작사, 김해송 작곡, 장세정 노래 〈연락선은 떠난다〉 中에서

1937년에 만들어진 노래는 현해탄을 오가는 연락선에 얽힌 우리 민족의 애환을 담고 있다고 한다. 가사도 가사지만 트로트의 느끼함은 온데간데없는 담백한 노래 맛이 인상적이었다. 그래서 부제를 이렇게 달았다. '멸치국물 담백 트로트'. 조미료가 들어가지 않은 자연 재료 그대로의 맛을 대표하는 것이 멸치국물이라는 생각에서다. 쓸쓸하고 소슬하고 정갈한 느낌이 드는 트로트의 맛은 아직도 마음속에 남아 있다. 입맛이 떨어진 요즘, 즐겨 먹는 음식이 국수 등 면류다. 얼마 전 술자리를 마치고 집에 돌아와 잠자고 있는 아내를 깨우지 않고 혼자 국수를 끓여 보았다. 요리법이라야 그다지 어렵지 않다. 우선 냄비에 물을 담아서 끓이다가 국물용 멸치 5마리와 다시마 몇 조각을 넣고 10여 분 중불로 끓였다. 멸치와 다시마를 건져내고 참치액젓 한 숟가락을 넣으면 국물이 완성된다. 그리고 다른 냄비에 물을 끓여 국수를 삶는다. 5분 동안 삶은 뒤 곧바로 찬물로 헹궈 쫀득하게 하고는 물을 빼고 멸치 국물에 넣고 1분 정도 덥힌 다음 면기에 담아내면 된다. 요리책에는 맨 마지막에 취향에 따라 대파나, 김 등을 얹어서 드시면 된다고 쓰여 있다. 나는 가다랑어포와 김치 썬 것을 얹어 먹는다. 부른 배에 아무것도 들어갈 것이 없어 보였지만, 시원한 멸치국물은 술술 들어가고 속을 편안하게 해준다. 결국, 국수는 남기고 국물은 다 마시고 숙면을 취했다(물론 아침에 눈두덩이 부었다.).

트로트를 두고 말이 참 많았다. 왜색 때문에 우리의 것이 아니라는 이야기도 있고, 고급스럽지 않다고도 한다. 뽕짝이나 트로트라는 이름이 싫어서 전통가요라는 말이 대체한 적도 있었다. 하지만 유학생이나 이민자들이 가장 애타게 찾는 것이 트로트 음반이고, 실제 노래방에서도 트로트의 인기는 만만찮다. 트로트가 우리의 생활과 밀착해 있는 것처럼 〈가요무대〉도 하나의 프로그램이 아니라 문화다. 누군가는 트로트가 청국장이나 된장국처럼 구수하다고 한다. 하지만 트로트에는 우리의 마음을 서늘하게 하는 노래들도 적지 않다. 우리의 성정을 표현하고 마음을 위로해 주는 노래. 〈가요무대〉에서 우리가 바라는 것은 때로는 술 먹은 술꾼의 속을 달래 줄 담백한 멸치국물과도 같은 시원함일지도 모른다. 불혹 혹은 초로에 들어선 내가 이젠 〈가요무대〉의 타깃오디언스가 되었다. 〈가요무대〉에 대해 한마디 하기에 이제 너무 젊지는 않은 것이다. 서른을 갓 넘은 내가 무엇을 안다고 그렇게 〈가요무대〉를 재미있어하며 조연출 했는지는 아직도 미지수다.

〈PD저널 2007년 3월 24일〉

3 전국노래자랑과 백반

프로그램에 눌려서 스트레스가 극에 달한 적이 있다. 이승엽 인터뷰를 위해 동경행 비행기 표를 끊어 놓은 상태였다. 이명이 들리기 시작했고, 울렁거리는 어지럼증 때문에 견디기 어려웠다. 출장 하루 전 후배에게 전화해서 대신 출장을 가라하고, 선배에게 상태를 보고했다. 일주일 동안 쉬겠다고 했다. 그러라는 허락을 받고는 집에서 쉬다가 문득 여행을 떠나고 싶었다. 혼자의 시간이 필요했다. 아쉬워하는 아내를 뒤로하고 차를 타고 고속도로에 올랐다. 아무 이야기 없는 독백의 시간들. 흘러가는 차와 사람들 사이에 나의 존재가 도드라진다. 나도 흘러가고 있는 부부자(浮浮者)다. 늦은 아침을 먹어서 늦은 점심을 먹기로 하고 나주로 향했다. 네 시간여 지나 도착한 나주. 곰탕집을 찾았다. 하얀 집에서는 두 번 먹었다. 다른 집에서 먹어보고 싶어서 남평집을 찾았다. 매일시장 한구석에 자리한 식당은 시장 분위기에서 한 치도 벗어나지 않았다. 푹푹 끓이는 무쇠솥이며, 식당 앞 길가에서 음식 손질하는 아주머니, 세월의 더께 내려앉은 식당 안. 그 속에서 만든 맑은 곰탕이 나왔다. 노란 계란지단을 가늘게 썰어 고명으로 얹고, 약간의 고춧가루와 볶은 참깨가 더해졌다. 시원하고 고소하고 달착지근한 이 맛을 어떻게 설명할까. 오후 네 시가 되어 먹는 점심이 맛없을 리 없는 것 아닌가 계속 의심했다. 새벽부터 계속 끓이고만 있다는 국물은 시간이 늦을수록 고소함이 더해진다. 쇠고기가 많이 들어 있어, 수육을 시킨 것이나 다름없는 풍부한 인심. 함께 나온 무김치를 베어 먹으며 국물을 남김없이 먹었다. 작지만 부러울 것 부족할 것 하나 없는 행복한 잔치에 단지 6,000원 소요되었다.

식사를 마치고 이것저것 물어보았다. 원래 어머니가 시작하신 식당을 따님이 맡고 있다는 이야기, 어머니는 운신하기 어렵게 와병 중이라는 이야기, 나주평야에서 나온 쌀과 한우가 곰탕의 바탕이 되었다는 이야기 등이었다. 오랜 세월 장꾼들의 속을 따뜻이 달래 주었을 곰탕 한 그릇의 역사가 그대로 전해졌다. 강진으로 향했다. 무위사에 가기 위해서다. 유홍준의 〈나의 문화유산 답사기〉에서 읽기만 하고 가보지 못했다. 비가 내리는 초여름의 남도. 일요일 해름 즈음이라 인적이 드물다. 나지막한 산속에 자리한 절의 입구에서 발이 멈춰졌다. 바위 계단 위에 서 있는 기와절집. 일체의 단청을 하지 않아 원목의 색깔 그대로다. 절의 오른쪽을 가리며 올라와 있는 고목은 약간의 수줍음처럼 느껴졌다. 아, 절이 이렇게 아름다울 수 있구나. 커서 웅장하지도 않고, 화려하게 색칠하지도 않았다. 가까이서 본 절은 더욱 마음을 저리게 한다. 상하 좌우의 비례가 적절하고 균형감도 뛰어나다. 앞면 측면 후면 어디를 보아도 딱 떨어지는 규모의 아름다움을 가지고 있다. 내 눈이 카메라가 된 양, 이곳저곳 자리를 바꿔가며 조망했다. 적막한 절집에서 아름다움에 반하여 마음속에 계속 새겼다. 덧칠하지 않아도 아름다울 수 있다고. 나도 이렇게 늙고 싶다.

40년의 세월, 나는 크고 화려하고 좋아 보이는 것을 열망하며 살아왔다. 하지만 지금의 내 모습은 아름답지 않다. 아름다워지고 싶어 하나, 좀처럼 아름다워 보이지 않는 모순. 더 좋아 보이는 자리를 바라고, 사람으로부터 인정받고 싶어 하고, 나 자신을 세우고 이름을 휘날리고자 했던 내 모습을 찬찬히 돌아보았다. 아니, 무위사가 나를 찬찬히 지켜보았다. 하룻밤을 자고, 아침 일찍 장흥으로 향했다. 강진에 면한 장흥은 아직 많이 알려지지 않았다. 대덕으로 향해서 아침 먹을 식당을 찾았다. 오일장 때문인지 대덕읍은 붐볐다. 덕일 식당을 발견하고는 아침 식사가 되냐고 물었다. 혼자 오는 아침 손님이 반가울 리 없지만, 방안으로 안내해주었다. 그리고는 5,000원짜리 백반이 나왔다. 12가지가 넘는 다양한 반찬이 큰 쟁반 가득 나왔다. 가득 담은 더운 밥 한 그릇과 된장국 한 그릇까지. 밥은 차지고 반찬은 깨끗했다. 양념게장이며 구운 고등어며 해산물과 산채 나물까지 이것저것 먹느라 밥 한 그릇을 뚝딱 해치웠다. 반찬이 아쉬워 밥 한 그릇을 추가했다. 내 뒤를 이어 들어온 충청도 말을 쓰는 떠돌이 장꾼에게도 똑같은 백반 1인분이 나왔다. 그나 나나 지금은 집과 고향을 떠나온 떠돌이 신세. 이들에게 공평하게 따뜻한 아침 식사를 주는 이 식당과 주인께 감사했다. 추가한 밥값은 더 받지 않았다. 아무것도 아닌 듯한 마음 씀씀이가 큰 힘을 준다. 손님을 진정한 손님 대접해주는 식당이 있어 여행자의 마음이 훈훈해진다. 식당에 쌓인 쌀을 보고는 주인에게 팔라고 했다. 밥이 매우 맛있어서 꼭 사고 싶다고 했다. 주인은 팔기 곤란하나 서울서 온 손님이 원하시니 가져온 값에 주겠다고 했다. 40킬로 쌀을 75,000에 샀다. 여행을 마치고 집으로 돌아와 한동안 그 쌀로 밥을 해먹었다. 반짝 빛나는 윤기와 흐트러지지 않는 모양새, 이 맛있는 쌀은 식당 주인의 인심으로 더욱 맛있고, 내 몸이 회복되어 감을 느꼈다.

한참 뒤 서울에서 내로라하는 한정식 집에서 식사를 했다. 함께 한 사람들 덕분에 즐거운 자리였으나, 음식 맛을 궁구하던 내게는 장흥 대덕의 5,000원짜리 백반이 계속 떠올랐다. 이 백반을 무슨 방송 프로그램에 비유할 수 있을까 고민했다. 뉴스일까, 드라마일까, 다큐멘터리일까? 쇼 프로그램에서 답을 찾았다. 전국노래자랑. 출연자를 비추는 조명을 쓰지 않고 대낮에 야외를 무대로 하는 것이 조미료를 치지 않는 맛과 닮았다. 화려한 연예인이 주인공이 아니라 우리의 이웃들이 주인이 되는 것도 한정식보다는 백반 쪽이다. 음악프로그램이 내리막길을 걷는 와중에도 전국노래자랑은 건재하고 있다. 곰탕이나, 무위사나, 백반이나 별로 화려하게 덧칠하지 않지만, 충분히 아름다운 것처럼 전국노래자랑도 별다른 장치 없이 고령의 진행자 송해 씨의 살가운 진행으로 아름답기만 하다. 누가 나오더라도 눈높이에 맞춰서 응대해주는 진행과 아직도 약속시각 30분 전에 약속장소에 와서 기다리는 송해 씨. 누군가가 만들 다큐멘터리에서 송해 씨를 보고 싶다. 음식이나 방송이나 좋은 맛 밑에는 마음이 있다. 따뜻한 마음. 우리는 마음을 먹고 보는 셈이다.

〈PD저널 2007년 10월〉

4 섬마을 음악회와 민어

〈낭독의 발견〉을 연출하고 있던 2006년 여름, 추석특집 음악회를 만들라는 명을 받았다. '찾아가는 음악회'라는 콘셉트가 주어졌다. 시골의 당산나무가 있는 정자를 찾아다니면서 그곳에서 음악회를 하는 것이 어떠냐는 것이 팀장의 조언이었다. 나는 정자보다는 섬에 가고 싶었다. 육지야 아무리 오지라도 차만 있으면 갈 수 있지만, 섬은 하늘의 일기에 따라 접근이 결정되는 곳이다. 민족의 대명절이라도 비바람 치면 오도 가도 못하는 곳이 섬이다.

2006년, 유난히 섬을 자주 들렀다. 여름에 이미 〈봄의 왈츠〉의 주인공 서도영을 데리고 완도의 청산도를 다녀왔다. 맑은 공기와 아름다운 풍광을 맛보았던 좋은 기억이 있다. 이번에는 가을 바다와 섬이 보고 싶었다. 촬영지로 전남 신안군 우이도와 증도를 택했다. 우이도는 목포에서 배로 4시간 걸리는 곳에 있는 모래 사구로 유명한 섬이다. 증도에는 신안 보물선 발굴 유적지와 대형 염전이 있다. 신안군청에서는 흑산도 홍도를 제안했지만, 관광지로 유명한 곳에 갈 일은 아닌 듯했다. 한편의 다큐멘터리를 만들기로 했다. 이름 하여 추석특집 다큐멘터리콘서트 섬마을 음악회. 한 명의 가수를 주인공으로 하여 2박 3일간의 섬마을 순회 방문과 공연 그리고 사람들을 만나서 이야기를 나누는 것을 그대로 담고자 했다. 주인공 섭외가 문제였다. 추석 즈음에 3일간 시간을 낼만한 가수를 찾기가 쉽지 않았다. 염두에 두고 있었던 가수는 계속 고민을 하다가 녹화 일주일 전, 사전답사를 떠나는 날 결국 '어렵다.'라는 통보를 해왔다. 주인공 결정도 하지 못하고 떠난 답사의 발걸음은 무거웠다. 누구라고 결정되어야 스토리라인을 짜며, 이미지구성을 할 수 있게 된다. 아름다운 우이도의 바닷가를 걷다가 가수 송대관 씨 매니저에게 전화했다. 〈낭독의 발견〉에 출연한 인연인지 긍정적으로 답했다.

일본의 유명한 시리즈 영화 〈남자는 괴로워〉의 주인공 구루마 도라지로(아츠미 키요시 분)가 떠올랐다. 일본 곳곳을 유랑하는 중년의 남자가 그곳에서 사람을 만나고 소동을 벌이다가 고향 집으로 돌아오는 과정을 담은 영화다. 송대관이라면 아츠미 기요시처럼 구수하게 고향 사람들을 만나고 함께 어울릴 것 같았다. 황금 같은 추석 전주 3일 스케줄을 비운 송대관과 관현악단 7인조 캄보밴드를 구성해서 본 녹화를 하기로 했다. 왕복 8시간의 배타기가 힘들었는지 사전답사에 참가했던 촬영 감독은 본 녹화에는 참석하지 않겠다고 통보했다. 불안해서 바뀐 촬영감독과 다시 한 번 답사했다. 당일치기로 우이도를 다녀왔다. 힘은 들었지만, 자신감이 생겼다.

드디어 촬영 날이 되었다. 새벽 일찍 용산역에 모여서 KTX를 타고 목포로 향했다. 준치 회덮밥으로 점심을 하고 배를 타고 도초도로 향했다. 많은 인재를 배출한 섬은 한적했다. 선착장에서 급작스러운 무대를 만들어 짧은 공연을 했다. 연주 악기는 기타와 아코디언뿐. 한 시간 만에 공연을 마치고 다시 우이도로 향했다. 이미 날은 저물고 어두워서야 우이도 민박집에 도착했다. 다음날 사전 답사 때 본 마을을 들르기로 했다. 할아버지 한 분이 쌀가마니를 들고 내리는 모습을 답사 때 본 기억 때문이다. 수소문해 본 결과 그 마을에는 할아버지 할머니 두 분만 사신다고 했다. 마을 사람들과 자녀들 모두 떠나고 우이도 마을에 사는 노부부. 촬영 팀이 들르자 반가워하셨다. 방송보다도 사람이 반가운 듯했다. 송대관 씨는 두 분의 손을 꼭 잡고는 '목포의 눈물'을 불러 드렸다. 두 분의 눈에 눈물이 맺혔다. 운신하기도 어려운 노구에 할머니는 염소고기로 전을 부치고 돔을 사서 언어 놓고 손님을 기다렸다. 녹화가 끝나고 스태프들은 할머니의 정성을 생각하며 음식을 먹었다. 점심을 먹은 후에는 곧바로 다시 증도로 향했다. 다음날 있을 염전음악회를 위해서다. 석양을 배경으로 염전에서 7명의 캄보밴드가 펼치는 무대는 환상적이었다. 역광 때문에 주인공의 얼굴이 안 보인다는 카메라 감독의 주장에도 불구하고 석양이 중심이 되어야 한다고 설득하여 결국 태양을 마주 보는 카메라 배치를 시도했다. 카메라 감독들의 협조로 석양 영상은 뛰어났다. 트로트와 '고엽' 등 팝송을 부르는 가을의 염전. 가수도 스태프들도 주민들도 평생 잊지 못할 아름다운 순간이었다. 며칠간 밤을 새우며 편집을 해서 겨우 방송날짜에 맞춰 납품했다. 절대적인 시간부족으로 아쉬움이 많이 남았다. 영상과 편집 모두 부족한 방송. 하지만 부끄럼 없이 최선을 다했기에 그 추억은 아름답기만 하다.

방송이 끝나고 아직도 기억에 강하게 남아 있는 것은 묘하게도 음식이다. 섬마을 음악회를 만드는 내내 총 다섯 번 민어를 먹게 되었다. 목포의 영란 횟집과 지도읍의 지도횟집, 엘도라도 리조트의 한식당, 증도의 식당, 다시 지도읍의 식당. 다섯 번 중에 가장 맛있었던 것은 역시 영란 횟집의 민어다. 이유를 곰곰이 생각해 본 즉 회를 써는 방식과 찍어 먹는 양념의 차이인 듯하다. 도톰하게 썰고 독특한 초장과 참기름에 함께 먹어야 제격인 듯하다. 게다가 아교풀을 만드는 재료인 부레와 삶은 껍질을 소금에 찍어 먹는 맛은 황홀하기까지 하다. 그리고 밥과 함께 먹는 기름이 풍부한 매운탕에는 탄성을 멈추기 어려웠다. 민어는 백성 民 자를 쓰는 생선이다. 강강술래에도 민어 포와 민어 풀 이야기가 나오는 만큼 오래된 민초의 먹을거리였다. 복달임으로도 민어가 일품, 도미찜이 이품, 보신탕이 삼품이라는 말이 있을 만큼 사랑받는 생선이라고 인터넷에 나와 있다. 섬마을 음악회가 민어와 굳이 상관관계가 없고, 단지 계절적인 연관만 있지만, 백성 민(民)이라는 글자를 통해 민초, 대중의 삶에 깊숙이 침윤하는 방송의 사명을 견강부회로 되새겨 본다. 방송이 시청자를 찾아간다면, 큰 이야기 큰 무대가 아닌, 조그맣고 섬세한 방식으로 시청자의 일상으로 깊숙이 들어가야 할 것이다. 맛있는 민어가 의미도 풍부하기만 하다.

〈PD저널 2007년 1월〉

5 미수다와 호텔식사

도시생활에서 호텔은 필수적인 편의시설이다. 굳이 잠은 안 자더라도 호텔 식당을 이용하는 것은 기분전환이라는 점에서 탁월한 효용이 있다. 어질러진 집과 반대로 정돈된 실내, 요리와 설거지를 하지 않고 식사할 수 있는 곳. 여자 친구가 있거나, 아내가 있는 사람이 호텔 식사를 멀리해서는 그 관계가 순탄치 않으리라는 것은 이미 검증된(?) 가설이다. 하지만 호텔은 비싸다. 맛과 서비스는 보증되나 값이 비싼 딜레마가 있다. 가까이하기에도 멀리하기에도 부담스러운 존재가 호텔식당이다. 호텔에 가서 뭔가 부족한 서비스를 받게 되면 따지고야 마는 까다로운 손님이 생기는 것은 바로 이 점 때문이다. 2002년에 캐나다의 반프 텔레비전 페스티벌에 참가했다. 반프의 가장 크고 오래된 호텔인 반프 스프링스 호텔에서 국장을 모시고 소고기 스테이크를 시켰다. 짧은 영어로 "미디엄"으로 부탁했다. 연륜이 깊은 호텔에서 먹는 스테이크는 매우 양이 많았고 맛도 있었다. 뭐 흠잡을 만한 것이 없었다. 식사를 거의 다 마칠 즈음 국장께서 "우리가 미디엄으로 시키지 않았나? 고기가 미디엄 웰던으로 나온 것 같다."라고 품평했다. 생각해보니 그런 것 같아, 웨이터를 불렀다. 그리고 어설프게 이야기했다. 매니저도 아닌 웨이터는 곧장 "그럼, 돈을 안 받겠다."라고 흔연스레 응대했다. 훌륭하기 그지없는 스테이크를 먹고 값을 치르지 않는 행운을 얻었다. "호텔 서비스가 지향하는 바가 고객의 만족이라는 것과 호텔에서 따지면 돈을 안 받기도 하는구나!"라는 사실을 깨달았다. 그 후 서울의 한 호텔에서 뷔페 음식을 먹다가 식사를 마칠 즈음 디저트로 가져온 푸딩에서 이물질이 발견되었다. 매니저를 불렀다. 매니저는 푸딩을 유심히 살폈다. 혹시 우리가 넣은 것은 아닌지 살피는 듯했다. 그리고는 푸딩에 콕 박혀 있는 것을 확인하고는 다음과 같이 말했다. "뭘 더 드시겠습니까?" 뷔페 식사를 마친 손님에게 무슨 음식을 더 권하는 것은 이해하기 어려웠다. 더 먹을 수 없을 만큼 배도 불렀고, 어처구니없는 제안에 기분이 나빴다. 하지만 참고 이렇게 말했다. "캐나다에서는 이럴 때 돈을 안 받더군요." 매니저 당황해하더니 곧 이런 대답을 했다. "저희도 안 받겠습니다."

이런 에피소드를 겪고 얼마 있다가 영화를 보았다. 제목은 기억나지 않지만, 모녀가 병에 유릿가루 등을 넣어 다니며 식사를 끝내고 집어넣어 돈을 내지 않는 모습이 담긴 영화다. 모녀가 식사를 마칠 즈음 다투어 말한다. “오늘 식사는 내가 계산할게.” 그리고는 핸드백 속에서 유리병을 꺼내 이물질을 집어넣는 식이다. 서비스가 생명인 호텔의 약점을 이용한 생계형 얌체다. 영국에 사는 가까운 친척은 호텔 혼내주기로 명성이 자자하다. 영어를 잘하는 부부가 영국호텔에서 얼마나 호텔 혼내주기를 많이 했는지 들어보면 속이 시원하다. 아시아인에 대한 인종차별 경향이 보일 때마다 이들 부부는 웨이터와 매니저를 불러다 놓고 ‘잘하는’ 영어로 닦달한다는 것이다. 예를 들어 좋은 자리를 놔두고 다른 자리로 안내한다거나, 음식이 늦게 나온다거나, 서빙하는 태도가 불성실하거나 하는 경우가 주 타깃이다. 이렇게 따지고 나면, 꼭 사과와 더불어 부가적인 서비스가 추가된다는 것이 이들의 증언이다.

이 부부, 얼마 전 서울의 유명 호텔에서 가족모임을 했다. 괜찮은 호텔 식당인지 드레스코드 운운하며 반바지를 입고 온 가족 중 한 명의 입장을 거부했다. 그리고는 바지를 빌려줄 테니 입고 들어가라고 제안했다. 그 가족, 남의 바지를 입기 불편했는지 다시 집에 다녀오겠다고 나섰다. 이들 부부가 가만있을 리 없다. 호텔 식당 안을 살펴보니 짧은 핫팬츠 차림의 여자 손님이 식사하고 있었다. 매니저를 불러서 부당함을 따지기 시작했다. 드레스코드를 적용하려면 ‘저 빤스같은 바지’ 입고 들어와 있는 여자 손님을 모두 끌어내라고 따졌다. 매니저가 여자는 괜찮다고 하자, 부부는 페미니스트들이 들고 일어날 일이라며, 여자 다리는 볼만하고 남자 다리는 볼썽사납냐며 식당을 흔들어 놓았다. 결국, 사과를 받아냈지만, 가족은 식당에서 식사하지 않고 그냥 나왔다. 이들 부부를 더욱 화나게 한 것은 매니저의 형식적인 사과였다 한다. 젠 체하는 태도로 생글생글 웃으며 하는 사과. 일부 호텔에서는 종업원들이 자신이 주인인 양 거들먹거리며 서빙하는 경우가 있다. 자신이 종인지 주인인지 구분 못 하는 일부 외교공무원처럼. 이야기를 듣고 책을 내면 좋겠다는 생각을 했다. 제목은 “How to Punish Hotels”. 호텔에서 제대로 서비스를 받고 싶은 사람이 예상 독자며, 호텔업계 종사자들도 울며 겨자 먹기로 사보지 않을 수 없다. 까다로운 손님을 응대하려면 알아야 하니까.

글로벌 토크 〈미녀들의 수다〉를 보면서 호텔식사가 떠올랐다. 젊고 예쁜 미녀들이 한데 모여 서툰 한국어로 수다를 늘어놓는 프로그램의 이미지가 호텔에서 세계적인 수준의 서비스를 받는 것과 닮은 듯하다. 다양한 음식을 맛보는 뷔페와 비교한다면, 각국의 문화를 맛보는 점과 더욱 겹쳐진다. 이 호텔 식사 한번 뜯어보자. 우선 미녀들의 반대편에는 남자 패널들이 '음흉한' 미소를 지으며 이들의 수다를 경청하기도 하고 설명하기도 한다. 관음주의라는 측면이 프로그램을 이끌어가는 바탕임을 쉽게 짐작할 수 있다. 다만, 그것이 아주 노골적이지는 않아서 불쾌하지는 않다. 더군다나 웃음을 목적으로 하는 오락 프로그램임을 고려할 때 크게 문제 삼기는 어렵다. 이 프로그램이 주는 이차적인 만족감은 타자들의 시선을 확인하는 데 있다. 미국, 영국, 이탈리아, 독일, 일본 등 우리가 주눅이 들기 쉬운 외국인들이 함께 모여 외국어가 아닌 한국어로 한국에 대해 이야기한다. 시청자는 이중적인 감정태도를 보인다. 미국 유럽 등 서구 출신 미녀들에게는 국가적인 콤플렉스를 개인적 차원으로 환치해서 되갚고, 동남아시아 출신 미녀에게는 오리엔탈리즘적 시각을 버리기가 어렵다. 방송이 어려운 것은 이 위험한 아슬아슬한 경계를 잘 걸어야 하기 때문이다. 아직 큰 문제는 없어 보인다. 하지만 출연자에 대한 편애나 왕따 등 부정적인 현상이 문제가 되었었고, 그런 기미도 엿보인다. 말 잘한다고 계속 앞줄에 앉히고 발언 기회를 많이 주고 길게 붙이는 편집 등이 불안해 보인다. 특히 출신국가와 피부 색깔에 따라 대접에 차이가 생기는 것에는 보통 이상의 주의를 기울여야 한다. 왜냐하면, 그 결과는 몇 배로 확산되고, 심지어 외교 문제로 비화할 수도 있기 때문이다. 그보다 앞서 전 세계의 거의 모든 방송사의 기본이념은 평등이라는 가치이기 때문이다. 열심히 균형을 맞춘다고 노력하는 사이에도 우리가 의식하지 못하는 사이에 외국인들을 등급을 나누고 차별대우를 하거나 젠체하고 있는지도 모른다. 일부 호텔 종업원이나 외교공무원처럼. 이런 호텔이나 대사관이나 방송사는 똑똑하고 깐깐한 손님으로부터 punishment를 당하기 마련이다. 호텔이나 대사관이나 방송사나 업태는 서비스업이다. 참고로 호텔 뷔페는 아무래도 하얏트 호텔 테라스가 맛있다.

〈PD저널 2008년 1월〉

제 6 장
생산자 읽기

Chapter 6 생산자 읽기

1 다큐멘터리의 첫맛

예능 PD로 입사해서 쭉 스튜디오 프로그램만을 만들어왔다. 〈열린음악회〉, 〈이소라의 프로포즈〉, 〈가요무대〉, 〈도올의 논어이야기〉 등. 물론 〈사랑의 리퀘스트〉, 〈연예가 중계〉를 만들 때는 5분 안팎의 짧은 ENG 편집하기도 했다. 〈사랑의 리퀘스트〉는 내러티브가 있어서 작은 다큐멘터리라고도 이름 붙일 수 있지만, 〈연예가 중계〉는 연예인중심의 내러티브로 편집이 쉬운 편이었다. 물론 도중에 3개월간 아침프로 〈아침을 달린다〉는 프로그램에 몸담은 적도 있다. 그때 처음으로 찍었던 ENG. 이광조의 알뜰살림이라는 내용을 막상 편집하려 하니 도무지 그림이 붙지 않아 당황했던 기억도 새롭다. 어쨌든 25분이라는 비교적 긴(5분에 비하면) 다큐멘터리를 처음으로 제작하게 되었다. 독일의 낭독문화를 맛보겠다는 욕심이 앞서서, 카메라맨 없이 6mm 카메라를 들고 직접 찍겠다는 말도 안 되는 제안을 해서 출장허락을 받았다.

현지에서 6mm 촬영하는 회사와 2일간 촬영계약을 했다. 나머지는 직접 촬영하기로 했다. 6월 19일 공항에서부터 스케치를 촬영했다. 손 떨림이 그렇게 심하지 않았다. 비행기 안에서는 공지영 씨를 촬영해야 하는데 계속 잠을 자는 바람에 오랫동안 기다려(거의 도착이 임박해서) 촬영할 수 있었다. 튀빙겐에 도착해서도 공지영 씨와 네카 강을 찾았다. 강가에서 책을 읽고 있던 아름다운 두 여학생을 섭외해서 인터뷰하고, 불어와 독일어 낭독을 시켜서 촬영에 성공했다. 불어 여학생은 처음에 거절한 것을 다시 설득해서 촬영에 성공했다. 촬영 도중 핸드폰이 계속 울렸다. 프랑스에서 도착한 이지용 씨가 나를 찾는 전화다. 튀빙겐에 도착했다는 신호. 하지만 촬영중이어서 받지도 못했다.

두 여학생촬영이 끝나고 이지용 씨를 만났다. 휴 하는 한숨과 함께 식당에서 밥 먹는 공지영 씨 인터뷰를 찍었다. 안정된 카메라 워킹이 든든했다. 식사가 끝나고 튀빙겐의 시장과 광장, 호엔 튀빙겐 성을 찾았다. 광고 찍으면 좋을 아름다운 풍광들에 푹 빠졌다. 한적한 고즈넉함, 울리는 종소리, 뜨거운 햇볕이 아름다운 이미지로 남을 듯 싶었다. 연출한 듯한 이미지에 식상하던 차에 성에 오르자, 젊은이들이 물총으로 물장난하고 있었다. 이를 보는 공지영 씨의 입에는 미소가 번졌다. 연출하기 어려운 광경이 연출되었다.

성 위에서 시내를 내려다보고 튀빙겐 대학으로 왔다. 대학 앞에는 쌍둥이 부부와 만나 이야기하고, 아이를 키우는 대학생과 인터뷰 그리고 외국에서 온 두 여학생과 인터뷰, 서점 물어보는 인터뷰 등 생각했던 그림들이 그대로 찍혔다. 그리고 이미지 샷, 분수대에 걸터앉아 책을 읽는 소녀상 흉내 내기, 분수대에 발을 담그고 책읽기, 카페에서 차를 시키고 책 읽기, 독서와 낭독에 대한 영상들을 연출했다. 충분히 찍었다고 생각하고 이제 낭독장으로 향했다. 맛있는 이태리 음식점을 찾아가는 도중 광장에서 월요집회 모임이 펼쳐지고 있었다. 우리는 저녁을 포기하고 다시 시위대를 촬영했다. 구경하는 두 아줌마는 공지영 씨에 대해 큰 호감을 드러냈고, 이는 쉽사리 연출할 수 없는 영상이었다. 30분 이상 촬영하고 우리는 시위가 끝난 녹화장에서 케밥과 콜라를 마셨다. 퍅퍅해서 먹기 어려웠으나 마음은 배불렀다. 이제는 낭독회장이다. 카메라 2대로 녹화를 놓치지 않고 담았다. 2시간에 걸친 낭독회가 끝나고, 겨우 휴식이다. 첫날의 녹화가 잘 되어서 나머지 일정이 걱정되지 않았다. 새벽 3시까지 작가들과 스태프들과 맥주를 마셨다. 3시에 잠자리에 들었는데 밤을 꼬박 새운 작가들과 스태프들은 노래를 부르기도 했단다(오정희님의 '아침이슬', 신경숙님의 '여진의 노래'). 다음날은 오스트리아 빈으로 700킬로를 뛰었다. 시속 160킬로로 8시간이 걸리는 거리. 도중에 오스트리아 잘츠부르크에 들러서 모차르트 생가를 들르기도 했다. 빈에 도착한 것은 6시 반쯤이었다. 빈 문학의 집에서 녹화는 가벼운 마음으로 녹화했다.

다음날은 레겐스부르크. 교황 베네딕토 16세의 고향이라는 곳. 휴양의 도시. 로마의 유적이 그대로 남아 있는 조용한 이 도시가 맘에 쏙 들었다. 호텔 오르페의 아름다움도 잊지 못할 것이다. 레겐스부르크에서는 카페 에스프리에서 낭독회가 있었다 어두운 실내 때문에 조리개를 열어서 촬영했다. 스트로보 효과가 나타난 것은 이 때문이다. 녹화가 끝나고 호텔로 돌아오는 길, 광장 노천카페에는 여름 불더위를 식히려는 젊은 관광객들로 뜨거웠다. 독일에서 가장 오래된 카페가 있는 이 도시를 둘러보고는 유럽지도, 독일지도, 알프스지도와 아이들에게 줄 인형을 샀다. 2010 유럽 문화수도로 지정된 이 도시를 그 안에 다시 오고 싶었다.

다음날은 하이델베르크로 향했다. 바이마르에 갔다가 돌아오는 공지영 씨를 하이델베르크에서 만나기로 했다. 핸드폰도 없어서 조바심도 났다. 열차가 연착해서 조금 늦게 도착했다. 철학자의 길과 아이리쉬 선술집에서 촬영을 끝냈다. 낭독회에 겨우 도착해서 다시 촬영하고 끝을 냄으로써 녹화는 끝났다. 별 준비 없이 육탄으로 독일의 낭독회를 커버하겠다고 온 나의 무모함에도 불구하고, 어설픈 촬영에 열심히 응해주신 공지영 씨나, 부족한 연출력을 보완해주신 독일의 모든 분들 (네카 강의 이네스 씨 등), 인터뷰로 프로그램의 의미를 보태주신 관객과 관계자들, 모두 감사드린다. 21년 만에 방문한 독일은 크게 변한 게 없었고, 나는 독일의 음식과 정서를 충분히 누렸다. Vielen Dank!!!!!!!!!

〈2005년 7월 8일〉

2 출연자는 항상 옳다

방송사에서 유통되는 세금계산서를 살펴보면 사업자 번호와 함께 업태가 나옵니다. 방송사의 업태는 서비스업이죠. 식당이나, 호텔, 커피숍, 택시 등도 서비스업입니다. 저는 아주 까다로운 고객입니다. 택시를 탈 때도 마찬가지입니다. 기사님이 길을 잘못 들면 투덜거리기 시작합니다. 그다음부터는 다음 길들을 중계하기 시작하죠. 안 좋은 버릇인데, 시간과 돈을 아끼겠다는 일념 때문인지 쉽게 고쳐지지 않습니다. 이런 태도에 "손님은 왕이다."라는 생각이 자리하고 있을 것입니다. 손님이 왕이기에 항상 옳다는 마케팅 원칙도 기억납니다. 방송이 서비스업이기 때문에 역시 저 역시 방송을 할 때는 출연자를 잘 모셔야 합니다. 하지만 말처럼 쉽게 되지 않습니다. 인생이 어려운 것은 바로 이런 이유 때문이죠. 선배 한 사람은 서비스업을 잘합니다. 자신과 함께 일하는 출연자에 대해서는 절대 나쁜 소리 벙긋하지 않습니다. 내가 보기에는 이런저런 점은 고치면 좋을 듯하지만, 그 선배는 그런 점도 좋은 점으로 보고는 격려만 해줍니다. 그 선배가 일했던 출연자들은 다 한 가닥 하는 성격을 가진 사람들인데도, 그 선배는 출연자가 원하는 것은 100% 다 들어줍니다. 그리고는 스태프나 자신이 발이 부르트도록 뛰어다닙니다. 그 선배가 하는 전화 대부분은 누군가의 부탁을 해결해주는 일입니다. 그중 상당수는 출연자의 일이죠. 이런 서비스업 정신 때문일까. 그 선배는 프로그램을 아주 잘합니다. 출연자들이 방송이 끝나고도 그 선배와는 계속 연락을 합니다. 출연자 섭외하려면, 그 선배를 거쳐야 쉽게 풀립니다. 이런 선배를 통해서 저도 조금은 배웠습니다. 하지만 아직 손님기질이 많이 남아서 잘은 안 됩니다. 방송은 서비스업이고, 출연자는 왕입니다. 아무리 터무니없는 요구를 해도 출연자는 항상 옳습니다. 이런 마음으로 방송하려고 하나, 뜻대로 잘 안되네요. 어디 스마일 교육원이라도 갔다와야 할까 봐요.

〈2005년 6월 28일〉

3 낭독 PD의 24시

40여 명의 PD들과 함께 만들었던 'PD, WHO & HOW'라는 책이 있습니다. 그 책의 첫머리에는 SBS 박상혁 PD를 모델로 해서, PD의 하루라는 사진구성을 올렸다. 새벽부터 밤늦게까지 고민과 프로그램 생각을 하는 PD. 그 PD의 사진들에는 땀과 긴장 그리고 휴 하는 한숨이 담겨 있습니다.

어제 하루도 참으로 많은 일이 있었습니다. 다시 한 번 복기하지 않고는 다른 일을 시작할 수 없을 만큼 다사다난했습니다. 어제 수요일은 방송하는 날이라서, 일단 종합편집을 해서 넘겨야 합니다. 오전에 제가 해야 할 일입니다. 편집이 끝나면, 오후 4시 녹화를 위해서 스튜디오를 점검하고, 스태프와 회의를 합니다. 리허설을 마치고 녹화를 마치고는 간단히 저녁식사를 하고 다시 저녁 8시 녹화를 들어갑니다. 음악프로와 낭독 프로라는 독특한 특성이 있는 〈낭독의 발견〉 특성상 음향과 조명 세트 등 모든 스태프가 턱없이 부족한 시간으로 작업하고 있습니다. 한 시간짜리 든 30분짜리든 제작에 소요되는 공력은 큰 차이가 없습니다. 어제는 가수 이적 씨와 인순이 씨의 촬영스케줄로 인해 오후 2시 녹화와 5시 녹화를 해야 했습니다. 아침 일찍 일어나 9시부터 종합편집을 들어가서 10시 반에 서둘러 편집을 마치고는 곧바로 스태프 회의를 들어갔습니다. 조명감독님의 불만을 뒤로 한 채, 회의를 마치고는 약속한 시간을 지키기 위해 스태프들을 독려했습니다. 시간이 없으니, 서둘러 달라고 말입니다. 12시 즈음에 동아일보 권기태 기자가 스튜디오에 취재를 왔다고 연락이 왔으나, 홍보실과 안전관리실에서 출입기자 아니면, 공문이 필요하다고 입장을 허락하지 않아서 전화통화를 해서 직접 안내해 왔습니다. 분장실이 두 드라마 녹화 때문에 없어서 백방으로 수소문한 끝에 오픈스튜디오 옆의 영접실을 빌려서 분장실로 사용하게 하고, 점심은 12시 30분쯤에 구내식당에서 서둘러 마쳤습니다. 식사 도중에 스태프들에게 전화를 걸어서 이것저것 확인하였고, 13시가 되자 스튜디오에서 음악리허설을 진행했다. 이적 씨에게 맞는 세트로 의상실 마네킹(몸통만 있는 토르소) 수십 개가 도착했고, 나비 모형이며, 못이며, 잡지 오린 것 등 다양한 소재들이 콜라주 되었습니다. 작가들과 구경 온 다른 작가들도 달려들어 설치에 매달렸습니다. 다행히 시간을 절약해서 녹화는 정시에 들어갈 수 있었습니다. 이적 씨는 노래도 낭독도 좋아서 녹화가 쉬웠습니다. 3시에 녹화는 끝이 났고, 결과는 만족스러웠다. 능청스러운 판타지를 경쾌하게 읽었고, '하늘을 달린다'와 '달팽이'를 두 번씩 노래했다. 너무나 열정적으로 큰 소리로 노래해서 다시 녹화하기가 부담스러웠지만, 두 번째 녹화는 잘 되었습니다. 녹화가 끝나고 목이 쉰 소리를 내는 이적 씨는 〈지문 사냥꾼〉을 선물로 남겼습니다. 녹화가 끝나고 인순이 씨를 뵙고, 이적 씨에게 인사를 했습니다. 오늘 방송될 테이프를 인도하지 않아서 도중에 전달하는 것도 챙겼습니다. 4시에 새로운 세트를 설치하는 데 스태프들이 매달렸습니다. 이번 세트는 인순이 씨에게 맞는 별 모양의 조명 설치물을 매다는 일이었습니다. 인순이 씨는 찰리 채플린의 '스마일'이라는 노래와 카니발의 '거위의 꿈'이라는 노래를 피아노 반주와 맞추느라 땀을 흘렸습니다. 정식 악보도 없이 음반 한번 듣고 연주하느라 힘들어했을 신이경 씨도 땀을 흘렸었죠. 다행히 연습이 끝나고 5시 정각에 녹화를 들어갔습니다.

스태프들을 재촉하는 것을 본 인순이 씨는 6시 30분까지 녹화해도 좋다고 30분 여유를 주었습니다. 녹화를 시작하고 낭독과 노래를 들었습니다. 그리고 클로징. 하지만 정작 인순이 씨에게서 듣고 싶은, 아니 그녀가 발견해야 할 것이 보이지 않고 녹화가 끝을 향했습니다. 그래서 NG를 내고 다시 추억에 대한 이야기로 녹화를 시작했습니다. 그녀는 바바라 스트라이샌드의 'THE WAY WE WERE'를 흥얼거리고 어린 시절을 반추했습니다. 눈동자는 흑진주처럼 반짝이고 힘들었지만 아름다운 시절을 추억했습니다.

그리고 어머니. 그녀는 어머니 이야기가 나오자 이제까지 볼 수 없는 흐트러진 모습을 보였습니다. 그것은 강하게 스스로를 지탱해 오던 모습이 일순간 사라진 자연인의 모습이었습니다. '아차!' 싶게 우리는 그녀의 감정 깊숙한 곳을 건드렸습니다. 그녀는 더 이상 예정대로 노래도 할 수 없었고, 목소리는 완전히 잠겼습니다. 그녀는 노래를 못하니, 정지영 씨가 낭독하면 듣겠노라고 했습니다. 하지만 잠시 후 안정되자 인순이 씨에게 낭독을 부탁했고, 그녀는 거위의 꿈을 낭독했습니다.

난, 난 꿈이 있었죠.
버려지고 찢겨 남루하여도
내 가슴 깊숙이 보물과 같이 간직했던 꿈
혹 때론 누군가가 뜻 모를 비웃음
내 등 뒤에 흘릴 때도
난 참아야 했죠. 참을 수 있었죠
그날을 위해

그녀의 낭독은 눈물과 울음으로 버무려지고 때로는 갈라진 노래와 합쳐져 묘한 슬픔을 느끼게 했습니다. 카메라 커팅하는 나의 목소리도 잠기고, 모든 스태프도 울컥했습니다. 낭독이 끝나자, 인순이 씨는 "여러분 저에게 박수쳐주셔야 해요."라고 말했고, 관객이 한 명도 없는 텅 빈 스튜디오에서 박수소리가 터져 나왔습니다. 제작에 몰두하던 작가와 카메라 팀 등 스태프의 박수소리, 녹화를 마치고 미안한 마음으로 인순이 씨를 뵈었습니다. 눈을 흘기며, "왜 나를 울려요?"라고 타박했습니다. 인순이 씨는 "죄송합니다. 너무 울려서."라고. 하지만 인순이 씨가 〈낭독의 발견〉에 나와서 자신의 경험과 아름다운 과거를 반추하지 않고 끝냈더라면 더 후회했으리라는 것도 알고 있습니다.

감정을 터트려서 상기된 얼굴로 방송사를 나서는 인순이 씨를 현관 앞까지 따라갔습니다. 말은 하지 않지만, 〈열린음악회〉 녹화 때 나에게 보인 첫 번째 눈물 후 나에게 "친구가 되고 싶다."라던 카드를 보내셨던 인순이 씨. 그 후 8년여 만에 방송에서 만나서 다시 나는 그녀의 눈물을 보게 되었습니다. 그녀에게 죄송한 마음으로 인사를 한 뒤 스튜디오에 돌아와 스태프들과 저녁 생맥주 약속을 했습니다. 10여 명이 모여 녹화를 반추하고 9시가 넘어서 각자 집으로 헤어졌고, 집으로 오는 내내 연애의 목적 음반을 들으며, 이병우 씨의 방송을 기대했습니다. 집에 돌아와서도 이것저것 군것질하며 11시 35분 녹화를 기다렸습니다. 방송을 보며, 아직 끝나지 않은 섹션 TV를 보며, 내일 시청률에 짙은 어둠이 내리는 것을 암시받았고, 지친 몸을 눕히면서 PD의 가장 바쁜 하루가 지나가고 있습니다.

〈2005년 6월 30일〉

4 백기완 선생의 날것 낭독

통일문제 연구소를 운영하시는 등 일생을 민족문제에 바치신 백기완 선생님을 모셨다. 언제 적 백기완 선생이신가. 80년대에 학교 다니던 우리들이 선배들이 전해준 필독도서에 선생님의 저서 '자주 고름 입에 물고'가 올라 있지 않았나. 그 백 선생님을 지난주 대학로 연구소에서 뵈었다. 서울대병원 옆으로 난 골목길을 길게 따라가다 보면 담쟁이가 올라간 집들이 몇 채 보이고 그 중 깊은 곳에 선생님의 통일문제 연구소가 보인다. 선생의 오래된 집 앞에는(단독주택을 개조) 선생이 직접 쓰신 시가 흰 칠판에 쓰여 있다. 그리고 그 아래에는 누군가가 써놓은 "선생님 왔다 갑니다." 식의 덧글이 쓰여 있었다.

냉기가 느껴지는 집안에 들어서자 선생은 보이지 않고, 안내해주시는 분이 물 한잔을 내왔다. 선생께서는 방안에 계신듯하다. 이윽고 시간이 되어 방으로 들어가 선생님을 뵈었다. "큰절 안하냐?"는 질책을 들었다. 그리고 PD라고 나를 소개한 작가가 PD라는 영어를 썼다고 다시 한 번 질책하셨다. 본론으로 들어가기에 앞서 선생은 오늘 보고 회사 들어가서 방송취소하자고 할 거면 곧장 돌아가라 했다. 방송과 관련한 아픈 기억이 있으시다고 했다.

선생께서는 '백두산 천지'라는 시를 곧장 읊기 시작했다.

저 풋것의 신비인 양
영혼의 그림자 드리운
백두산 천지
목에서 황 내가 나도록
타오르고 싶어라.

5분이 넘는 시간에 걸친 고저장단의 입체적인 낭독은 쉼 없이 이어졌다. 멈추는 듯 올라가고 시작되는 듯 끝이 났다. 문명의 때에 찌들지 않은 날것의 펄펄 살아 숨 쉬는 생명력이 느껴졌다. 그리고 거기서 느껴지는 감격. 〈낭독의 발견〉이 꼭 보여주어야 할 본령이 숨 쉬고 있었다. 선생은 김문음

작가와의 대화를 통해서, 옹달샘노래를 하시겠노라 했다. 영어와 한자를 쓰는 우리를 꾸짖으시고 말 길을 살려야 살길이 열린다 하셨다. 지난 김현철 편 방송을 보시고는 "방송이 차분하고 안정적이어서 좋다. 다만, 소시민적 안정을 지나치게 강조하는 것이 안타깝다. 역사의식을 일깨우는 낭독도 필요하다."라고 시청 평을 밝히셨다. 성성한 백발을 손을 빗 삼아 긁적이시는 모습에서 팍팍한 현실생활을 느낄 수 있었다. 이번에 새로 내는 책 "부심이(백선생의 아호)의 엄마일기"를 구입하겠노라 이름을 남기고 나섰다. 회사로 돌아오는 길 택시기사께서 우리들의 백 선생님에 대한 이야기에 말참견하시고 깊은 관심을 보였다.

그리고 어제 백 선생님이 검정 한복을 입으시고 여의도 18번지에 나타나셨다. 무릎이 편찮으셔서 걸음걸이가 불안해 보였지만, 형형한 눈빛은 훨훨 타고 있었다. 스튜디오에서 리허설을 위해 낭독을 부탁드렸다. "젊은 날"이라는 선생의 인생이 담긴 시를 맛보여주시고는 "더해야 돼?"라고 물으셨다. "조금 더 부탁 올립니다."라고 답하자 끝까지 일사천리로 외어주셨다. 낭만적인 감정을 주로 담았던 〈낭독의 발견〉에 팔팔한 날것의 시대정신이 담기는 순간이었다. 녹화가 시작되었다. 부조 스태프들도 깊은 관심을 두고 선생의 낭독을 눈여겨보았다. 매우 가까이 찍는 화면이 선생의 얼굴과 잘 맞아떨어졌다. 이제까지 써본 적 없는 정면 빅클로즈업이다. 때로는 주먹을 불끈 쥐고 팔을 올리며 올대를 울리는 선생의 살아 있는 야성의 낭독에 전율했다. 선생은 생각보다 말을 많이 하지 않으셨다. 도중에 옹달샘을 부르시는 모습이 자유롭고 고고해서 흡사 전인권 씨를 닮아 보였다. 그리고는 "이제 끝내도 되지 않아?"라며 맺는 말을 하셨다. 선생의 마지막 낭독 "아나에게도"로 프로그램은 끝이 났다. 프로그램 녹화가 끝나자 박수로 선생의 낭독을 반겼다. 보조 스태프들도 "작품"이라는 데에 대해 이의를 달지 않았다. 스튜디오에서 선생을 뵙고 깊이 감사했다. 낭독의 참맛을 보여주셔서 감사하다고. 선생의 날것 낭독은 다음 주 수요일(6/8) 방송된다.

〈2005년 6월 2일〉

5 제 친구와 인사하실래요?

돌이켜 보면 지난 나의 20대 청춘은 외로운 터널과도 같은 것이었습니다. 콤플렉스와 열등감 그리고 부족한 사회성과 대인공포증. 이런 열패감으로 가득한 청춘을 살아온 듯합니다. 이런 사람이 어떻게 방송사에 들어올 생각을 했는지 참 의아스럽기만 물론, PD가 되고자 하기 직전에는 외교관을 꿈꾸며 외무고시공부를 하기도 했으니, 더욱 가관일 뻔했네요. 응달과도 같은 20대를 보낸 후 어렵사리 방송사에 들어온 후 내가 느끼는 절망감은 실로 큰 것이었습니다. 콤플렉스로 가득 찬 소심한 사람이 어떻게 PD로서 제대로 역할을 해낼 수 있었을까? 대학생 중에 아니면, PD가 된 지 얼마 안 된 후배들이 "소심하고 내성적인 사람이 좋은 PD가 될 수 있을까요?"라고 질문하면, 물론 될 수 있다고 말은 하지만, 그러기 전에 자신이 가지고 있는 그늘과도 같은 것들을 햇볕에 말릴 수 있는 과정을 거쳐야 하고 그것이 얼마나 쓰라린 일인지 반추해 보았습니다.

그런 광합성을 하기 시작할 무렵, 한 친구를 만났습니다. 그는 나와는 반대의 인생을 살아온 듯 합니다. 양달에서 햇볕을 가득 쬐었는지 얼굴은 활짝 피었으며, 성격도 곧습니다. 눈치 같은 것 보는 데 익숙한 나와는 달리 주관도 강합니다. 그는 특히 과학을 잘하여 나는 그를 '과학돌이'라고 불렀고, 디자인을 전공해서인지 시각적인 자극을 즐깁니다. 언젠가 그와 함께 런던의 왕립미술관을 구경한 적이 있었습니다. 그의 왕성한 미술사에 대한 지식과 시각적인 경험은 나를 미술의 세계로 쉽게 인도했고, 그림을 보는 것이 큰 즐거움을 준다는 것을 깨닫게 해주었습니다. 서른이 넘어서의 일이었습니다. 그와 이야기하는 것은 큰 즐거움을 줍니다. 한때는 하루에 몇 시간씩 전화통화를 한 나머지 목이 쉰 적도 있었네요. 그래서 낮에 만날 때는 목 사탕 한 곽을 선물로 전해주기도 했습니다.

제 친구를 여러분께 소개해 드리고자 하는 이유는 그가 〈낭독의 발견〉에 끼친 영향이 적지 않기 때문입니다. 이제는 말해야 할 때가 된 것 같네요. 드라마를 즐겨보지 않는 내가 드라마를 보기 시작한 것도 이 친구 때문이었습니다. 〈가을동화〉로 시작으로 해서 겨울연가, 〈거침없는 사랑〉, 〈네

멋대로 해라〉, 그리고 최근에는 〈풀 하우스〉까지. 이 친구가 즐겨보는 드라마를 저도 즐겨봅니다. 드라마를 본 뒤에는 드라마에 보이는 모든 것, 미장센에 대해서 깊이 있게 이야기하고, 드라마의 구성이나 연기, 주제 등에 대해서도 폭넓게 이야기를 나누죠.

저는 친구와 나누는 TV 담화에서 큰 영감을 얻고, 보고 믿는 바를 공유합니다. 언젠가 〈거침없는 사랑〉이라는 드라마를 보고는, 거기에 출연한 '송선미'라는 배우에 대해 깊이 있게 이야기한 적이 있습니다. 그리고 〈낭독의 발견〉이라는 새 프로그램을 만들 때, 그 친구는 나에게 '송선미'라는 배우를 강력히 추천해주었죠. 나는 친구의 추천으로 송선미 씨를 만나게 된 셈입니다. 그리고 아트디렉터 시스템을 도입하고자 고민할 때, 윤이서 씨를 소개받게 된 것도, 그 친구가 잘 아는 메종편집장 김수영 씨를 통해섭니다. 방송이 시작되고도 친구는 계속 〈낭독의 발견〉에 대해서 이런저런 코멘트를 했습니다. 송선미 씨의 덜 익은 진행에 대해서도 곧 좋아질 터이니, 걱정하지 말라고 위로해주었으며, 출연자들에 대해서도 그만의 독특한 시각으로 인물평을 해주었습니다. 시청률이 낮게 나와 고민하면, 함께 맥주잔을 기울이며 걱정하지 말라고 다독여 준 것도 이 친구였고, 새로운 프로그램을 진수시킨 것도 큰일 아니냐며 힘을 준 것도 이 친구였습니다. 교보생명의 광고 "거치른 벌판으로 달려가자. 내일의 희망이 우리를 부른다."의 그림은 우리들을 모델로 한 것 같았습니다. 〈낭독의 발견〉을 시작할 때, 친구는 쌍둥이를 낳았습니다. 쌍둥이 중 한 아이가 몸이 아파서 고생을 많이 했고, 친구와 〈낭독의 발견〉에 대해 이야기하는 기회도 줄었습니다.

그동안 바쁘게 살아서인지 친구에게 〈낭독의 발견〉이 잘 되어간다는 것에 대해 깊이 감사의 마음을 전하지 못했습니다. 최근에 〈낭독의 발견〉이 방송 대상을 받게 되었다는 소식을 듣고는 친구는 제 일처럼 기뻐해 주었다. 하지만 저는 친구에게 아직도 충분히 감사의 인사를 못했습니다. 올겨울이 지나면, 이 친구는 2년여 동안 접었던 사회생활을 다시 시작하려 합니다. 대학교에서 디자인 강의도 시작하고, 인테리어일도 시작합니다. 디자인 관련 책도 번역하여 펴내려고 합니다(그는 이미 열두 줄로 읽는 20세기 디자인사라는 책을 펴냈지요.). 그런 그에게 힘을 불어넣어 주고 싶습니다.

그 첫 번째 과정이 여러분에게 제 친구를 소개하는 일이라고 생각합니다. 그는 저와 함께 1999년 10월 2일부터 함께 살고 있고 저의 쌍둥이이기도 한 윤서, 윤재의 엄마이기도 합니다. 〈낭독의 발견〉의 오래된 후원자인 제 친구 김희량과 인사하실래요?

〈2004년 8월 11일〉

6 시간과의 전쟁

〈낭독의 발견〉을 쭉 만들어 오면서 가장 괴로웠던 일 중의 하나는 짧은 방송시간 때문에 좋은 녹화 내용을 다 담지 못하고 편집해야 했던 일이다. 25분 방송으로 시작한 TV 문화지대 수요일 편 〈낭독의 발견〉에서부터 20분으로 줄어든 〈낭독의 발견〉. 짧은 시간 안에 녹화 내용을 담느라 '몸살'을 하며 편집에 편집을 거듭했다. 1차 편집을 마친 뒤에 다시 더 자를 것 없나 살피고 살펴서 '회를 치듯이' 2차 편집을 하고, 수정편집을 해서 방송을 냈다. SG워너비 편은 공개 방송으로 50여 분 녹화를 했는데, 최소한 2곡은 방송을 내야하고, 각각의 출연자의 낭독을 들으려면, 20분은 턱없이 부족하다. 게다가 방송사의 내규상 20분 방송의 표준제작 시간은 18분-19분 사이. 뭔가를 늘어놓을 수조차 없는 시간. 그래서 25분 방송 때부터 표준제작 시간을 어기는 것을 밥 먹듯이 했다. 첫 방송 때는 29분이 넘게 제작해서 넘겼고, 25분에서 30분 사이를 오가며 규정을 어겨가며 편집을 했다. 이런 줄타기 속에서 관련 부서의 선배들과의 긴장관계가 한두 번도 아니었고, 편성운행을 담당하는 선배들은 결국 "표준시간을 지키지 않는 PD들에게는 수상기회 제한하고, 인사고과에 반영한다."라는 규정을 만들기까지 했다. 그럼에도, 규정시간을 지키기는 너무 어렵다. 편성팀에서는 〈낭독의 발견〉을 요주의 프로그램으로 주목하고 있다.

올가을, 드디어 숙원이 이뤄졌다. 20분 방송이 40분 방송으로 두 배나 늘었다. 하지만 2TV로 가면서 광고 최대 4분을 감안하면 알맹이 35분 프로그램인 셈. 예전에 29분 만들던 프로그램에서 겨우 6분 늘어난 것이다. 그리고 객석을 초대해서 콘서트 형식으로 만들고, 그러면 최소한 한 시간 반은 녹화해야 관객들도 아쉬워하지 않는다. 이승환, 싸이, 드렁큰타이거, 성시경, 자우림 그리고 오늘 신영옥. 모두 잘 된 공연으로 다양한 노래와 멋진 낭독을 선보였다. 그리고 다시 35분에 담는 각고의 노력, 하지만 마지막 방송이라는 이점으로 3-4분 정도의 시간이 넘쳐도 괜찮다는 관행 덕분에 다시 방송시간 줄다리기가 시작되고, 한번은 편성팀 간부로부터 간접적인 경고를 듣고, 다시 40분 안으로 만들었다. 방송위원회에서 방송시간을 넘기는 것을 결코 좌시하지 않아서, 팽팽한 긴장감이 감돌고 있기 때문에 편성팀에서도 신경이 잔뜩 쓰이는 형편이다. 방송위원회에선 규정 시간을 넘기는 방송사에 벌금을 부과하고 있다.

지난 금요일 있었던 신영옥편 녹화에서는 '문 리버', '얼굴', '우리는 연인'을 불렀다. 옥구슬이 쟁반에 굴러가는 콜로라투라 소프라노의 참맛을 보여준 신영옥 씨의 아름다운 노래와 아버지에 대한 깊은 감상. 안도현 시인의 '아버지의 런닝구'를 읽다가 신영옥 씨는 낭독을 이어가지 못하고 침묵했다. 그리고 황수경 아나운서의 울먹임. 객석엔 무거운 침묵이 흘렀다. 다시 "올 한 해를 보내며, 그동안 미워했던 사람을 용서하고, 새해에는 더 사랑하는 한 해가 되기를 기원하고" 녹화는 끝이 났다. '사랑하는 나의 아버지'를 맺음 곡으로, '어메이징 그레이스'를 앙코르곡으로 불렀다. 한 점의 아쉬움도 남지 않은 멋진 녹화. 편집을 시작하자 일사천리로 연결되는 이야기들. 45분 정도의 편집이 떨어졌다. 40분이 훨씬 넘은 시간이지만, 다시 연말 송년특집이라는 이름으로 과감히 방송하기로 마음먹었다. 종합편집이 끝나고, 사무실로 돌아오자 편성팀에서 연락이 왔다. 편성 담당 선배의 전화. "다른 프로그램들도 다 시간이 넘쳐서 걱정된다."라며 염려해왔다. 이야기 끝에 다시 '오늘만'이라는 단서로 허락을 받았다. 감사하다. 하지만 이지금까지 무수히 어겨온 시간 약속들, 다시 이 약속을 지키도록 노력해야 한다. 편집을 끝내고 "오랜만에 옛날 〈낭독의 발견〉을 한 것 같았어요."라는 CG 민수진 씨의 이야기를 듣자, 약속을 지킬 자신이 없어졌다.

〈2006년 12월 28일〉

7 방송의 생로병사

방송프로그램에도 여느 생명체와 마찬가지로 생로병사가 있다. 잉태되어(기획) 생겨나고(첫 방송), 쑥쑥 자라나고(확대), 칭찬도 받고(표창), 꾸중도 듣고(경고 등 징계), 최전성기를 누리다가 사라지는 것(폐지). 숨을 쉬거나, 심장이 뛰지 않아서 그렇지 프로그램은 유기체에 비유된다. 특히 나무로 비유하면 딱 맞다. 나무가 잘 자라도록 공기와 물, 영양소를 공급해주듯이 좋은 환경과, 열정, 애정이 결합하면 프로그램도 잘 큰다. 〈낭독의 발견〉은 실은 만 3년이라는 장수를 누렸다. 짧은 문화프로그램이 수많은 개편을 살아남았고, 이번에는 시간이 40분으로 늘어나기까지 했다. 어쩌면 봄여름을 지나 이제 가을에 접어드는 것이 아닌지 모른다. 낭독의 대중화를 겨냥한 프로그램의 성숙화. 노영심의 작은 음악회가 99회로 막을 내렸다. 0회부터 시작해서 100번의 방송을 한 것인데, 2년여의 짧은 기간이지만 작은 음악회는 많은 사람의 기억 속에 살고 있다. 〈낭독의 발견〉 역시 마찬가지로 3년간의 방송을 했으니, 이제 프로그램 이름도 바꾸고(낭독 콘서트로), 그만 막을 내려야 하는 것은 아닌가 생각했다. 하지만, 이번 개편에 외래어를 쓰지 말라는 지침이 있어서, 다시 〈낭독의 발견〉이라는 이름을 이어가게 되었다. 나는 개인적으로 〈낭독의 발견〉을 통해서 음악 프로, 문학 프로, 문화 프로, 다큐멘터리 등 다양한 장르의 프로그램을 해보았고, 상도 많이 타고 격려도 많이 받았다. 그러기에 프로그램에 대한 맺힌 것이 하나도 없는 셈이다.

하지만 아직도 고민이다. 굵고 짧게 사는 것이 좋은가, 아니면 가늘고 길게 사는 것이 좋은가? 멋있게 살다가 여운을 남기고 사라지는 것도 좋은 일이지만, 이런저런 고난을 다 겪으면서도 생명줄을 이어간다는 것도 그에 못지않게 좋은 일이라고 생각한다. 프로그램의 끝 부분에 이런 자막이 붙는다. "00은 계속됩니다.", "다음 주 이 시간에…."

생명체답게 방송프로그램의 최고의 가치는 "장수"다. 많은 시청자들도 좋은 프로그램에 바치는 최고의 헌사는 시청률 대박이 아니라 "100회 1,000회 계속되시길…."라는 말이다. 얼마 전 〈가요무대〉 1,000회 특집방송이 있었다. 20년을 이어온 이 방송의 힘은 거대한 거목을 보는 듯한 장대한 느낌과 생명에 대한 경외감을 받게 된다. 새로운 시도를 하는 〈낭독의 발견〉. 좋은 것을 계속 가져가는 것이 아니라, 무모하지만 시도해 보는 것, 그것이 낭독의 기본 정신이다. 씨네21에서 〈낭독의 발견〉을 소개한 기사의 제목은 "무모한 도전 아닌, 값진 만남; 〈낭독의 발견〉"입니다. 시장의 법칙은 냉엄하다. 아무리 좋은 시도라 해도 그것이 딱 떨어지지 않으면, 그것은 무모한 도전, 참신한 시도에만 그치고 만다. 최고의 스태프들이 최선의 열정을 다하는 낭독무대. 여러분 덕분에 〈낭독의 발견〉은 계속됩니다. 쭉…

〈2006년 12월 2일〉

8 방송프로그램의 자의식을 중심으로 한 편집

서도영 편의 편집을 마치면서 대본에 〈낭독의 발견〉이라는 프로그램에 대해 언급했다. 기차에 오르기 전 도영은 내레이션 멘트를 통해, “어느 방송 프로그램으로부터 연락이 왔다.”라고 이야기하여, “이번 여행이 100% 자의에 의해 떠나는 낭만적인 여행”이라거나, “현실적인 맥락이 삭제된 광고의 한 장면이나, 〈그곳에 가고 싶다〉” 식의 익숙한 기행 다큐멘터리의 한 장면으로부터 일찌감치 거리를 두었다. 그렇다고 하여 일부러 동행한 매니저나 코디네이터 등을 보여줄 필요는 없었다. 따라서 그림이 좋아서 아까운 3shot은 과감히 포기하는 결정을 내렸다. 답사와 촬영을 통해서 주인공이 느꼈을 만한 감정들의 결을 찾아내고 이것들을 실로 꿰어서 연결하는 것 이것은 드라마가 아니라, 다큐멘터리라는 사실을 잊지 않는 것이 필요했다. 이 때문에 편집의 오랜 고민이었던, 강승원 음악 감독의 기타 연주에 맞춰 보들레르의 이방인을 낭독하는 장면의 저항감을 줄여주었다. 갑작스레 나타난 기타연주자(물론, 서울에서 내려갔지만, 동네 아저씨로 오해받을 수 있는 편한 차림의)의 존재를 뜨악하게 생각할 시청자들은 프로그램 시작에서 도영이 한 방송 프로그램의 섭외로 청산도에 간다는 것을 알기 때문에 불편한 느낌을 감쇄해서 받을 것이다. 그리고 현장에서의 낭독과 더빙하는 도중의 낭독 현장의 시점과 제작의 시점의 절묘한 통일을 통해서 프로그램은 이미 만들어진 기억을 추억하는 경험을 제공한다. 그리고 범바위 등반을 하는 도중에 도영은 다시 왜 자신이 등산하고 있는지 이유를 환기한다.

> “드라마가 끝나고 마음을 정리하고 새로운 다짐을 하기 위해서 꼭 한번 가고 싶었다.” 이런 방송프로그램다운 이유가 아니라 〈낭독의 발견〉이라는 프로그램에서 연락이 왔을 때, 나는 낭독이라는 단어보다 발견이라는 단어에 더 귀 기울였다. “발견, 나는 이번 여행에서 무엇을 찾을 수, 아니 발견할 수 있을까?”

도영의 내레이션을 통해서 한 방송 프로그램은 이제, 자신의 존재에 대해 이야기하는 자의식을 드러낸다. 이것은 만 3년이 되어가는 프로그램의 존재감이고, 대중문화에서 더 이상 낭독도 발견도 생소하지 않으리라는 확신이고, 방송과 현실의 괴리를 줄여보고자 하는 새로운 방송 스타일의 시도처럼 보인다. 짜인 틀. 방송에 아무런 제작 인프라와 스태프가 존재하지 않는다는 투명성을 드러내는 일은 디지털 미학의 한 가지이기도 하다.

서도영, 짧은 여행의 기록은 달라지고 있는 혹은 달라져야 할 2006년 한국방송의 새로운 가능성을 암시하고 있다.

〈2006년 7월 12일〉

9 낭독의 발견, 서도영 편

완도 청산도 촬영 첫날

지난번 답사 때의 기억이 좋아서인지 장마가 시작된다는 기상청의 예보도 전혀 두렵지 않았다. 비가 오면 더 좋은 곳이 그곳이라는 생각과 서도영이라는 배우의 새로운 모습을 보여주기가 더 좋을 것 같다는 강한 확신이 들었다. 하지만 21일 아침 7시에 회사에 도착했을 때 어둡게 내린 구름과 장맛비는 왠지 마음을 무겁게 했다. 김형탁 선배의 소개로 처음 일하게 되는 변행철 선배는 조명팀이 함께 가지 않는 것에 대해 마음이 편치 않은 듯했다. 카메라 팀의 기본조명 장비를 싣느라 짐은 산더미처럼 늘었고, 스태프가 한 명 더 늘었다. 용산역에 도착해서 필요한 몇 컷을 찍고 연출하는 선배의 모습을 보고 드라마적 접근법이 가진 장점과 한계에 대해 생각해 보았다. 편집이 용이한 꼭 필요한 촬영 위주의 탐미주의, 하지만 이것이 가진 박제된 느낌들……. 단점을 보완할 수 있는 것이 바로 6mm 카메라다. HD로 촬영하는 이번 방송은 〈그곳에 가고 싶다〉식의 방송과 달리, 출연자의 섬세한 감수성을 잘 포착해내는 것이 생명이다. 윤석호 PD의 연출이 오리지널 크리스피 크림 도넛의 설탕 옷처럼 달콤하다면, 이번 프로그램에서는 최소한 그 도넛의 설탕 옷은 녹여주어 말랑말랑함을 보여주어야 한다. KTX 기차 특실을 타고 가는 도중에 서도영은 잠이 들었다. 몸이 피곤한 듯 그러다 창을 바라보고, 뭔가를 끼적이다가 음악을 듣는다.

2시간 반 만에 나주역에 도착하고, 다시 차로 완도로 향했다. 1시간 반이 걸리는 거리. 완도에 도착해서 백반 점심을 먹고(식당소개를 잘못 받았다.), 배에 올랐다. 낚싯배 한 척을 추가로 빌려서 페리호를 찍었다. 장마가 시작된다는 예보 때문인지, 관광객은 거의 없었다. 텅 빈 3층 갑판에서 서도영의 이미지 컷을 촬영하는데 불쑥 밀짚모자에 선글라스를 쓰고 흰 양복을 입은 할아버지 한 분이 서도영 옆에 앉았다. 젊은 도영과 멋지게 늙은 할아버지의 투 샷은 재미있는 영상이 되어주었다. 할아버지에게 도영은 청산도에 대해서 이것저것 여쭈었고, 할아버지는 귀에 손을 갖다 대며 대화를 나눴다. 짙은 안개로 시계 10미터밖에 보이지 않는 바닷길을 페리호는 경적을 울리며 청산으로 향한다. 청산도가 가까워지자, 안개가 걷히기 시작했다. 멀리 독도처럼 보이는 올망졸망한 섬, 안개가 채 걷히지 않은 섬은 선경에 다름 아니었다. 페리호를 따라오는 낚싯배의 모습이 호사스러웠다. 청산에 도착하자마자, 우선 세트장에 갔다. 호들갑을 떤 듯한 원색의 건물은 청산도의 풍광과 겉돌았다. 돌담길을 배경으로 촬영했다. 세트장 옆에서 잔디 정리를 하는 아주머니들 "수호야, 우리 청산 다시 놀러 와 잉" 라며 정답게 외쳤다. 낚싯배가 빨리 돌아가야 하기에, 청산도 앞 대모도에 낚시하러 갔다. 안내해준 공무원 한 분이 낚시하는 법을 서도영에게 알려주었다. 도영은 처음 해보는 릴낚시가 재미있는 듯했다. 두 사람의 낚시하는 모습이 삼촌과 조카처럼 다정해 보였다. 도영이 점점 기행을 즐기는 것처럼 보였다. 드라마 촬영현장인 초등학교촬영으로 첫날 일정을 마쳤다. 도청항 근처 식당에 온 스태프가 모여 회와 소주를 나누었다. 식사가 끝나고, 산책를 했다. 비가 내리기 시작했다. 내일은 큰비가 올 것 같다. 빗속의 촬영. 기대했던 바다.

청산도 둘째 날

아침 일찍 일어나 창문을 보니 굵은 비가 내리고 있었다. 하늘은 잔뜩 흐려 있다. 비 오는 날의 트래킹이다. 도영은 비옷을 입고 배낭을 메고 농구화 대신, 등산화를 신었다. 항구에서 시작한 촬영에는 행정차가 사용되었고, 도영은 비를 맞으며, 뚜벅뚜벅 걷기 시작했다. 몇 번의 NG 그 속에 약간은 허탈해하는 모습에서 도영의 본 모습이 드러나기 시작했다. 화장기 있는 얼굴에 빗물과 땀이 적시면서 어젯밤 식사자리에서 본 20대 청년의 순박함이 묻어났다. 아침 일찍 시작한 트래킹은 당산나무 아래서의 낭독촬영으로 잠시 쉬었다. 도영은 보들레르의 이방인이라는 시를 '낭독의 발견'이라는 기타연주곡에 낭독했다. 강승원 씨의 연주와 낭독을 다양하게 조합해서 촬영하느라, 도영은 '평생 잊지 못할 한 구절'에 나오는 보들레르의 시를 10번 가량은 읽었을 것이다. 그가 구름을 싫어하게 될까 두려웠다. 점심을 먹고 다시 트래킹을 시작했다. 화랑포 가는 길에 있는 묘지와 담쟁이덩

굴을 따라 걷는 길. 비가 더 거세졌다. 도영은 점점 피곤해 보였고, 화면에 보이는 모습은 더 자연스러워졌다. 도락리 해변을 거쳐 범바위 촬영을 시도했다. 하지만, 안개 때문에 촬영을 중단해야 했다. 제주도가 보이는 범바위 촬영은 내일로 미룬다.

청산도 마지막 날

예상대로 날씨가 갰다. 아침 8시 20분부터 촬영에 나섰다. 범바위의 풍광은 황홀했다. 바다 안개가 몰려드는 모습이 중국의 황산이나 계림을 연상케 했고, 바다와 거친 바위의 모습이 잘 조화를 이뤘다. 30미터나 되는 바위언덕을 오르게 했다. 그리고 언덕 정상에서 인터뷰하기로 했다. 이곳에 온 소감과 청산도의 의미에 대해서.

도영은 옛 교통사고의 기억을 떠올리며, 다시 눈물을 흘렸다. 처음 윤스칼라에서 만나서 인터뷰 때도 아버지의 기억을 이야기하며 눈물을 보였던 그다. 아버지에 대한 감정이 각별하지 않고서는 눈물을 보이기가 쉽지 않았을 터인데. 광고에서 막 튀어나온 듯한 도시적 외모의 20대에게서 기대하기 어려운 면이었다. 이번 촬영이 그래도 좋았다고 말했다. 육체적으로도 힘들지 않았다고 했다. 돌탑을 쌓아놓은 촬영지를 들러 마지막 촬영을 끝내자 12시 20분. 13시 배를 타기 위해 서둘러 도청항으로 향했다. 전복을 사고, 숙소 체크아웃도 하고, 바쁘게 배에 올랐다. 촬영이 끝나자, 비에 젖은 신발을 벗고 맨발로 바닷바람을 맞았다. 그동안의 긴장이 풀리는 순간이었다. 규칙적인 물살을 보면서 마음이 차분하게 안정되는 느낌을 받았다. 아침 산책에 나섰다가 분당과 청산도를 왔다갔다하시는 분을 만났다. 낚시여행 다니다가 청산도에 땅과 컨테이너박스를 구입해서 얼마간은 이곳에 산다는 그분은 육지의 공기와 비교할 수 없는 청정함을 누리고 있었다. 청산도에 한 번이라도 더 온다면, 그것으로 좀 더 행복해질 수 있을 것으로 생각하였다. 촬영이 끝나고 에필로그처럼 떠오른 장면이 있다. 전복을 살 때 얻어먹은 세 개의 전복. 전복을 베어 물 때의 물컹한 육질과 볼륨감. 그리고 입안을 따라 들어오는 진한 바다내음. 마지막 날 들른 완도 원동터미

널의 향촌 기사식당. 20가지가 넘는 반찬과 매운탕에도 1인당 5,000원밖에 하지 않았다. 한 명이 먹든 4명이 먹든 반찬 가짓수는 큰 차이 없어 보였다. 맥주 안주하라며 싸주신 멸치도 맛있었다.

촬영팀 기념사진은 이 식당 앞에서 사장님과 함께 찍었다. 촬영 때마다, 길 안내를 해주시고 진한 사투리로 촬영 팀에게 즐거움을 선사해주신 청산면의 위 주사님, 3일간의 동고동락도 기억할 만하다. 굵은 비에도 전혀 흐트러짐 없이 슬리퍼에 맨발로 촬영에 임한 변행철 선배의 성실에 깊은 감동을 한 것이다. 솔선수범하며 서로 돕고 일에 열정을 보인 대형 영인, 윤철, 상우도 빛났다. 용산역 기차를 놓치고 혼자 기타를 메고 그 먼 청산도까지 찾아온 강승원 씨를 해름 참에 만났을 때의 묘한 반가움. 강승원 씨는 가방에 넣은 기타를 낚싯대, 바이올린 등으로 오인 받으며 먼 길을 찾아왔다. 청산도에 돌아와서는 가족들에게 계속 청산도 이야기를 하곤 했다. 어쩌면 다음 주에도 다시 한 번 가야 할 지 모르겠다.

〈2006년 6월 26일〉

10 거위의 꿈, PD의 꿈

예능 PD로 힘겨운 경쟁을 뚫고 입사한 나는 지금은 더는 쇼 PD가 아니다. 〈낭독의 발견〉이라는 교양에 가까운 프로그램을 하고 있다. 작년 방송대상 수상 부문은 학술 예술분야였다. 한때 시청자의 가슴에 살며시 가 닿는 음악 프로그램을 만들고 싶었다. 어렵고 지루한 조연출 시절을 좋은 음악프로그램 만들 그날을 기대하면 참았다. 〈열린음악회〉를 하면서 괜찮은 쇼 프로그램을 만들 구상을 여러 번 했다. 즉, 연출하지 않은 것 같은 자연스러움 외국의 시상식 행사중계를 보면 자주 나오는 행사장 앞차가 멈추고, 그 속에서 내리는 가수. 그는 몇 마디 인사를 하고는 곧장 무대로 향한다. 물론 무대에서는 오케스트라가 음악을 연주하고 가수는 노래를 부르면 무대로 향한다. 계단을 오르고, 현관을 지나, 무대에 들어서면, 관객들은 기립박수를 치며 가수를 맞이한다. 프랭크 시나트라 같은 가수가 마이웨이를 부르는 장면이 제격인 이 구상은 어디선가 보았든지, 아니면 누군가에게서 들었던 장면이다. 쇼 PD에게는 이러한 음악프로그램의 허를 찌르는 기발함이나 그것도 아니면 최루성 눈물이 아닌, 진한 감동, 시대에 기록될 만한 웃음을 주고 싶어 한다. 이러한 경험을 한 번이라도 할 수 있다면, 그는 쇼 PD로서 행복한 사람이라 생각한다. 나도 그런 경험을 할 수 있을까?

최근에 백기완 선생님과 인순이 님 녹화를 하면서, 쇼 PD로서 일종의 황홀한 경지를 맛보았다. 연출할 수 없는 연출, 출연자의 삶에서 솟아나는 스펙터클과 감동. 그리고 깊은 즐거움. 카메라 커팅을 할 때, PD는 오로지 무대와 카메라에만 흠뻑 젖어든다. 그리고 녹화가 상상한 대로 진행될 때는 얼굴에 미소가 가득 찬다. 그리고 내뱉는 가벼운 농담. 하지만 두 분 녹화를 진행할 때, 나는 웃을 수 없었다. 단지, 몸이 소스라치도록 놀라고 기뻤을 뿐이었다. '이것은 방송이 아니다.'라고 스스로 소리치다가 '이것은 방송이다.'라고 정정했다. 방송의 본 모습이 이러해야 한다고 생각했다. 그리고 녹화가 끝나고는 두 분에게 깊은 감사의 마음으로 고개를 숙였다.

PD로서 이러한 경지를 경험하게 되어 진심으로 기쁘다. 쇼 PD로 입사해서 7년간의 조연출을 마치고 교양국으로 건너와 쇼 PD로서 꿈꾸었던 꿈의 연출을 할 수 있게 되어서 행복하다. 며칠 전에 방송에 출연할 김건모 씨 인터뷰를 했다. 예능국에서부터 줄곧 나와 빅쇼를 하자고 하던 그는 아직도 변치 않은 톤으로 "우리 빅쇼 다시 합시다."라고 교양 PD를 부추겼다. 예능국에 있지도, 빅쇼가 없어진 프로그램임에도 그의 말을 듣고 잊었던 PD의 꿈이 다시 떠올랐다. 이제 그 많은 꿈 중의 하나를 이룬 나는 빅쇼가 아닌 '작은 빅쇼' 인 〈낭독의 발견〉에서 그를 연출하고자 한다. 〈낭독의 발견〉이 나에게 준 너무나 많은 것들에 감사하며 지난 꿈을 정리해본다. 얼마 전 제천에 갔다가 거위를 보았다. 정말 거위의 꿈은 하늘을 나는 것일까? 거친 목소리에 뒤뚱거리는 모습이 우스꽝스러워 보였지만, 거위는 그 스스로 행복해 보였다. 거위가 꾸는 진짜 꿈은 무엇일까?

〈2005년 7월 19일〉

제 7 장

출판 콘텐츠 읽기

Chapter 7 출판 콘텐츠 읽기[2)]

1 그들이 말하지 않는 23가지

(장하준 저, 도서출판 부키)

장하준 캠브리지대교수의 새 책 '23가지'를 읽은 첫 소감은 매우 쉽게 쓰였다는 것이었다. 신자유주의 신화를 하나하나 해부하는 논리전개가 차분하고 정치했다. 그는 신화의 예를 들고, 가령, 시장에 맡기면 문제가 해결된다는 신자유주의의 주장을 차근차근 벽돌 깨기 하듯 격파해나간다. 다양한 세계 각국의 자세한 사정에 정통한 지식, 동료 경제학자들의 연구, 한국에서 경제 관료의 아들로 자라나 영국에서 유학하여 가르친 경험, 다양한 독서에서 오는 재미나고 쉬운 예화들이 책 속에 마블링 된 것처럼 조화되었다. 박람강기. 그는 어쩌면 이렇게 다양하고 많은 지적 경험들을 한 권의 책에 녹여냈을까? 그의 주장은 좌파와 우파로 나누어야 속이 시원한 우리에게 정체가 잘 안 잡히는 양파 같은 존재다. 이렇게 보면 좌파 같기도 하고, 다르게 보면 우파 같기도 하다. 즉 신자유주의 경제학을 일갈하는 것이 좌파의 입맛에 맞는다면, 보호주의 경제가 후진국의 경제발전을 보장한다는 주장은 박정희의 경제정책의 방향이 옳았다는 우파에 힘을 주는 듯하다.

하지만 그는 좌파도 아니고 우파도 아닌 경제학파일 뿐이다. 그가 주장하는 것은 경제학의 다양한 차원 중에 시장실패론적인 입장이 충분히 옹호되지 못했다는 것이다. 그리고 경제학은 여전히 배관기술보다 더 사회에 유익하다는 것이다.

커뮤니케이션을 전공하는 입장에서 그가 세탁기와 인터넷을 비교한 것은 적잖이 놀라웠다. 시대를 바꾸고 있는 인터넷이 한낱 노동을 대체하는 세

---

2) 출판 콘텐츠 읽기에 실린 글 대부분은 Sky Life잡지에 기고된 내용입니다.

탁기에 뒤진다니. 마샬 맥루한에 따르면 인터넷은 우리의 신체와 감각을 낱낱이 분해하여 재배열한다. 인터넷은 우리의 감각을 맛사지하며 새로운 인터넷형 인간으로 만들어낸다. 세탁기 역시 그것이 노동의 감소를 가져오고 여권의 신장을 가져온 새로운 테크놀로지임에는 틀림없다. 하지만 어느 기술이 어느 것보다 더 낫다고 말하기에는 조금 부담스럽다. 왜냐하면, 두 기술이 가져온 변화의 양적이고 질적인 변화를 측정하기 어렵기 때문이다. 아무도 두 테크놀로지의 변화를 통제된 상황에서 비교하지 않았을 터이다. 책에서 밝혔듯이 그는 이런 비교가 과격한 비유라는 것도 알고 있다고 했다. 마샬 맥루한의 급진적인 비유 즉, 미디어는 맛사지이고 미디어는 메시지라는 것 역시, 마샬 맥루한의 의도를 이해하면 이해 못 할 바 아닌 것처럼, 장하준의 주장 역시 탈산업화 담론에 과도하게 몰입되어 있는 우리들을 환기시키려는 의도를 감안하면 이해 못 할 바는 아니다. 영국의 권위지인 가디언이 '장하준을 칭찬하며'라는 사설을 쓰고, '노동당수에게 식사를 같이 하라.'라는 기사를 썼으며, 아마존 경제부문 1위를 기록한 세계적인 대중 경제학 책을 필자같이 경제에 무지한 독자들도 읽을 수 있다니, 이것도 일종의 행운이라 생각한다. 게다가 그가 한국인이어서, 다양한 한국의 예화(포항제철, 현대, LG 초콜릿폰 등)가 등장하니 감사한 일이다.

책 곳곳에 보이는 모성성도 대중적인 경제학 도서로서의 가치를 드높이고 있다. 집에서 요리도 척척 해내며, 가사를 돕기로 소문난 그가 세탁기를 예화로 든 것도 우연한 일치는 아닌 것처럼 보인다. 이제는 부드러운 경제학이 필요한 시대가 되었다. 이제 한국도 세계에 자랑할 만한 경제학자를 갖게 된 것인가? 하지만 한국의 현재는 아직도 그의 책이 국방부 불온문서 목록에 삽입된 것을 두둔하고 있다. 이 아이러니를 어떻게 볼 것인가?

2 유배 : 권력은 지우려 했고, 세상은 간직하려 했던 사람들

(김만선 저, 도서출판 갤리온)

한국을 여행하다 보면 드문드문 유배의 흔적을 만나게 된다. 특히 전라도와 제주도에는 유배문화의 흔적이 가득하다. 이 책은 유배당한 조선시대의 문인과 예술인들의 발자취를 따라가며 정리한 유배의 문화사다. 조선의 형벌제도 중 하나인 유배는 아주 먼 곳으로 보내 살게 한다는 유(流)와 자유로이 활동할 수 없도록 한 곳에 배속시킨다는 배(配)라는 말의 합성어이다. 2,000리, 2,500리, 3,000리 등 대명률을 본뜬 유배는 국토가 좁아 2,000리를 넘기기 어려운 조선에서는 유배지에 이르는 동안 거리를 채우기 위해 다른 지역으로 돌아가는 곡형제도를 쓰기도 했다고 한다. 조선시대의 유배는 중앙집권적인 문화가 전국에 전이되는 과정이기도 했다. 유배가 이들에게는 시련이었지만 새로운 깨달음을 얻거나 학문을 빛내는 계기로 삼았기 때문이다. 원교 이광사, 추사 김정희, 우암 송시열, 정암 조광조, 면암 최익현, 고산 윤선도, 다산 정약용 등 이름만으로도 조선 문화의 정수를 가늠할 인사들이 유배를 당했다. 하지만 아무도 아는 이 없는 낯선 곳에서 하염없는 기다림으로 살아가는 것이 얼마나 고통스러운 일이었을까? 유배에 갖가지 사연들도 많다. 나주벽서사건으로 위기에 처한 원교 이광사를 염려하여 부인 유씨가 자결하고 원교는 함경도로 유배를 떠났다. 부인을 애도하며 유배를 떠나는 원교는 죽은 부인을 애도하는 도망이라는 시를 남겼다.

내가 비록 죽어 뼈가 재 될지라도
이 한은 결코 사라지지 않으리
천지가 뒤바뀌어 태초가 되고
해와 달이 빛을 잃어 연기가 되어도
이 한은 맺히고 더욱 굳어져
세월이 흐를수록 단단해지리라
내 한이 이와 같으니
당신 한도 정녕 이러하리라
두 한이 오래도록 흩어지지 않으면
언젠가 다시 만날 인연 있으리

필자 김만선은 유배지를 찾아다니며, 남아 있는 흔적과 기억을 복원하는 데 심혈을 기울인다. 흔적도 없이 사라진 집터나, 흔적은 있으나 기억이 사라진 현장의 안타까움을 기록한 것이다. 유배의 문화는 현재를 사는 우리에게도 의미를 던져준다. 추사가 자신을 위해 책을 구해준 제자 이상적을 위해 그린 세한도에는 장무상망이라는 유인이 찍혀 있다. 자신과 같은 시대를 살다간 유배를 당한 사람들과 유배를 보낸 사람들에게 보내는 메시지였을 수도 있겠다. 장무상망은 '오랫동안 서로 잊지 말기를.'이라는 의미가 담겨 있다. 몸은 유배를 보낼 수 있어도 마음은 유배를 보낼 수 없다는 역사의 진리를 상기시켜준다.

3 재미있는 전주이야기

(강준만 저, 도서출판 인물과 사상사)

강준만 교수의 재미있는 전주이야기가 배달되었다. 평소에 지역문제에 관심이 있었는데, 흥미로운 책을 본 셈이다. 전주에서 활동하는 여럿과 함께 공저한 이 책에는 전주의 맛과 멋 그리고 아름다움을 모아놓은 책이다. 지역에 살면서 지역을 잘 알지 못하면서 서울공화국 체제를 비난해보아야 아무 소용이 없다는 것이 역사라며, 지역학의 대중화를 위해 시도한 전주학이다. 이 책에서 전주의 정신을 화이부동으로 보고, 분노가 없는 전주사람들의 정신이 우리에게 필요한 덕목임을 자랑한다. 비빔밥으로도 표현할 수 있는 이 포용과 관용의 정신은 자기 이익 앞에서 파르르 떠는 한국인이 유념해야 할 중요한 정신문화라고 치켜세운다. 같은 호남이지만, 전북은 왠지 충청도처럼 느린 것처럼 보여서 답답하게 여겨질 때가 있다. 이 책에는 호남이라는 굴레에서 전남에도 가지고 있는 피해의식을 털고 전주 자체로 홀로서기를 해야 한다고도 주장한다. 실제 전주에 몇 번 가보았지만, 전주는 편안한 도시다. 경기전과 한옥마을 등 우리의 역사와 전통이 잘 보존된 곳이다. 작은 수도, 서울인 셈이다. 광주나 목포, 순천, 여수 등에서는 느낄 수 없는 전통의 향기가 느껴진다. 전주를 재발견하고 우리들 마음에 전주가 새롭게 자리한다면, 전북과 호남, 그리고 한국이 새로워질 수 있는 계기를 얻게 되는 셈이다. 지역에서 발신하는 새로운 문화의 힘에 큰 박수를 보내고 싶다.

4 안도현의 간절하게 참 철없이

(안도현 저, 창비)

안도현의 시집 〈간절하게 참 철없이〉를 읽었다. 몇 달 전에 구입하려고 마음먹고 있었는데, 〈TV, 책을 말하다〉에 와서 받게 되어 기뻤다(안 시인에게는 죄송하지만). 〈낭독의 발견〉에 두 번이나 모셨던 안도현 시인은 호남과 영남의 토속적인 힘(그것은 생명의 힘인지도 모르겠다)을 체화한 보기 드문 시인이다. 영남에서 태어나 호남에서 더 오래 산 그의 시집에는 어릴 때의 기억과 현재의 경험들이 서리서리 풀려 나온다. 특히 이번 시집에는 음식이야기가 많아서, 음식취미가 있는 나로서 더 흥미로웠다. 하지만 음식 이야기에 집중하려 해서인지, 밀도가 떨어지는 느낌을 받았다. 같은 형식의 반복적 사용, 과거 경험과 기억의 재현 등이 시들을 유사하게 느껴지게 한 듯하다. 게다가 음식도 지나치게 많이 먹으면 금세 질리듯이, 다양한 음식들에 관한 시편들을 죽 읽다 보니, 물리는 느낌도 피하기 어려웠다(닭개장, 오이냉국, 안동 식혜, 진흙 메기 등). 나는 안도현 시인의 시를 무척 좋아한다. 관념에서 빚어낸 시편이 아니라, 철저하게 현실을 인식하고 이를 토대로 세운 낭만주의라서 진솔하고 읽는 마음도 편하다. 음식이야기를 시로 엮는 기획도 훌륭했으나, 좀 더 아껴서 내도 좋지 않았을까 싶다. 그럼에도 훌륭한 시를 옮겨본다.

매생이 국

저 남도의 해안에서 왔다는
맑은 국물도 아니고 건더기도 아닌 푸른 것,
다만, 푸르기만 한 것 바다의 자궁이 오글오글 새끼들을 낳을 때
터뜨린 양수라고 해야 하나?
숙취의 입술에 닿는 이 끈적이는 서러움의 정체를 바다의 키스라고 해야
하나?
뜨거운 울음이라고 해야 하나?

입에서 오장육부까지 이어지는 푸른 물줄기의 폭포여

아무리 생각해도 아, 나는 사랑의 수심을 몰랐어라

5 문인수 시집 배꼽

(문인수 저, 창비)

만금이 절창이다.
물들기 전에 개펄을 빠져나오는 저 사람들 행렬이 느릿하다.
물밀며 걸어 들어간 자국 따라 무겁게 되밀려 나오는 시간이다.

하루하루 수장되는 길, 그리 길지 않지만,
지상에서 가장 긴 무척추동물 배밀이 같기도 하다. 등짐이 박아 넣는 것인지,
뻘이 빨아들이는 것인지 정강이까지 빠지는 침묵.

개펄은 무슨 엄숙한 식장 같다. 어디서 저런
삶이 몸소 긋는 자심한 선을 보랴. 여인네들…….
여남은 명 누더기누더기 다가온다.

흑백 무성영화처럼 내내 아무런 말, 소리 없다. 최후처럼 쿵,
트럭 옆 땅바닥에다 조갯짐 망태를 부린다.
내동댕이치듯 벗어 놓으며 저 할머니, 정색이다.
"죽는 거시 낫겄어야, 참말로" 참말로
늙은 연명이 뱉은 절창이구나, 질펀하게 번지는 만금이다.

이렇게 뭔가 가슴을 쿵 치는 힘이 느껴지는 시다. 문인수라는 시인의 등장은 몇 년 전 문태준 시인의 등장을 연상케 한다. 영남내륙지역의 원초적인 묵직한 감수성이 겹쳐진다. 이 시뿐만 아니라, 시집 내내 다양한 시편들이 문인수 시인의 내공이 결코 만만치 않음을 느끼게 해준다. 한국 시문학계에 내린 축복. 문인수의 전면 등장을 눈여겨보자.

6 세월이 젊음에게

(구본형 저, 청림출판)

예전에 〈네 자신을 고용하라〉를 읽고 느꼈던 짜릿한 경험과 그 후의 몇 가지 유사한 책에서 느꼈던 약간의 실망 때문에 읽을지 말지 고민하다 책을 손에 들었다. 첫 출근을 시작하는 딸을 위한 이야기인 셈인 이 책에도 수많은 '이야기'들이 가득하다. 이 모든 이야기는 결국, 자신이 틈틈이 읽은 책에서 인용한 것들이다.

일주일에 3일은 강의하고, 이틀은 책을 읽으며, 이틀은 쉬면서 가족과 부대낀다는 그의 생활철학이 부럽기만 했다. 이야기에는 자신이 20년간 한 직장 생활의 경험이 그대로 녹아 있기도 하고, 그 후 자신의 연구소를 만들어 독립하면서 느낀 경험들, 강의를 통해서 만난 사람들에 대한 이야기들이 골고루 잘 섞여 있다.

> "딸아, 바닥에서 박박 기어 확실하게 배워라. 많이 웃도록 해라. 웃음이 많은 날이 좋은 날이다. 축하한다."

> "살기 위해 살아 있는 것을 죽여 먹는 것이 바로 밥이니, 밥벌이가 치열할 수밖에 없다. 죽음을 먹고 삶이 이어지는 것이니 대충 살 수는 없다. 그래서 힘껏 살 수밖에 없는 것이다."

필자는 택시에서 만난 운전사가 먼저 어디 가시 것이냐고 묻고, 편안히 잘 모시겠다고 딱 두 마디 말만 했는데도 기분이 매우 좋아지고 운전사가 다르게 보이더라는 경험을 적어 놓았다. 그는 "내 일에 자신감이 없으면 다른 사람들에게 모욕을 당할 수도 있다."라고 충고한다. 늘 좋은 마음으로 일터에 나가고, 좋은 마음으로 좋은 일터를 만들라고 일러준다. 또한 '나'를 사랑하고 아름답게 가꾸라고 조언한다.

> "비극을 극화시키지 말고 나쁜 점을 과장하지 마라. 대신 삶의 기쁨이 인생을 환히 비추게 해라. 기쁨은 가장 좋은 화장품이며 마음의 영양제다.

(중략) 세상을 살며 자신을 아름답게 다듬어 가는 것보다 큰일은 없다."

이 책을 읽으며, 다시 나태해지고 행복해할 줄 몰라 하는 나 자신을 되돌아 보았다. 가진 것으로 치자면 보통 이상은 될 듯한데, 나는 여전히 배가 고프다고 칭얼대는 아이와도 같다. 문제는 다른 것을 보아도 그것이 그렇게 대단해 보이지 않는다는 절망감이 나를 더 힘들게 하는 듯하다. 만족하자. 무엇보다 감사하자. 내가 서 있는 지금 이곳이 가장 아름답고 행복한 곳이라는 진리를 깨닫자. 하지만 여행에 대한 열망은 좀처럼 수그러들지 않는다.

그 여행 곧 떠나자. 그리고 구본형의 말처럼 만나자. 사람을 그리고 내 자신을 진정으로 내가 원하는 것은 무엇인지. 진정한 나의 모습은 무엇인지. 이 모든 생각에서 보듯, 나는 구본형에 빚지고 있는 것이 틀림없다. 사숙하는 스승, 감사하다.

7 잡지 전라도 닷컴

지난 3월 31일 〈TV, 책을 말하다〉에서 〈특집! 한창기〉라는 책을 다뤘다. 〈뿌리 깊은 나무〉와 〈샘이 깊은 물〉이라는 한국의 대표적인 잡지를 만든 이에 대한 기억을 담은 책이다. 두 잡지는 한국 출판계에 큰 획을 그은 하나의 전설로 남아 있다는 것이 토론자들의 공통된 요지였다. 토론을 들으면서 겹쳐지는 잡지가 있었으니, 바로 〈전라도 닷컴〉이라는 잡지다. 2000년에 웹진으로 시작, 2002년 월간을 창간해 지금까지 전라도의 숨어 있는 아름다움과 힘을 발견해 온 '오진' 잡지다. 문화의 변방인 지방에서 자신의 문화를 기록해 온 연혁이 만만치 않다. 〈꾸꿈스런 전라도 여행〉, 〈오지게 사는 촌놈〉, 〈섬진강 푸른 물에 징검다리〉, 〈사랑해서 떠난다〉 등 인기 꼭지들은 책으로도 발간될 정도로 인기를 끌었다. 배달된 잡지를 보거나 인터넷으로 웹진을 볼 때마다 짧은 여행을 떠나는 상상을 그칠 수 없었던 것은 잡지가 가지고 있는 강력한 리얼리티 때문이다. 최근 후원기업의 경영난으로 어려움을 겪고 있는 이 잡지를 위해 독자들이 응원의 밤을 통해 힘을 모았다고 한다.

> 우린 봄에서 겨울까지 전라도 길을 누볐습니다. 처음 보는 이들에게 "밥 묵었능가" 물어보고 따순 밥 한 그릇 퍼내 주시던 그 인정의 힘으로 여기까지 걸어왔습니다. "암시랑토 안 허다." 태풍이 지나가고 큰물이 지나가도 "암시랑토 안허다."고 하시던 길 위에서 우리가 만나고 싶었던 사람을 만나고 늘 닿고 싶은 곳에 닿을 것입니다.

기자들의 말은 이 잡지가 지향하는 바를 정확히 보여준다. 고상하게 폼잡는게 문화가 아니라 정직하고 순박하게 땀 흘려 살아가는 사람들의 삶 자체가 문화라는 생각. 왜 우리는 전설에만 목을 매는가? 그것이 살아 있을 때는 그 가치를 알아보지 못하고 사라져서야 비로소 출판계의 또 하나의 전설이 사라졌다며 하릴없이 추억할 것인가? 올여름 전라도로 여행을 떠나보자. 여의치 않다면 전라도 닷컴으로.

8 그림에 마음을 놓다

(이주은 저, 도서출판 앨리스)

휴가를 떠난다는 것은 현실을 떠나는 것이 아니라, 나 자신을 찾으려는 노력일 지도 모른다. 반복되는 일상 속에 매몰된 자신. 그림에 마음을 얹은 이 책은 명화에 대한 자세한 해설을 통해 화가의 이야기를 듣는 셈이다. 미술사를 전공한 지은이는 명화를 만나면서 그 느낌을 충실히 복기했고, 느낌에 연관된 기억들을 덧붙였다. 사랑을 두드리고, 관계를 회복하며, 자아를 찾으려는 진솔한 글쓰기 방식에는 독자를 편안하게 위무하는 힘이 있다. 그림을 통해 자신을 찾으려는 지은이의 몸짓을 따라가기만 해도 저절로 심리치유의 효과가 있다. 좋은 화질의 도록도 우리를 대영 미술관에 데려다 주는 효과를 준다.

9 행복한 만찬

(공선옥 저, 도서출판 달)

TV나 신문 잡지의 음식소개 프로그램이나 기사의 한계가 싫은 '식재료 근본주의자'인 지은이가 먹을거리의 내력을 풀어쓴 책이다. 쇠고기 수입반대 촛불집회를 보면서 '먹고 사는' 문제가 다른 어떤 위협보다 크게 느껴지는 무의식의 실체를 보았다. 밖에서 사 먹는 음식들의 값이 오르고 맛이 얄팍해질수록 먹을거리에 대한 원초적 기억은 방울방울 샘솟는다. 고구마, 쑥, 감자, 보리밥, 감, 콩, 시래기 등 지금도 먹고는 있지만, 더는 먹을 수 없는 엄마의 손맛 같은 음식에 대한 기록은 차라리 과거로의 여행이다.

10 CEO 군수, 김흥식 리더십

(김흥식 저, 비전과리더십)

"전남 장성군의 군수를 했던 김흥식이라는 사람을 아는가?"
"한적한 시골의 군수 이름을 아는 사람이 얼마나 될까?"
"장성군에서 공무원과 군민을 대상으로 한 아카데미로 화제가 된 것을 기억하는지?"

박승 한국은행 총재, 손병두 전경련 부회장, 강진구 삼성전자 회장, 강석진 GE 사장, 임권택 영화감독, 천정배 의원, 이시형 박사 등 한국의 최고의 강사들 500여 명이 연달아 장성군을 찾아 특강을 한 것이다. '도대체 어떻게 이 작은 군에서 이런 훌륭한 아카데미를 열 수 있었을까?' 궁금했던 적이 있었다. 이것이 김흥식 군수가 한 가장 인상적인 업적 중 하나다.

교육이야말로 사람을 바꿀 수 있는 가장 좋은 방법이라는 것이 그의 철학이다. 좋은 강사로부터 교육받은 공무원과 군민들은 생각이 트이고 열리게 되어 스스로 일류가 되어간 셈이다. 일류강사를 섭외해서 비싼 특강료를 지급하자, '왜 군민들의 반대가 없었을까? 그 돈 있으면, 다리라도 하나 더 놓고, 길이라도 확장해주지…' 보통의 군수라면 이쪽에 더 신경을 썼을지 모른다. 왜냐하면, 다음 선거에서 내놓을 좋은 카드이기 때문이다. 보이는 것이 믿는 것이다. 교육은 보이지 않는다. 오랜 시간이 지나야 보이기 시작한다. 그뿐만 아니다. 군수는 저녁은 반드시 집에서 먹었다고 한다. 업자나 관련 이익집단과의 저녁 식사는 항상 다른 업자로부터 특혜의혹을 받기 마련이기 때문이라고. 군수하면서 저녁을 집에서 먹는다? 이 또한 관례를 깨는 파격적 행보다. 대신 그는 새벽에 일어나 면장들과 전화 안부를 통해 군의 구석구석 돌아가는 일을 챙겼다고 한다. 선거가 끝나고, 반대편 후보를 위해 일했던 과장에게 내무과장이라는 중책을 맡긴 배포도 남다르다. 그는 원칙 중심으로 기본과 원칙을 지키고자 노력했다고 한다. 심지어 지방 언론으로부터의 압력이나, 심지어 군 의회로부터의 압력도 원칙을 내세워 모두 거절하고 자신의 뒤를 캐는 언론이 결국 할 말이 없게 만들었다는 것이다. 자신의 친척을 승진시키지 않고 퇴직시킨 것도 억울한 일이지만, 어쩔 수 없는 엄격함에서 감수할 수밖에 없었다고. 공적인 일에 자신을 던지려고 한다면, 털어서 먼지 나지 않을 정도로 자신을 엄격하게 다루지 않으면 안 된다는 것을 느끼게 해준 대목이다.

그는 항상 좋은 것이 아니라, 가장 좋은 것을 얻기 위해 목표를 높이 잡았다고 한다. 그래서 가족의 옷을 살 때도 마네킹에 입힌 옷을 사고, 추천해 준 상품보다 더 좋은 것을 찾았다고 한다. 좋은 것을 써보아야, 좋은 것을 만들 수 있다는 CEO적 생각에서 비롯된 습관인 듯했다. 그는 매주 서울 코엑스로 향하는 셔틀버스를 만들어 공무원들의 글로벌한 감각을 키웠다. 코엑스 전시회를 보고는 꼭 호텔에서 10,000원이 넘는 커피를 마시고 오게 했다. 공무원들을 모두 2-3회씩 해외 배낭여행을 보내고, 택시기사들은 일본 MK 택시에 연수 보내고, 농민들도 해외 연수를 통해 어떻게 업그레이드해야 하는지를 느끼게 해주었다고 한다. 그는 장성군의 경제문제를 해결하기 위해, 상무대를 유치하며 정부와 최종 협상을 벌여 정부에서 많은 지원금을 얻어내고, 홍길동 생가가 장성이라는 것을 학술적으로 증명하여 홍길동 테마파크를 짓고 영화를 만들었다. 군수직에 목을 매지 않았지만, 3번이나 군수 연임을 하고 지금은 경영 컨설턴트 회사를 운영하고 있다. 그는 사범학교를 나와 교사도 하고, 행정공무원도 하고, 시골의 작은 호텔도 운영하고, 교육위원으로도 일했다. 정당의 추천으로 민선 군수 선거에 출마해

당선된 뒤 연임했다. 그가 왜 교육에 그렇게 중점을 두었는지 이해가 간다. 장성군이 앞으로 어떻게 발전해가는지 보는 것은, 그가 뿌린 씨앗이 어떻게 자라는지 살펴보는 흥미 있는 일이 될 것이다. 후임 군수가 이 주식회사를 잘 이끌지 그것도 궁금하다.

11 대한민국 원주민

(최규석 저, 창비)

77년생인 작가가 어떻게 이렇게 '오래된' 이야기를 자기 이야기처럼 할 수 있을까 놀라웠다. 작가는 어느 시대에나 다양한 시대들이 함께 동거하고 있다며, 자신이 살았던 시대가 결코 '과거'가 아닌 상대적 '현재'라는 사실을 지적했다. 현실의 리얼리티를 강하게 그려낸 그림과 자신이 직접 겪었거나 가족들에게 들었던 내용을 잘 담았다. 숨기고 싶은 치부 같은 가족사의 세밀화나 가난의 얼굴을 직시하는 시선도 대범하다. 또한, 가족을 위해 희생하며 살아온 여성들의 삶에서 이제는 잊혀 가는 근대화의 기억도 찌릿하다. 가족을 인터뷰하며 과거의 기록을 정리하는 기법도 다큐멘터리 영화를 연상케 한다. 다만, 친척들의 이야기를 통해서 들은 내용의 재구성은 작가의 경험을 넘어선 것이라 리얼리티가 허약해지는 것을 어쩔 수 없었다. 자신이 직접 보거나 느낀 것이 아닌 간접 경험의 형상화 부분이 갖는 허약한 설득력이 아쉬운 것이다. 우리가 사는 2008년 대한민국의 어디에선가는 아직도 본적을 잃고 방랑하는 원주민들이 적지 않다. 아무리 화려한 옷을 입고, 최신형의 핸드폰을 들고 다니며 왔다갔다하더라도, 자신이 있었던 자리에서 붕 떠서 유랑하는 느낌을 피할 수 없다면, 누구나 대한민국의 원주민일 터이다. 터전 잃고 고향을 떠난. 게다가 오래된 과거와 같은 기시감을 주는 '현재'의 대통령이 밀어붙이는 기세에서 원주민들은 점점 더 늘어날 것 같은 불길한 2008년에 이 만화는 결코 '과거'의 이야기가 아닐 수도 있는 셈이다.

12 이사벨라 버드, "19세기 여성 여행가, 세계를 향한 금지된 열정을 품다!"

(이블린 케이 저, 바움)

조선 말기 청일전쟁이 일어나던 20세기 초반, 조선을 방문해서 글과 사진으로 기록을 남긴 비숍 여사를 아는가? 고종을 알현하고, 일본군의 막사에서 전쟁의 기운을 감지했던 여행가 이사벨라 비숍. 그녀의 이름은 이사벨라 루시 버드다. 남편인 비숍의 성을 따 비숍 여사라 불리기도 했다.

그녀는 어릴 때부터 등 쪽의 근종이 있어 의사로부터 바람을 쐬라는 처방을 받고는 여행을 시작한다. 미국 서부, 로키산맥, 호주, 일본, 중국 그리고 한국까지……. 여성의 권위가 볼 것 없었던 시대에 혼자 여행을 떠나고 세계를 주유하며 그곳의 삶을 기록한 저널리스트로서 그녀의 가치는 눈여겨볼 만하다. 몸이 아프다가도 여행만 가면 말을 타고 산을 오르는 등 펄펄 날았던 것은 그녀의 천성과도 같은 '역마살'의 다른 표현일 것이다.

세상은 그녀에게 진정한 자신을 발견하는 장소임이 틀림없다. 우리에게도 그런 떠나고 싶은 마음이 굴뚝같지 않은가? 다만, 그녀는 그것을 실천했고, 그녀의 글을 읽는 우리는 그녀를 통해 대리 체험하는 것이다. 책을 읽는 동안 흡사 영화 한 편을 보는 것처럼 그녀의 여행은 극적인 요소로 가득하다. 그녀는 우리를 말에 태우거나, 코끼리 등에 태우거나 하여 벼룩이 뛰어다니는 호텔이나 여관에 재운다. 원주민들의 축제를 눈앞에서 지켜보거나 아무에게도 허락하지 않았던 신전을 보여준다. 그녀를 저널리스트로 볼 수 있는 것은, 그녀가 정확한 지식을 기록하려는 다큐멘터리스트적 기질을 가지고 있다는 사실 때문이다. 그녀는 후에 여성 최초의 영국 왕립 지리학회의 특별회원이 되었고 그녀의 보고서는 학회지에 수록되었다.

이런 여성을 선망했던 의사 비숍은 오랜 기다림 끝에 겨우 결혼 승낙을 받았지만, 5년 만에 사망함으로써 결혼도 비극으로 끝이 난 셈이다. 비숍으로서는 항상 떠나는 아내를 두는 것이 쉽지 않았을 것이다. 아무리 이해한다 하더라도 함께 떠나는 것도 아니라면 말이다. 어쨌든 앞서서 남다른 삶을 살고 새로운 길을 연다는 것은 많은 저항을 이겨내야 하는 법이다. 책으로 그녀의 삶을 반추할 때 느끼는 즐거움이 실제 그녀 주변에서 살아야 했던 이들의 삶이나, 여행 시설이 열악한 시절에 어려움을 겪으며 세계를 주유했던 그녀의 실제적인 삶과는 달라도 많이 다를 것이란 이야기다. 그럼에도 불구하고 여행은 즐겁다. 가슴을 뛰게 한다.

13 독소, 죽음을 부르는 만찬

(윌리엄 레이몽 저, 랜덤하우스코리아)

이 책은 음식에 대한 경각심을 높일 목적으로 쓰인 책이다. 우선 이 책이 강조하는 것은 비만이다. 비만을 전염병으로 보고, 콜라, 먹보이론, 광고전략 등과 연결하여 미국발 비만 사회의 전염을 염려하고 있다. 필자가 관심을 두고 있는 것은 비만이 질병이 아니라, 전염병이라는 브레이 박사의 관점이다. 다른 모든 전염병과 마찬가지로 인체를 숙주로 간주하고, 유독한 환경과 병을 옮기는 병원체가 있다고 본다. 그다음 유독한 환경과 병을 옮기는 병원체, 숙제에 작용하고 병의 감염을 쉽게 해주는 요소들이 있다. 브레이 박사는 비만 유행병의 병원체를 다섯 가지로 지목했는데, 열량 과다섭취, 운동부족이라는 빅2는 물론, 바이러스, 약품, 독소를 들었다. 니킬 듀란다 박사가 주장한 아데노바이러스는 비만유행병의 주된 원인으로 보기는 어렵고, 약품과 독소가 특히 문제라고 보았다.

독소는 "생물체에서 발산되는 강한 독성물질이다." 브레이 박사는 우리 음식에 폭넓게 들어 있고, 비만의 원인일지도 모르는 물질까지 모두 포함했다. 농약, 제초제, 살균제, 보존료, 감미료, 색소, 조미료 같은 각종 식품 첨가제도 있다.

브레이 박사는 독소가 뇌 활동에 장애를 일으켜 비만의 직접적인 원인이 된다는 사실을 알아내고, "비만은 숙주와 유독한 환경 사이의 상호작용에서 비롯되는 신경 화학적 만성질환"이라는 결론을 내렸다. 즉, 사람은 먹는 음식의 양이 아니라, 질 때문에 비만해진다는 것이다. 또한, 농업의 부패 먹이사슬 즉, 농업을 농산업으로 보고 농산물을 제품으로 대량생산하여 출하하는 시장구조의 문제점도 지적하고 있다. 옥수수 풍년이 HFCS의 개발로 이어지고 아무리 마셔도 질리지 않은 콜라의 탄생으로 연결된다는 논지도 경악할 만하다. 유럽의 콜라는 설탕으로 만들어서 몇 잔 이상 먹을 수 없는 데 비해, 미국의 라지 콜라는 HFCS로 단맛을 내서 몇 리터도 마실 수 있다는 것이다. 미군부대 생활에서 이미 알고 있지만, 미국의 음료수나 피자는 양이 엄청나게 컸다. 미군 중 다수는 여름 근무 도중 콜라를 입에서 떼지 않고 생활했고, 피엑스에서 값싸게 구입할 수 있는 것도 이들의 콜라 중독을 부추기는 듯하다(상자에 10불 정도). 이런 대량 소비는 결국 음료수에 많은 돈을 지출하게 하고, 그 이득은 콜라제조사에 가는 것은 당연한 일이다. 이 책이 놓치지 않는 부분은 역시 미국의 비위생적인 축산업 시스템이다. 공장처럼 만들어진 축사들과 도시 전체가 배설물 웅덩이인 라군으로 뒤덮인 도축마을과 라군의 색깔이 선홍빛이어서 소 돼지의 분뇨뿐만 아니라, 사체들과 흘린 피로 물들였다는 점. 빽빽이 수용된 돼지들은 앞에 있는 돼지의 꼬리를 물어서 먹어서 꼬리가 잘리고 치료를 제대로 안 해줘서 피가 흐른다는 것이다. 닭의 경우, 여러 층으로 된 계사로 인해 위에 있는 닭이 싼 분뇨를 아래에 있는 닭이 그대로 뒤집어쓴다는 것이다. 곡물 사료에 소의 뼈를 갈아서 만든 골분을 영양사료로 써서 초식동물인 소의 내장에 0157같은 대장균이 번식하기에 좋은 환경을 만들 뿐만 아니라, 광우병의 위험도 있다는 것이다. 미국에서는 매일 20만 명이 식중독에 걸린다고 한다. 소의 부산물을 삶아서 젤라틴을 얻고, 또 뼈는 건조하여 골분을 만드는데, 여기에는 소, 돼지뿐만 아니라, 유기견이나 고양이 사체, 닭의 깃털들도 함께 들어간다고 한다. 텍사스뿐만 아니라 12개의 다른 주에서는 이런 내용의 식품 관련 고발 기사를 책에 쓰는 것은 불법이라고 한다. 식품 비방법(food disparagement laws)를 위반하기 때문이다. 텍사스 주의 민사소송 및 구제절차에 관한 법률 제4부 불법행위상 책임 96장 농수산물에 대한 허위사실 유포에 관한 법에는 식품에 대해 비방한 기자나 단체가 식품기업에 소송을 당할 경우, 기약 없는 소송기간 내내 비방에 대한 근거들을 제시해야 한다고 정했다. 그뿐만 아니라, 방사선 조사, 박테리아, 에틸렌 가스, 농약, 유전자변형 핫도그, 트랜스지방 등 우리의 삶을 위협하는 여러 가지 요인들에 대해서도 고발하고 있다. 벅 레빈 교수는 식품이 함유한 독소의 비율을 종류별로 측정하여 우리가 하루에 독성물질을 얼마나 섭취하는지 조사했다. 아침부터 저녁 식사까지 우리는 매일 평균 항생제 다섯 가지 석유화학 잔류물 두 가지, 플라스틱 잔류물 한 가지, 규산염 잔류물(석면) 한 가지, 유독한 착색제 한 가지, 수은과 비소 같은 화학물질 잔류물 한 가지, 농약잔류물 스물한 가지를 먹는다.

그렇다면 우리는 무엇을 먹어야 하나? 유기농으로 재배한 로컬 푸드가 답이다. 많이 먹기보다는 적게 먹고, 함께 나누는 것. 그리고 지역의 농가가 살아날 수 있도록 관심을 두는 것. 그것이 독소로부터 우리를 건지는 방법이다.

14 갖고 싶은 게 너무나 많은 인생을 위하여

(이충걸 저, 위즈덤하우스)

한 순간도 소비하지 않고는 살 수 없는 현대인에게 소비는 생활이 아니라, 생존의 문제가 되었다. 우리가 의식하지 않은 사이에도 무엇인가를 소비하고 있다. 〈GQ〉의 편집장 이충걸은 〈갖고 싶은 게 너무나 많은 인생을 위하여〉에서 소비 행위 중에서도 구매 행위 즉 쇼핑을 도드라지게 관찰하고 기록했다. 패션잡지의 편집장이 쓴 글이 잡지같을 것이라는 예상이 들었지만, 책은 잡지를 넘어서서, 아니 잡지답게(?) 씌였다. 누군가는 이 책이 한국어의 지평을 넓혔다고 극찬하기도 하고, 백화점 매장을 돌아다니는 느낌만을 준다고 폄하하기도 한다. 하지만 대한민국에서 누가 그처럼 쇼핑에 대해서 구구절절 이야기를 늘어놓을 만큼 많이 알고 있을까? 자기가 알고 있는 것을 다양한 은유를 통해 적확하게 표현할 수 있을까? 그의 레토릭은 독자들을 까무라치게 하는 힘을 가지고 있고, 우리말 표현의 다양성과 심오함에 대해서도 다시 생각하게 한다. 쇼핑에 대한 그의 꼼꼼한 관찰과 사색은 소비문화 비평의 수준에 이른 것으로 보인다. 문화를 연구한다는 학자조차도 이처럼 쇼핑에 대해서 깊이있게 분석하기는 어려울 것으로 보인다. 그는 쇼핑을 하나의 생태학으로 보면서 다양한 구성요소들간의 관계를 살피기도 한다. "자본주의의 결점은 욕구를 필요로 바꾼다는 것이며, 자본주의의 우아한 측면은 욕구를 희망으로 전환시킴으로써 물질에 영웅적 성분을 부여한다는 것이다."는 지적은 포스트모던한 대중문화풍 시편을 연상케한다. 때로 너무 세세한 소비문화의 세밀화들이 백화점 매장을 스캐너로 훑는 느낌을 주지만, 그의 글을 구성하는 요소인 수많은 브랜드 이름과 상류층 소비자들의 소비행태를 지켜보면서 저절로 생기는 선망과 역겨움은 어쩌면 현대 자본주의를 구성하는 양대 축인지도 모른다.

15 만들어진 나라 일본

(마쓰오카 세이코 저, 프로네시스)

지식의 편집공학으로 유명한 마쯔오카 세이고의 새 책이다. 일본의 역사를 편집이라는 키워드로 풀어나가고 있다. 일본의 대륙의 문화뿐만 아니라 서양의 문화까지도 자신만의 관점을 가지고 주관적인 편집을 해서 오늘의 문화를 만들었다는 것이다. 오모카게(일본의 자취)와 우츠, 우츠로이(계속되는 변화), 우츠츠, 고노미, 스키 등 일본문화 속에 깃든 개념들을 소개하며 일본의 방법이 아닌 방법의 일본문화를 소개한다. 필자는 이 책의 제목을 일본의 방법이 아니라, 일본이라는 방법이라는 것을 강조한다. 즉, 주제의 나라가 아니라, 방법의 나라라는 것이다. 일본에는 다양한 문화가 있다. 와카나 하이쿠, 노, 문인화, 젠테이 등 생략과 절제의 미를 강조한 예술 예능의 스타일이 있는가 하면 즉, 조용한 일본이 있는가 하면, 가부키나 니코도쇼구의 장식, 축제 때의 호화로운 다시처럼 화려하고 거추장스러울 정도로 떠들썩한 측면이 함께 있다. 전자가 선이나 와비, 사비로 대표된다면, 후자는 바사라나 후류오도리 같은 것으로 이어진다. 전자가 블루스 같다면, 후자는 펑크록 같다. 야요이적인 것과 조몬적인 것의 차이라고 할 수 있고, 가부키로 말하면 전자는 와고토, 후자는 아라고토라고 할 수 있다. 하지만 어느 쪽이 진정한 일본인가를 묻는 것은 부질없다고 한다. 왜냐하면, 둘 다 일본이기 때문이다. 무로마치 시대에는 아시카가 요시미츠의 기타야마 문화와 아시카가 요시마사의 히가시야마 문화가 문화의 양대산맥을 이루었고, 기타야마 문화는 화려한 금각사로, 히가시야마는 소박한 은각사로 상징되듯 대비를 이룬다.

이 책은 일본의 다양한 문화양식을 한동아리로 담는 능력을 갖추고 있다. 즉, 편집의 능력이 그것이다. 하지만 일본어 번역을 있는 그대로 옮겨 적어서 수많은 각주를 보면서 내용을 확인해야 하는 것이 여간 힘든 것이 아니다. 예를 들면 다음과 같은 문장이다. “왜냐하면 무상이나 바사라를 또는 와비나 다테를, 그리고 만요슈의 대표적 가인 가키노모토노 히토마로나 무로마치 시대의 선승인 잇큐소준을, 또는 가부키 교겐의 작가인 쓰루야 난복구와 화가인 무라카미 카카쿠를, 소설가 유메노 쿠사쿠와 미시마 유키오를, 대중가수이든 서든 올스타즈와 시이나 링고를 하나의 동일한 문화양식으로 설명한다는 것은 불가능하기 때문이다.” 일본의 역사와 문화에 깊이가 없고서는 도대체 무슨 말을 하는지 이해조차 힘들다. 그런데 책이 대략 이런 식이어서 겨우겨우 이해할 수 있다. 한국인의 일본사라는 책을 읽고 나서 읽는 나에게도 어렵다면 일반독자에게 권하기는 무리라는 느낌도 든다.

16 유정열, 놀라운 우리나라, 여기가 어디지?

(유정열 저, 터치아트)

한국관광공사에서 진행하고 있는 구석구석 캠페인을 토대로 하여 필자가 찾아간 우리나라의 아름다운 모습이 담긴 여행정보서다. 이 책의 압권은 독자의 눈을 사로잡는 아름다운 사진들이다. 제목처럼 우리나라답지 않은 우리나라의 속살을 찍어 모은 것이다. 이 책이 빚지고 있는 구석구석 캠페인 자체는 일본의 엑조틱 재팬(이국적인 일본) 캠페인을 닮아있다. 우리도 알고 있는 우리나라에 이렇게 낯선 곳이 있다. 좋은 책은 꼭 좋은 글이 주가 되어야 한다는 상식을 이 책은 과감히 부수고 있다. 좋은 사진이 좋은 책의 주인공이라는 것을 새삼 깨닫게 된다. 특히 전남 화순군에 있는 작은 연못인 세량제의 사진은 아직 보통사람에게는 알려지지 않은 무릉도원다운 느낌이 든다. 많은 사진은 부감 샷과 극도의 클로즈업을 담아낸 것으로 흡사 우리가 여행을 떠나 있는 것처럼 느끼게 하거나, 그렇지 않으면 서둘러 떠나라고 재촉하는 것처럼 느껴진다. 사진의 힘이 글보다 훨씬 더 크다는 것을 느끼게 해준 책.

17 촌놈들의 제국주의

(우석훈 저, 개마고원)

촌놈들의 제국주의는 한국의 최근 행보가 제국주의적 행태를 보인다는 경고를 담은 책이다. 한류, 월드컵 응원, 황우석, 디 워 논쟁 현상 등이 제국주의적 성향을 보인다는 것이다. 또한, 북한의 개성공단 등 북한에의 경제 진출 역시 북한을 식민지화하고자 하는 열망의 반영이라고 본다. 저자는 이중국가의 개념을 통해 이미 우리 사회는 양극화로 치닫고 있으며, 전쟁산업이 아닌, 평화산업을 통해 평화를 이루어야 한다고 주장한다. 또한, 한·중·일 삼국의 학생들을 서로 적극적으로 교류시켜서 전쟁의 위험을 줄여야 한다고 주장한다. 〈TV, 책을 말하다〉 토론자로는 진중권, 박주현 참여정부 전 참여수석, 변희재 실크포럼회장이 참여했다. 우리 사회의 전체주의적 속성에 예민하게 반응해온 진중권 씨가 책의 주장에 공감을 표하자, 박주현 전 수석과 변희재 씨는 저자의 주장이 연결되지 않고, 부적절하다고 반박한다. 어쩌면, 사회적 현상들을 제국주의라는 실로 꿰려고 한 시도는 훌륭하다. 하지만 책 자체의 구성으로 보더라도 연결이 부자연스럽다. 평화의 해결책을 소극적으로 교육에서 찾는 것도 그렇고, 평화가 교육만으로 해결되는 문제이던가? 평화산업을 육성 해야한다는 주장은 좋지만, 이것으로 전쟁이 발발하지 않을 것 같지는 않다. 경제학자가 경제학을 벗어난 범위까지 촉수를 넓히려는 데서 오는 부자연스러움이 책에 묻어있다.

18 대한민국 경제 빈곤의 카운트다운

(김재인 저, 서해문집)

어느 기자는 현 정부를 '불안을 과세하는 정부'라고 비유한 적이 있다. 이 비유는 불행히도 현재 우리가 사는 경제와도 너무나 잘 들어맞는다. 가지고 있는 펀드가 반 토막이 나고, 증시가 널뛰기하고, 부동산이 뒤죽박죽된 현 상황을 살아가는 것 역시 일종의 세금을 내는 것과 마찬가지다. 게다가 얼마 전에는 미국 서브프라임 모기지에서 시작한 금융위기가 전 세계를 덮치고 있다. 도대체 어떻게 해야 하는가? 이 책은 이러한 대중의 궁금증에 구체적으로 답하고 있다. 신자유주의가 1970년대 어떻게 생겨났고, 나라들이 적자생존의 원칙에서 인정사정 볼 것 없이 서로의 이익을 위해 싸우는 양상을 설명하고 있다. 미국의 화폐인 달러가 전 세계의 기축통화가 되었고, 미국은 얼마든지 달러를 찍어낼 수 있어서, 달러의 가치하락이 시작되었고, 이것이 금융위기의 한 요인이라는 것이다. 이 책의 미덕은 세계적인 현상을 한국적인 경제 상황과 정치 상황에까지 연결해 설명한다는 점에 있다. 저자는 다원화된 사회가 안정된 사회임에도 한국은 지극히 우 편향적인 사회이기 때문에 정치적 스펙트럼이 혼란스럽다고 진단한다. 이러한 비합리적인 정치적 지향성이 비합리적 행동으로 연결되는 원인과 연관되어 있다고 본다. 비즈니스 프렌들리라는 현 정부의 선언에도 기업들이 립서비스만 날릴 수밖에 없는 경제적인 이유도 설명한다. 필자는 이제 빈곤의 시대가 왔다고 선언한다. 2007년을 정점으로 전 세계의 경제가 이제 내리막길을 걷는다는 것이다. 따라서 잘 준비하지 않으면 몰락을 피할 수 없다는 것이다. 이제 풍요는 더 이상 행복을 의미하지 않고, 있는 것으로 만족해야 하는 시대가 왔다고 말한다. 작은 집, 작은 차, 적은 소비… 결론에 북한을 남한을 위해 남겨진 '축복의 땅'이라고 하는 부분만 제외한다면, 이 책은 불확실성으로 가득한 2008년 한국경제를 진단하고 대비하는 책으로 부족함이 없을 듯하다.

19 매뉴얼

(롤라 제이 저, 그 책)

어느 날 주인공에게 죽은 아버지의 글이 전달된다. 재혼한 엄마와 의붓아버지 사이에서 자신의 정체성을 찾아가려는 주인공에게 아버지의 편지글인 '매뉴얼'은 좋은 지침이 된다. 심리학을 전공한 저자가 심리치유의 방식의 일환으로 소설 쓰기를 한 만큼, 책을 읽는 것은 심리적 치유 효과가 있다. 실수투성이자 불완전한 존재인 인간에게 '괜찮다, 괜찮다.'라고 따뜻하게 격려해주는 존재가 있다면 얼마나 든든할 것인가? 질풍노도의 청소년

기를 거쳐 성인이 되어가는 주인공의 모습을 지켜보노라면, 사소한 과오로 가슴 조이는 우리 자신을 관대하게 바라볼 힘이 생긴다. 번역서임을 까먹게 하는 자연스러운 번역도 눈여겨볼 만하다. 흡사 한편의 영국 TV 드라마를 보는 느낌이 든다.

20 엄마를 부탁해

(신경숙 저, 창비)

어느 누구의 엄마가 비범하지 않을까마는 소설 속의 엄마에게는 가부장 체제의 생채기가 얼룩져 있고, 의무와도 같은 생존을 위한 질주를 마치고 사라진 뒤의 애잔함이 가득하다. 그 엄마가 서울역에서 길을 잃고 사라졌다. 공기와도 같은 엄마의 존재 역시 사라지고 없을 때에야 절실해지는 셈이다. 작가는 이런 극한 상황을 만들어 독자들에게 회초리를 들고 있다. 이것은 주인공의 인칭대명사를 '나'가 아니라, '너'로 표현함으로 극명하게 드러난다. "너는 언제부턴가 엄마가 사진 찍히는 걸 매우 싫어했다는 걸 생각해냈다." 어쩌면 작가의 자전적 이야기에서 크게 다르지 않을 것 같은 이야기를 객관화시키는 한편, 독자에게 감정이입하는 효과를 준다. 누구나 피할 수 없는 부채의식인 엄마, 작가는 이런 본능적인 간절함을 소설이라는 틀로 환생시켰다. 주인공 화자의 관점에서, 큰아들의 관점에서, 그리고 남편의 관점에서 엮어나간 모자이크식 구성은 우리의 엄마에 대한 인식이 얼마나 파편적인지를 암시한다. 소설은 잊혀 가는 근대화의 마지막 기억을 담고 있다. 어머니의 세대가 끝난다면, 근대화의 기억도 함께 사라질지 모른다는 조바심이 소설을 놓지 못하게 한다. 자식 키우는 본능으로 척척 살아온 모성에 대한 마지막 기억. 소설 속 엄마는 무엇이든 생명을 불러일으키는 다산의 상징이다. 엄마가 손을 대면 짐승이 못사는 집에 짐승이 끓고, 텃밭에는 온갖 푸성귀들이 쑥쑥 자란다. 엄마는 도시인이 꿈꾸는 고향이자, 자연이며, 잃어버린 맛의 근원이다. 부정할 수 없는 것은 새벽 완행열차를 타보지 않고 인생을 논할 수 없다는 사실이다. 경제 위기로 날이 싸했졌다. 지난 IMF 때는 아버지가 화두였다. IMF 때보다 더 센 것처럼 보이는 2008

년 경제위기에 나온 엄마는 뜨거운 반응을 얻고 있다. 옴짝달싹하기 어려운 재난의 시기에 엄마의 품 안으로 들어가 쉬고 싶을 만큼, 이번 위기가 더 두렵기 때문은 아닐까? 하지만 아무리 큰 위기라 해도 엄마가 견디어 온 세월에 비하랴.

21 이야기를 파는 나라 일본

(김희경 외, 미래의 창)

크리스티안 미쿤다는 〈제3의 공간〉이라는 책에서 사적인 공간도, 일하는 공간도 아닌 공적인 공간을 제3의 공간이라 칭하며 중요성을 강조했다. 문화콘텐츠학을 전공하는 필자들은 제3의 공간으로서 일본의 박물관을 섭렵했다. 얼핏 보면 여행정보서 같은 느낌이 들지만, 각 공간에 담긴 이야기와 콘텐츠에 주목하고 있는 것이 다르다. 싫어하면서도 아직도 제대로 배우지도 못한 일본. 일본의 힘은 사소한 공간과 사물이라도 이야기를 담아 생명력을 불어넣는 데 있다는 것을 확인할 수 있다. 고환율로 여행가기 어려운 요즘 대리만족이라도 할 수 있는 생생한 이야기가 있다.

22 요시미 순야, 박람회 근대의 시선

(요시미 순야 저, 논형)

미셸푸코의 지의 구성원리(유사성에서 동일성), 극장적 현현과 박물학적 전시 사이의 거리를 만든 것은 단지 지식욕의 증가가 아니라 물건을 시선과 언설의 쌍방에서 묶는 새로운 방식이라는 규정, 박물학적 공간에서 중요한 것은 시선이고, 가시성의 반전이라는 개념의 발전, 시각의 특권화를 맥루한의 매체발전의 역사로부터 끌어오고, 사이드의 오리엔탈리즘에서 가져온 박물학적 분류학의 의미까지 지식과 규율을 둘러싼 인간의 감각의 계보학을 그려나간 점이 흥미로웠다. 또한, Wundwerkammer, Studio, 진품진열실→동물원 식물원, 박물관→혁명제전→박람회→백화점→테마파크→올림픽으로 이어지는 근대적 시선 재편의 역사를 통해 인간의 욕구의 현현이 어떤 식으로 재매개 되어왔는지 살필 수 있는 것도 흥미로웠다. 요시미교수는 이런 종적인 흐름을 가능하게 하고 촉진한 매개체로 '지의 원리, 박물학, 철도, 신문, TV, 광고(야시, 란카이야), 뉴미디어(미래도시) 등을 끊임없이 관여시킨다.

요시미 교수는 박람회의 긴 흐름을 다시 제국주의, 소비주의, 대중오락의 관점에서 다시 살피고자 했다. 또한, 그는 박람회(텍스트)를, 국가 자본, 흥행사라는 연출의 프로세스(생산자)와 연기자로서의 입장객의 다양한 행동(수용자)이라는 삼각지점의 통합적인 분석을 통해 박람회의 역사적 민속지학을 완성하고자 했다. 그의 시도는 HALL의 인코딩-텍스트-디코딩이라는 분석 틀을 적용한 듯하다. 그는 41페이지에서 박람회의 역사적 객관적 사실의 발전사가 아니라, 박람회에 모인 사람들이 겪는 사회적 경험의 역사로 파악하고자 한다고 했으나, 수용자의 세밀한 해독방식에 대한 분석은 드러나지 않는다. 오히려 객관적 사료에 근거한 정보는 많으나, 수용자들이 무엇을 보고, 무엇을 느꼈는지에 대한 분석은 빠져 있다. 제국주의, 소비사회, 대중오락에 대해서도 분석의 정교함은 아쉽다. 일상적인 수준의 분석이 아닌가라는 아쉬움. 32페이지에서 미디어의 변화가 감각의 사회적 편성을 일방적으로 바꾼다는 것은 잘못되었다고 지적하고, 17세기 이후 문서보관 시스템이 발달하여, 도서관이 정비되고, 카탈로그와 장서목록이 작성되었음을 푸코는 박물학의 발달과 함께 중요한 변화로서 지적하고 있지만, 이러한 변화는 인쇄기술의 보급을 전제로 삼아가면서도 그러한 기술보급 자체를 가능하게 만든 사회적 세계를 짜내는 방식의 변용 속에서 생긴 것이라고 답한다. 미디어의 변용은 사회가 세계와 관련을 맺는 방식을 구조화하는 원리의 변용가운데 하나로 균질적인 현상에 다름없다.

제 8 장

읽기의 수사학

Chapter 8 읽기의 수사학

1 기(氣)로 풀어본 방송

5년 차 조연출 생활. 조연출하면서 느낀 방송에 대한 생각 한 가지. 방송은 기(氣)다. '방송=기(氣)'라는 공식이 왠지 비과학적이고 미신을 조장하는 것 같아 생경하지만 4년 동안 느낀 생각은 역시 방송은 기(氣)라는 것. 방송국에 입사하면서 고민을 많이 했다. 입사할 때 교양, 예능, 드라마, 뉴스, 스포츠 등 부문별로 지원해야 하고 시험과목도 달랐다. 어느 것을 선택할까 고민하다 나 자신에게 물었다. 예능, 그중에서도 쇼를 하고 싶다는 대답이 나왔다. 하지만 특별히 음악에 남다른 관심이 있었던 것도 아니었다. 그저 남들이 좋아하는 수준, 아니 평균 이하의 관심이 있었는지도 모르는 일이었다. 다만, 내가 쇼를 만들면 남보다 잘할 자신만은 있었다. 면접시험 때 사장은 내게 "교양프로그램에 더 잘 어울릴 것 같은데 왜 쇼를 지원했느냐"고 물었다. 입사 후 프로그램 배정 면담에서 본부장도 교양적 운운하며 내게 같은 질문을 했다. 두 분의 질문의 공통점은 "왜 끼도 없어 보이는 사람이 쇼, 오락 프로그램을 하려고 하느냐?"라는 것이었다. 나는 내가 끼가 없어 보이는 것도 알고 있지만 내 마음속의 꿈틀거리는 끼의 실체를 알고 있었기 때문에 기꺼이 쇼를 지원했노라고 자신 있게 대답했다. 위에서 주고받은 대화의 주요어 '끼'라고 하는 것은 결국 기(氣)의 딴따라적 변용에 불과할 뿐. 평생을 방송인으로 살아오신 두 전문가는 예능프로그램을 잘하기 위해서는 끼가 있어야 한다는 진단을 한 것이고 나는 이것이 틀리지 않다고 생각한다.

무대 : 기가 경합하는 기의 전장(戰場)

어쨌든, 나는 무사히 방송국에 입사했고, 〈열린음악회〉라는 쇼프로그램에 배정되었다. <열린음악회>는 내게 끼가 있는 지 간단없이 물어왔다. 1,800석의 KBS 홀이라는 무대는 그 자체가 나를 압도해왔다. 그리고 내게 "당신이 이 무대에 당당히 설 수 있냐?"라고 물었다. 나는 몇 번인가 무대에 섰다가 위에서 짓누르는 듯한 2층 객석의 가파른 구조에 질린 적이 있었다. 무대가 가지고 있는 무게의 기(氣)를 내가 가지고 있지 못한 것이었다. 나는 말을 잘 못하는 나 자신의 눌변이 안타깝고, 뻔뻔하지 못한 낯빛이 한스럽기까지 했다. 무대에 오르기 전 연습에 연습을 거듭해 겨우 말을 끊지 않고 했으나, 관객들과의 교감은 전혀 이뤄지지 않았다. 단순히 안내 방송하러 무대에 오른 게 아니라, 관객들을 뜨겁게 달구는 것이 목적인데. 나의 재미없는 막 전 무대를 선배들은 <열린음악회>가 아니라 '얼린 음악회'라고 놀렸다. 때로는 나의 끼 없음 때문에 좋은 프로그램을 망치는 것이 아닌가 싶어 선배들에게 진심으로 미안하기도 했다. 하지만 어차피 언젠가는 넘어야 할 벽이기에 무작정 돌파하기로 하고 무조건 무대에 올랐다. 왠지 관객의 호응이 뜨거워 신 날 때가 있었는가 하면 이보다 훨씬 더 자주 무대는 차갑고 냉정했다. 심리학책도 읽고, 유머 모음집도 읽었다. 선배들에게 어떻게 하면 좋을지 상의도 했다. 그리하여 얻은 결론. 무대에서 나 자신을 투명하게 드러내 보이는 것이 해결책. 어색해하고 서걱거리는 내 자신을 있는 그대로 보여주고, 떨리면 떨린다고 말하는 등 무대 위에서 관객이 느끼는 무의식과 나의 무의식의 틈을 줄여나갔다. 무대에 올라와 보면 이 자리가 얼마나 부담스럽고 어려운지를 알 것이라며, 관객의 이해를 구했다. 그리고 관객들에게 박수를 시키고 노래를 부르게 했다. 1년 반이 지나서야 간신히 떨지 않으면서 무대에 설 수 있었다. <열린음악회> 1년 반의 기간은 무대가 내게 물어온 '기(氣)'의 정체에 내가 몸으로 서툴게 대답한 시간이었다. 무대. 1,800명 아니 30,000~50,000명, 3백만~5백만 명의 시선이 모이는 곳. 무대는 그렇게 많은 사람들의 관심과 이해, 공감, 생각들이 모이는 곳이었다. 그래서 그 정도의 기를 감당할 수 없는 내가 무대에 섰다가는 튕겨 나가곤 했던 것이었다. <가요무대>로 옮긴 나는 <열린음악회>보다 작은 규모의 객석이 주는 편안함에 몸을 담갔다. <가요무대>의 700여 석의 무대는 따스한 보금자리와도 같이 나를 반겼다. 물고기에게 물이 푸근하듯

기(氣)의 소통이 자연스럽고 쉽게 쥐락펴락 할 수 있는 무대는 이루 말할 수 없는 편함을 주었다. 나는 무대에서 한없이 유영하는 꿈을 꿨다. 〈이소라의 프로포즈〉로 옮기면서 무대가 가지고 있는 밀도(密度 혹은 蜜度)에 대해 알게 됐다. 프로포즈의 무대는 다른 무대와 달리 높은 밀도를 가지고 있었다. 객석의 시선 온도가 유달리 뜨거운 곳. 그래서 무대는 돋보기로 햇빛을 모으듯 뜨거운 빛이 모여 발열하고 있었다. 프로포즈의 밀도에 발맞춰 나도 준비를 철저히 했다. 그래서 언제라도 내가 가지고 있는 기의 밀도가 이보다 낮아지면 나는 무대에 설 수 없다. 일주일 동안 내가 모아온 에너지를 녹화하는 날 무대에 아낌없이 쏟아 부었다. 녹화가 끝나고 긴장이 풀리면 탈진할 듯한 몸을 가누며 무대를 바라보았다. 아무도 없는 무대. 이 무대가 몇 시간 전에는 수백 명의 기가 모인 접점이라는 생각에 묘한 기괴함을 느끼며 자정이 넘은 스튜디오를 나서곤 했다. 녹화가 없는 날은 쏟아 부을 곳을 찾지 못하고 방황하는 에너지가 내 몸을 괴롭혔다. 내가 경험한 무대는 이처럼 기(氣)가 모이고 경합하는 기(氣)의 전장(戰場)임에 다름없었다.

스타 : 우리의 기(氣)가 소통하는 매개체

〈연예가중계〉라는 프로그램을 맡으면서 많은 스타를 만났다. 그들을 만나면서 관찰한 결과 그들에게서 남다른 기가 느껴짐을 알 수 있었다. 그들은 기를 발산하고 있었다. 그리고 그만큼의 기를 받아들이고 있었다. 윤석화 씨를 그녀의 집에서 만났다. 다음은 그녀와의 대화 중 일부.

홍 : "윤석화 씨는 남달리 기가 세게 느껴지는데……."

윤 : "대가 세다고들 많이 그래요."

홍 : "스타라는 것이 어떻게 보면 대중의 기를 받아야만 살 수 있는 것이 아닌가 싶은데……."

윤 : "맞아요, 인기인의 인기라는 것이 결국은 사람 즉 타인(人)의 기(氣)를 받는 사람이 아닐까요."

홍 : “스타는 대중의 기를 받아들이고 또한 그만큼의 기를 발산하는 매개체 역할을 하는 것 같기도 하고요.”

윤 : “만약에 스타의 기가 약하다면 대중의 기를 빨아들일 수 없죠, 아니 대중에게 기를 빼앗기고 말죠.”

어떤 의미에서 스타는 블랙홀과 같다. 아주 밀도가 높은. 하지만 모든 스타가 블랙홀인 것은 아니다. 그리고 항상 블랙홀이 아닌 것도 마찬가지. 순간순간 밀도는 변화무쌍하다. 마요네즈라는 영화촬영현장에 갔다. 거기서 주연을 맡은 당대 최고의 두 여배우(김혜자, 최진실)를 만났다. 한 사람에게서는 기가 느껴졌고, 다른 사람에게서는 느껴지지 않았다. 여기서 기가 느껴졌다는 것은 그 사람과 나의 기가 소통되었다는 것을 뜻한다. 내가 던진 관심과 이해가 다시 내게 돌아오는 피드백의 경험. 커뮤니케이션의 전통모델 S→M→C→R→E도 결국은 언어적이든 비언어적이든 메시지가 상대에게 전달되고 다시 피드백 된다는 것 아닌가. 그로부터 한 달 여지나 영화가 완성되었고, 시사회장에서 영화를 보고 똑같은 느낌을 받았다. 한 사람은 관객과 원활한 소통을 하고 있는가 하면 다른 사람은 소통되지 않는 기를 어떻게 발산하지 못하고 스스로에게만 향하는 것 같았다. 영화가 끝난 후 어떻게 보았느냐는 영화사 직원의 질문에 ‘이 영화는 스타 1인의 모노드라마’라고 말했다. 두 명의 주연배우가 연기 다툼을 한 영화. 하지만 이 영화는 내게 한 사람의 영화로만 느껴졌다. 스타는 기가 있는 사람이다. 거기서 그치지 않고 그 기가 소통되는 사람이다. 우리는 스타를 통해 우리의 기를 주고 또한 기를 받는다. 우리가 하지 못한 일을 대신 함으로써 위로와 환상을 주는 스타. 우리가 스타를 소중히 여기고 사랑해야 할 이유는 그 혹은 그녀가 우리의 기를 소통시켜주는 매개역할을 하기 때문이다.

방송일 – 그 참을 수 없는 밀도의 무거움

방송일은 3D직업이라고 할 정도로 노동의 강도가 세다. 하지만 많은 방송인들은 기꺼이 방송 일에 뛰어들고 몸을 던지고 있다. 그것은 방송일이

주는 보람 혹은 매력 때문이 아닐까? 이 보람 혹은 매력은 방송일이 피드백이 있는 일이라는 명제에서 출발한다. 아무 대꾸 없는 메아리라면 며칠씩 밤을 새우면서까지 힘들게 매달리는 사람은 적을 것이다.

방송프로그램제작자가 기획하고 거기에 맞게 프로그램을 만들어 내고 방송에 보내는 일도 결국은 수많은 가치 중에서 정말로 보여주어야 할 것을 밀도 높게 고르는 일에 지나지 않는다. 만약에 시청자 대중이 기대하는 수준의 밀도가 보이지 않는다면 시청자들은 너무나 손쉽게 프로그램을 외면한다(리모컨으로 휙?). 그래서 제작자들은 항상 시청자가 생각하는 정도의 혹은 그 이상의 밀도를 만들어내기 위해 혈안이 돼 있다. 생방송이라고 선전하는 많은 프로그램이 실은 적잖은 분량의 ENG를 끼워 넣는 '무늬만 생방송'인 이유는 예측 가능하고 밀도를 높일 수 있다는 점 때문. 편집이라는 방송행위는 카메라로 담은 현상의 밀도를 높여 기를 불어넣는 작업. 블랙홀처럼 밀도가 높아질 때 시청자들은 빨려 들어가고, 흐물흐물 산만할 때 시청자들로부터 백안시당하는 것이다. 따라서 시청자에게 인기 있는 프로그램은 시청자를 휘어잡는 기가 있는 프로그램이고, 기가 약해 보이는 프로그램은 언제고 시청자로부터 외면당하고 만다. 기는 또한 긴장과 이완을 하는 특징을 가지고 있다. 유기체가 항상 긴장한다는 것은 불가하기도 하고 바람직하지도 않은 것이다. 그래서 무조건 밀도가 높다고 좋은 것만은 아니라는 것은 소통의 중요성(두 영화배우의 비유)에서 유추할 수 있다. 프로그램에 밀도를 높인다고 잔뜩 고갱이만 붙여놓는다면 숨 막히는 느낌을 벗을 수 없을 것이고, 프로그램도 탄력을 잃고 굳어지게 된다.

브라운관– 확대경처럼 환하다

텔레비전 브라운관. 거친 화소가 모여 영상메시지를 실어 나르고 정교하지 못한 스피커를 통해 음성신호를 전달하는 상자. 전파형태로 변형되고 왜곡되는 이 메시지가 시청자에게 전달되는 비율은 어느 정도일까? 공연장에서 느껴지는 감동이 100이라면 이것이 전파를 타고 방송되었을 때는 많아야 50, 아니 그 이하일지도 모른다. 비율이 어느 정도이든 중요한 사실은 그것이 전달된다는 사실이다. 그리고 그러한 메시지의 굴절에 익숙해 온 시청자들은 어떻게든 메시지를 제대로 인식한다는 것이다. 세계에서 두 번째 가라면 서러워할 정도로 텔레비전을 많이 보는 한국의 시청자들. 일상화된 텔레비전 시청에서 숙련된 그들의 감각. 경이롭기만 하다. 연출자가 준비한 만큼 시청자들은 느낀다. 아무런 첨삭도 없다. 100% 그대로. 나는 연출가나 연기자가 연출하고 연기한다는 말을 곧이곧대로 믿지 않는다. 우리가 연출하고 연기하는 것을 고단수 시청자들은 손바닥 들여다보듯 훤히 알고 있다. 그래서 프로그램을 만드는 사람이건 출연하는 사람이건 브라운관에 관여하게 되면 시청자 앞에 적나라하게 드러날 수밖에 없게 되는 셈이다. 우리의 시청자들은 프로그램만 보고도 연출자가 어떤 생각을 하는지, 어떤 의도로 만들었는지 너무나 잘 알고 있다. 참다운 연기가 시청자의 호평을 받는 것은 그 연기가 연기에 머무르는 것이 아니라 연기자의 삶이 녹아있는 것처럼, 제대로 된 연출도 연출자의 삶과 크게 동떨어져 있지 않다.

입사해서 연수받을 때 선배 프로듀서는 우리에게 색다른 충고를 해 주었다.
"브라운관을 잘 닦아라."
브라운관을 닦으면서 브라운관에 그렇게 많은 먼지가 있다는 사실에 놀랐다. 아. 사소한 일의 중요성. 입사 5년 차를 지나면서 나는 내가 닦는 것이 단순히 브라운관에 그치는 것이 아니라 나 자신이 살아가는 삶의 모습에까지 가 닿는다는 것을 간신히 깨달았다.

勿監於브 監於人(브라운관에 비추지 말고, 사람에 비추어 보라)

〈방송과 시청자 1999년 8월호〉

2 한국 방송의 모방/ 표절의 원인 (제작자의 관점)

90년대 한국방송 시청률을 숭배한다?

80년대 한국방송의 이데올로기는 민주화, 중산층, 시청률 세 가지다. 민주화 중산층이데올로기는 빛을 잃었고, 시청률만 90년대를 이끌어가는 힘으로 남아 있다. 시청률은 드라마 선정성, 폭력성, 다양하지 않은 편성, 오락프로의 10대화 등 많은 것을 설명해준다. 요즘 문제 되는 모방, 표절 담론 밑바탕에도 시청률 이데올로기가 자리하고 있다. 요즘 PD들은 자신들이 만드는 프로그램에 대해 이야기하지 않는다. 이유는 시청률. 선배의 금과옥조와 같은 조언도 시청률 앞에선 먹혀들지 않는다. 시청률이 안 높은 프로그램을 만드는 선배가 시청률 높은 후배에게 하는 충고가 모범이 안 되는 것이다. 선후배 동료의 유대를 갉아먹기까지 하는 시청률 이데올로기가 자신만을 속이면 됐었던 프로그램 모방/표절을 망설이게 할 리 없다. 무주물은 선점의 원칙이 적용되기 때문이다. 다른 사람이 된장독을 훔쳐가 는데 우리가 고추장 한 바가지 훔치는 게 대수냐는 심정으로 도덕적 상대주의를 내세우며 훔치기에 열을 올리고 있다. 서로 훔치다 보니 저것은 어느 집 몇 번째 항아리에 있는 것인데 지난번에 훔치지 않은 것을 안타까워하는 일도 있고, 훔치기도 한 두 번이지 이제는 주인이 알아차리고 우리를 비웃고, 식구들도 맛없더라도 우리 것을 맛보자고 채근한다. 하지만 시청률 이데올로기가 눈 부릅뜨고 살아있는데…….

좋은 프로그램이 그냥 생기냐고?

한 오락 PD는 프로그램을 보면 일본 프로그램을 베낀 것인지 아닌지 안다고 한다. 프로그램만 봐도 느껴지기 때문이란다. 단순히 왜색적인 느낌이 아니라 오랜 준비 기간 동안 수많은 경쟁을 뚫고 검증된 것이기 때문에 정제되고 세련되고 호감을 준다는 것이다. 반면에 독창적인 프로는 무언가가 부족한 느낌이 든다는 것이다. 이유는 자명하다. 그 PD는 현재 프로그램을 만들면서 한 달여 안에 새로운 오락 프로그램을 만들어야 한다. 조연출도 없이 선배[3] PD는 고민하고 있다. 프로그램을 잘 만들어야 하는 강박관념에. 그를 짓누르는 더 큰 고민. 제대로 나올 수 있을까? 적어도 6개월의 시간이 필요하다. 아니 3개월이라도.

왜 아이디어를 안내냐고?

그래도 좋은 아이디어를 내서 승부를 걸어야지. '열악한 환경에서도 잘만 하는 사람은 무어냐?' 뛰어난 상의 몇 %의 PD뿐만 아니라 더 많은 PD들이 잘해야 우리 모두에게 유익하다. 능력 있는 PD란? '편집 잘하고, 섭외 잘하고, 말 잘하는 PD가 능력 있다.'는 말은 들었지만, 아이디어가 좋은 PD는 현실감각과 균형 감각이 부족한 쪽으로 읽힌다. 심지어는 외국어 잘하는 PD가 능력 있는 PD의 한편을 차지하고 있다. 물론 하나하나의 능력이 중요하지만, 창의적인 PD가 대접받지 못하는 것은 씁쓸하다. 개편 때마다 내는 프로그램 기획안. 이제는 형식적이다. 내 봐야 메아리가 없기 때문이다. 어떤 코멘트라도 있어서 이야기를 들으면 좋으련만 위에서 결정돼 지시만 내려온다. 일본 NHK는 아이디어만 좋으면 신입 1년 차도 프로그램을 만들 수 있다고 한다(가토 특파원). 특히 아이디어 콘테스트는 지방에서 도쿄로 올라오는 PD들의 등용문이라고 한다. 아이디어를 높이 사고 유발하는 장치가 필요하다. 그런 의미에서 장기기획반의 정예화는 필수적이다.

그럼 PD들은 뭐하는 거냐?

이런저런 이야기를 했지만, 모방/표절의 주체는 PD다. 따라서 PD가 할 수 있는 일은 많다. 우선 모방 표절을 강요하는 분위기를 바꾸는 것이다. 구체적으로 PD가 아이디어 개발을 위한 기구를 만들고 아이디어를 제안하고 심사하고 결정하는 조직을 만드는 것이다. 경영진과 독립해서 PD의 힘으로 만들어야 힘을 얻을 수 있다. PD 협회는 창의적인 것의 가치를 높일

---

3) 연예가 중계를 제작하면서 새 프로그램을 만드느라 고심했던 박중민 PD는 코미디프로그램의 역사를 다시 쓴 '개그콘서트'를 이렇게 짧은 기간에 만들어서 진수시켰다. 초인적인 능력에 경의를……

수 있는 다양한 이벤트를 할 수 있다(아이디어컨테스트).

시청자들은?

시청자들도 스타뿐만 아니라 프로그램 자체에도 관심을 둬야 한다. PD들이 힘쓰는 것 못지않게 시청자의 관심이 큰 힘이다. 왜 댄스가수만 나오느냐고 항의하지 말고 모방/표절한 방송사에 항의 전화 한 통하고, 그래도 계속할 때는 프로그램 안 보기 운동, 협찬광고사 제품 불매운동을 시작한다. 가수는 모방/표절이 논의되면 타격이 큰데, 프로그램은 오히려 관심을 받고 시청률이 오르는 아이러니한 일도 있다. 최근 PC 통신은 시민들의 조직적인 감시기구로서의 역할을 톡톡히 하고 있다. 시청자들은 이제 외칠 준비를 해야 한다.

"도둑이야"

3 시청률과 문화 다양성에 대한 고찰

지상파 TV, 관습화된 취향

지상파방송이 만들어내는 가치는 오랫동안 고착화 되었다. 이야기 엿보기(드라마), 사건의 전달(보도), 웃음의 유발(오락), 감정의 위무(음악, 휴먼다큐멘터리), 정보의 가공(교양, 인포테인먼트), 사실의 해석(다큐멘터리), 비평(미디어) 등으로 지상파 방송의 많은 부분이 설명된다. 이런 틀 안에서 방송이 만들어지고 소비된다. 물론 이 틀들이 유기체적으로 변화하고 진보하는 것도 사실이다. 하지만 굵은 방식의 변화는 좀처럼 이뤄지지 않았고, 앞으로도 어려울 것이다. 이런 고착화된 가치 속에 또 한 가지의 특성이 있다. 방송의 서울 지향성, 관습적 장르지향성, 중심취향 지향성, 중심타깃 지향성 등 한마디로 중심주의라는 말로 설명할 수 있을 만큼, 한국의 지상파 방송은 관습화되었다.

따라서 새로운 취향이 등장하여 뿌리내리기가 쉽지 않다. 블록버스터는 가능하나, 틈새를 노리는 작은 프로그램, 적은 대중에게 어필하는 프로그램, 새로운 방식으로 접근하는 프로그램은 적다. 최근 방송에서 이런 틈새를 노리고 만들어지는 몇 가지 프로그램이 눈에 띈다(MBC 사과나무, 한 뼘 드라마, EBS 명동백작 등). 이 프로그램들의 공통점은 기존의 TV에서 다루지 않은 소재를 독특한 방식으로 다루고 있다는 점일 것이다. 이런 프로그램들이 호평을 받고 있지만, 현실적인 어려움은 더 많은 대중을 확보하지 못하면 언제라도 없어질 수 있는 무한경쟁의 영역 안에 함께 포함되어 있다는 사실이다. 특히, 문화를 다루는 문화프로그램은 소재 자체가 TV에 친근하지 않은 탓인지, 어려움은 더욱 크다. 문화프로그램제작자들의 뇌리에 박힌 명언이 있다.

보지 않는 공익은 공익이 아니다?

문화프로그램관련 기사를 검색해보면, 대부분 문화프로그램의 성장, 소멸은 대부분 이런 식의 과정을 반복해왔음을 알 수 있다.

방송사 문화프로그램으로 공영성 강화→방송시간 축소, 시간대 변경 →시청률이 낮아 폐지→부활, 새 문화 프로 띠 과감 편성→축소, 시간대 변경→폐지

(1987년 만들어진〈문화가 산책〉은 1995년 폐지되었다가, 다시 부활, 1997년 폐지되었다.)

TV「순수문화 프로」모조리 추방 [동아일보] 1997-02-21

MBC「문화특급」KBS「문화가 산책」등/"시청률 낮다." 폐지 오락물로 대체 3월부터 국내 공중파방송에서「순수문화」가 전멸할 것으로 보인다.「문화특급」에 대해 MBC 김세영 편성기획팀장은『시청자 수가 적어 연예 오락물로 대체할 예정』이라고 말했다. KBS 측도『연예인들의 이면을 살펴보는 프로를「문화가 산책」후속으로 이미 찍고 있다.』라고 말했다.

가을 안방극장의 "문화실험"/달동네연주회 등 다양한 시도/프라임타임 편성 "파격적" [조선일보] 1998-10-12

TV가 문화에 관심을 기울이기 시작했다. KBS는 12일부터 단행하는 가을 개편에서 골든아워에 문화관련 프로그램을 매주 5회 방영하는 파격적인 결정을 했다.「문화탐험 오늘의 현장」(2TV 월~금 오후 8시25분)이다. 25분짜리 프로에 동원되는 PD만 14명. MC는 뉴스와 쇼 코미디를 두루 넘나드는 아나운서 임성민이 맡았다.

KBS2 간판 공영프로 홀대]「문화탐험…」축소 좌천 [동아일보] 1999-04-21

공영성도 결국 시청률과 광고료 앞에서는 모래성? KBS가 5월3일 단행할 봄철 개편을 앞두고 간판 공영프로그램으로 내세웠던 "문화탐험 오늘의 현장"(2TV 월~금 오후 8시 25분)을 목요일 밤 11시55분으로 "축소 좌천" 시킨 것을 놓고 KBS 내외에서 나오는 푸념이다.

〈문화탐험 오늘의 현장〉이라는 프로그램이 1% 대의 시청률을 낸 적이 있다. 그때 편성에서 나온 말은 "보지 않는 공익은 공익이 아니다."라는 말

이었고, 이것이 문화 프로그램의 편성의 원칙처럼 자리 잡았다. 하나의 프로그램이 만들어졌다가 폐지되면 한동안은 같은 형식의 프로그램이 생겨나기 어려운 것이 방송계 생리다. 학습효과가 같은 형식의 편성을 방해하는 셈이다. 따라서 문화프로그램을 맡는 PD들은 부담감이 더 크다. 잘못하면 비슷한 프로그램의 마지막 연출자가 되고, 그 장르를 망친 PD로 기억될 수도 있기 때문이다.

예능프로그램에 비교하면 문화프로그램에서 느끼는 일상적 시청률 압박은 경미한 편이다. 경미하다고는 하지만, 문제는 시청률이 목숨 줄을 쥐고 있다. 따라서 오락프로나 마찬가지로 생존의 조건은 같은 셈이다. 다만, 매주 매주의 시청률에 대해 빈번한 압박은 덜한 편이라는 의미에서만 경미한 편이다. 본인의 경우, 다행스럽게 프로그램 제작하면서 타의에 의해서 시청률 압박을 받아보지는 않았다. 하지만 어렵게 준비한 특집이 시청률이 저조하게 나왔을 때, 쥐구멍에라도 들어가고 싶은 심정이었고, 이러한 것이 축적되면 PD로서 힘이 빠진다. 이번 개편에 프로그램을 둘러싸고 일어난 논의 대부분은 "기획은 좋으나, 시청률이 낮은" 프로그램의 시청률을 높이는 방향으로 이뤄졌다. 후임 PD가 프로그램의 사회자까지 바꾸어가면서 시청률을 조금이라도 높여보겠다고 의욕을 불태우고 있다. 하지만, 프로그램이 가지고 있는 섬세한 색깔이나 향기까지 포기하고 조금이라도 더 많은 시청자를 불러 모으기 위해 애쓰는 모습이 안타깝다.

시청률 낮으니, 위성으로 보내자?

2003년 가을에 〈TV 문화지대〉에서 〈미술관 가는 길〉과 〈낭독의 발견〉을 기획했고, 〈낭독의 발견〉을 연출했다. 소리 내어 읽는 낭독이라는 소재를 방송과 접합시키고 잃어버린 감각인 낭독을 다시 환기시키고 싶어서였다. 소리라는 탈 텔레비전적 요소에 대한 조명, 여백과 절제, 느림이라는 가치의 호명, 문학 결에 담긴 감수성의 도출 등을 시도하고자 했고, 마니아 팬들이 자발적인 팬 카페를 만들고, 기획상, 작품상, 방송대상 등 상도 많이 받았다.

하지만 이번 가을 개편에 〈낭독의 발견〉 편성을 두고 말이 많았다. 문제는 시청률이었다. 시청률 3% 안팎을 유지하는 프로그램의 아웃풋이 인풋에 비해 많다고 생각한 편성 쪽에서 프로그램을 위성으로 보내자는 제안을 했다고 들었다. 제작비는 외부문화재단으로부터 협찬을 받았다. 물론, 이번 개편에는 그냥 〈TV 문화지대〉 안에 자리를 잡았다. 하지만, 어렵게 정착시킨 프로그램을 시청률이 낮다는 이유로 위성채널로 쉽게 보내려 한 용기는 놀랍다. 이번 봄 개편에 문화프로그램들이 폐지될 것으로 생각하는 PD들이 많다. 이번 가을 개편에 예산을 한번에 50%를 줄이라는 방침이 내려졌고, 지금 대략 그 수준에서 제작을 하는 것으로 알고 있다. 봄 개편을 앞둔 사전포석이라는 평가가 지배적이다.

시청률에 대한 공식?

조정화면 시청률이라는 〈낭독의 발견〉의 시청률을 살펴보면 시청률의 특성을 파악할 수 있다. 1회 2%, 2회1.7%, 3회 2.2%, 4회 3.8%, 고두심 6.6%, 김혜자 5.8%를 기록했다. 시청률을 좌우하는 간단한 요소들을 나열해보자.

출연자의 지명도+즐거움+스펙터클+구성의 선정성+방송 외적인 화제+타채널과의 경쟁+라이프 사이클+사회적 경향성과의 부합+……………

〈시청률을 좌우하는 요소에 대한 주관적 나열〉

시청률을 좌우하는 요소에는 여러 가지가 있다. 위에 언급한 요소뿐만 아니라, 더 많은 요소가 시청률에 영향을 미친다. 〈낭독의 발견〉의 경우를 예를 들면, 문인, 순수문화인에 대한 시청자의 관심의 폭은 넓지 않다. 연예인, 연기자 등 인기의 폭이 넓은 출연자가 나오면, 자연스레 시청률도 높아진다. 이것은 법칙이다. 그렇다고 문학적 향기를 버리고, 연예인만 출연시키게 되면 프로그램의 색깔이 달라지는 것은 불문가지다. 하지만 본인을 포함한 적지 않은 PD들은 둘 사이의 합리적인 균형점을 찾아서 두 가지를 다 얻고자 한다. 그리고 이것을 잘하는 PD가 유능한 PD라고 생각한다. 하지만, 문제는 PD 개인마다 그 균형점이 다르다는 것이다. 그리고 본인을 포함한 PD들의 관점이 시청률이라고 하는 부분에 어느 정도 경도되어 있는 것도 사실이다. 따라서 PD들은 회사의 방침과 크게 차이 나지 않는 한도에서, 제한된 의미에서 실험할 수밖에 없다. 그리고 이 실험의 가치들, 즉, 시청률은 나오지 않고 새롭게 시도하는 것에 대해 주변에서 "취미생활을 한다."라는 농담을 하기 십상이다. 즉, 고상하게 자신의 취향에만 묻히지 말고, 시청자의 목적에 봉사하라, 대중매체의 본질을 잊지 말라는 지적이 담겨 있다. 하지만 소프트한 쪽으로 몰리다 보면, 종국에는 프로그램의 방향성을 잃고 흔하디흔한 프로그램으로 변질하는 것도 시간문제다. 따라서 때로는 입에 쓰다고 생각하면서도 단 것을 일부러 멀리하기도 한다. 수많은 방송정책학자들은 방송의 공영성을 구성하는 요소로 다원성 혹은 소수자 보호라는 가치를 손꼽고 있다. 방송이 대중매체임에도 불구하고 공영방송은 소수자 보호라는 공영성의 가치를 담보해야 할 숙명을 쉽게 망각하는 듯하다. 마이너리티 대중의 보호, 이것은 사회의 공적자산인 전파를 사용하는 방송은 공영방송이건 상업방송이건 간에 모두 지켜야 할 가치 아닐까?

시청률, 혹은 원초적 본능

혹시 예능국 PD들이 EBS에서 근무한다고 하면, 굉장히 괴로울 것이라는 이야기가 있다. 재미있고, 시청자의 눈을 끄는 방식이 몸에 체화되어서 채널과 제작진의 본능적인 괴리로 힘들어할 것이라고 설명한다. 시청률은 PD들이 무시할 수 없는 본능이 되었다고 말할 수 있다. 여기에는 방송이라고 하는 것이 물론 소수자 역시 대변해야 하지만, 다수를 대변할 때 더 인정받는 오래된 조직문화가 반영된 것이라고 본다. 그리고 PD들 역시 시청률 높은 프로그램에 대한 솔직한 열망이 있다. 적은 시청자라도 마니아 팬만 거느릴 수 있다면 좋겠다는 PD의 욕심은 항상 "좀 더 많은" 시청자에 대한 욕심으로 확장되기 쉽다. 방송이라는 그릇이 수용에 제한이 없기 때문이기도 하다. 또한 자신의 생각이나 감정, 느낌, 주장 등을 대중과 소통하고 싶어

하는 PD들의 기본적인 욕구를 생각해본다면 당연한 일이 아닐까 싶다. 방송사의 조직적 차원에서 시청률만이 아니라, 시청자의 평가라고 하는 항목도 함께 평가하는 척도를 만들어야 할지도 모르는 일이다. 그리고 제작진들이 시청률이 우선순위가 아니라, 다양한 분야의 프로그램을 새로운 방식으로 독특하게 해석해내는 기회도 얻을 수 있도록 조직이 도와야 한다. 물론 제작진의 프로페셔널리즘의 가치가 소홀히 여겨져서도 안 된다.

문화프로그램은 문화다양성이 높다?

〈TV 문화지대〉를 만들 때 한 선배가 이런 말을 했다. 문화프로그램을 만들면, 신문 등 미디어로부터 일단은 호평을 받는다고. 방송에 대해 나쁘다는 말만 할 수 없어서 일정부분은 칭찬 할 것인데, 그 프로그램이 비정치적인 문화프로그램이 되기 쉽다는 뜻이었다. 이렇듯 문화프로그램을 만들면 큰 욕먹지 않고 좀 잘하면 호평을 받게 될 것으로 예측한 것은, 그만큼 문화프로그램 자체가 희박한 우리 방송풍토와 연관되어 있다. 하지만 이 발언에는 문화프로그램은 잘 만들건 못 만들건, 일단 좋다는 인식을 준다는 대중적 편견을 바탕에 깔고 있다. 또 하나의 편견은 문화프로그램의 문화다양성이 높다는 인식에도 영향을 미치는 듯하다. 김영찬 교수(2004)의 수용자조사에서도 나타나듯이 교양프로그램(문화프로그램포함)은 보도, 드라마, 오락 프로그램보다 문화다양성에서 높은 평가를 받았다. 하지만, 문화프로그램이나 교양프로그램이라 할지라도 문화다양성이 높은 것만은 아닐 듯하다. 왜냐하면, 문화프로그램이라 할지라도 획일적인 구성에 획일적인 소재를 사용한다면, 그것이 다양성이 높다고 말하기는 어려울 듯하다. 다양성이 있다면, 소재적 다양성에 국한될지도 모른다. 아니 소재가 풍기는 이미지의 다양성이 아닐까? 문화적 다양성에 대해 질적인 접근이 필요한 지점이다. 새로운 프로그램은 시청자들의 다양한 문화적 경험을 새로운 방식으로 제안해야 한다. 문화프로그램의 경우, 떠오르는 수많은 스테레오 타입된 "문화정보프로그램"으로서의 한계를 벗어나야 한다는 것이다. 문화의 틀을 마음껏 주물러 새로운 틀을 만들어내어 대중 인식의 지평을 넓히는 일을 떠맡아야 한다. 문화소재 매몰주의의 극복(음악, 미술, 문학 등.) 역시 살아 있는 문화로서의 활력을 박제화시키는 만큼, 피해야 한다. 다양한 장르의 문화들이 만나고 충돌하여 생성하는 의미의 발생과정을 통해 문화의 본질에 접근할 수 있게 해주어야 하지 않을까? 이러한 부분에 소홀한 채로, 문화프로그램을 만들어내고 편성한다고 해도 문화다양성이 저절로 높아지는 것이 아님은 자명하다.

대안은 없다?

(1) 시청률을 넘어서

한국방송을 평가하는 다양한 지수들이 개발되고 있다. PSI 지수, KI 지수 등……. 문제는 개발이 아니라 적용이다. 많은 지수가 만들어졌지만, 현장에서 적용되는 데까지는 이르지 못한 듯하다. 물론 PSI 지수 역시 문화다양성이라는 측면을 해결해주지는 못할 것이다. 하지만 기존의 시청률이라는 하나의 잣대로 판단하는 조직의 분위기를 바꾸는 데는 일조하고 결과적으로 다양성을 높이는 계기로 작용할 것으로 보인다.

(2) 10% 법이라도 생겨야 하나?

자유주의 경쟁에서 문화적 다양성을 확보할 수 있는 프로그램을 독립시켜라. 그리하여 대중의 새로운 방식으로 대중 인식의 지평을 넓힐 수 있는 프로그램이라면, 회사에서도 마음껏 지원할 수 있도록 시청률 경쟁에서 따로 떼어놓을 필요가 있다. 방송 법적으로 필요하다면, 10% 법이라도 만들어야 할지 모른다. 그리고 “다양성이 높은 프로그램”이라는 심사제도를 통해 다양성이 높은 프로그램이 전체 프로그램의 10%를 넘는 방송사에 혜택을 주는 것도 고려해 볼만하다(조사결과 발표하여 방송사의 평가의 향상, 실질적인 지원 등). 왜냐하면, 프로듀서 개인에게 책임을 물어서만은 해결되지 않는 구조적인 문제일 뿐만 아니라, 자율적인 규제의 효용성이 높지 않다는 것은 언론의 역사를 통해 증명되어왔기 때문이다.

(3) 다양성에 대한 인식확산

제작 PD들의 경우에도 다양성에 대한 가치를 높이 평가하고 있지 못하다. 오래된 관행이 몸에 밴 탓일 듯하다. PD들이 스스로 다양성에 대한 가치를 환기하는 전문직업가적 재교육이 필요하다. PD 연합회나 언론재단, 방송위원회 등을 통한 재교육을 기대해 본다.

〈텔레비전과 문화다원성, 그리고 시청률; TV의 문화다양성 확보를 위한 토론회 2004년 11월 26일〉

4 자막, 방송언어의 빠롤 혹은 의식의 빠라

정말 바뀌어도 너무 바뀌었다. 바뀌는 정도가 아니라 급변하고 있다. 예전의 프로그램에서 우리가 볼 수 있는 자막이란 이름자막이나 장소자막에 불과했다. 자막은 사막의 오아시스처럼 드문드문 마지못해 수줍게 얼굴을 내밀었다(옛날 텔레비전 방송의 약간 떨고 있는 듯한 불안정한 자막을 떠올려보자). 하지만 몇 년 전부터 자막이 얼굴을 확 바꿨다. 꿔다놓은 보릿자루처럼 쑥스러워 하던 자막은 더는 열없어하지 않는다. 떨지도 않는다. 자막은 이제 화면에서 나갈 줄 모르고 안방인 것처럼 줄곧 머무른다. 화면에 그림자처럼 출몰할 뿐만 아니라 제법 큰 임무도 맡았다. 자막은 때로는 시나리오의 대사처럼 출연자의 말을 함께 읊조리기도 하고, 시나리오의 지문처럼 출연자의 동작이나, 표정, 심리, 말투 그리고 정황을 설명하기도 한다. 심지어 연출자의 입이 되어 연출자의 생각이나 말까지 전하고 있다. 자막? 자막은 이제 더는 '예전의 내가 아니다'. 자막은 시청자와 제작자가 생각을 공유하는 창이 되었고, 시청자와 제작자가 의사를 소통하는 매개체(미디어)가 된 것이다. 텔레비전 역사상 가장 큰 비중을 차지하게 된 자막. 자막이 무어냐고 물으신다면, 국어사전에 나온 정의처럼 '화면에 비쳐 보이는 글자'라고만 대답해서는 안 될 일이다.

자막, 자막을 넘어서

텔레비전을 보다가 옛 자료 화면을 본 기억을 되살려 본다면, 자막의 모습만으로 시대의 흐름을 가늠할 수 있다. 장발머리와 디스코바지처럼 왠지 미소가 지어지는, 불안정하고 딱딱해 보이는 자막은 세월의 더께가 영향을 미치지 않는 곳이 없다는 점을 느끼게 한다. 방송공사의 〈영상실록〉, 〈출발, 시간여행〉, 〈시간의 징검다리〉 등에서 언뜻 비치는 자막은 기본적인 정보를 주는 기능에 그쳤다. 텔레비전이 영상매체라는 특성 때문에 문자언어인 자막은 오디오와 비디오로 설명되지 않는 부분에 한해 '최소한의 법칙'에 따라 사용됐다. 빈번하고 많은 양의 자막을 쓰는 것은 반텔레비전적이라는 관념이 지배적이었다. 따라서 자막은 이름(인물), 장소, 시간(때) 그리고 잘 이해되지 않는 어려운 단어의 해설정도에 그쳤고 비교적 많은 양의 자막을 쓰는 가요프로그램의 노래가사도 작은 글씨로 적은 공간을 차지하는 '최소한의 법칙'에서 한 치도 어긋나지 않았다. 자막은 텔레비전의 메시지 기호 중 아주 보조적인 텍스트에 불과했다. 하지만 3년전쯤 문화방송의 〈일요일 일요일 밤에〉에서 프로그램 아래쪽에 주먹만 한 크기의 자막을 내보내기 시작하면서 사정은 달라졌다. 〈일요일 일요일 밤에〉를 필두로 다른 프로그램들도 비 온 뒤 죽순 나는 것처럼 경쟁적으로 자막을 줄줄이 띄웠다. 서울방송의 오락 프로그램들은 자막의 적극적인 활용에서 가장 앞섰고, 방송공사의 오락 프로그램들도 자막을 적절하게 사용해 주목을 받았다. 서울방송의 〈이홍렬 쇼〉의 「요리 토크 참참참」이라는 토크쇼는 자막을 재미있고 보기 좋게 뽑아서, 현업의 프로듀서들이 자막을 배우는 교과서역할을 했다. 서울방송의 〈이승연의 세이세이세이〉나 〈김혜수 플러스 유〉는 자막플레이가 뛰어난 오락 프로그램의 계보를 잇고 있다. 방송공사의 〈슈퍼TV 일요일은 즐거워〉의 「캠퍼스 영상가요」 도 상황에 딱 맞는 적절한 자막이 없었다면 인기를 그만큼 얻지 못했을지도 모르는 일이다. 이처럼 프로그램들이 자막을 마음껏 쓸 수 있는 것은 방송테크놀로지의 발전과 떼어놓고는 생각할 수 없다. 예전의 자막은 소위 스캐너라는 기기를 이용해, 한장한장 식자한 판을 홀더에 끼워서 화면에 띄웠고, 드라마 쪽에서는 필름을 찍어서 수퍼(SUPERIMPOSE; 두 화면, 즉 바탕화면 위에 글자화면을 띄우는 것)했다. 이때의 작업이 얼마나 손이 많이 가고, 번거로운 지 이 작업을 해 본 연출자의 경험담을 통해 익히 알려졌다. 신문으로 치자면 컴퓨터 식자시스템 CTS 이전에 직접 활자를 식자해서 종이판에 찍고 거기에 납을 부어 만들어 신문을 찍어내던 납 활자 시대에 비견할 만하다. 하지만 방송에도 컴퓨터가 도입돼 문자발생기가 생겨나고 손쉽게 자막을 넣고 뺄 수 있게 됨으로써 이런 자막의 자유로운 활용이 가능해진 것이다. 자막의 발전? 앞으로도 앞길이 창창하다.

자막, 방송언어의 빠롤(PAROLE)

기호학자 소쉬르는 언어공동체의 구성원들 속에 내재화되어 언어활동을 지배하는 언어규칙의 총체를 랑그(LANGUE)라 하고, 이를 바탕으로 실현되는 개인적인 의사소통행위를 빠롤(PAROLE)이라는 구분을 했다. 자막은 어떤 기의를 가지고 지시체를 가리키는 기표다. 프로그램의 텍스트에 등장하는 인물, 장소, 때, 정황을 직접적이든 간접적이든 적절한 거리를 가지고 표현하는 규칙의 총체가 랑그라면, 개개의 프로그램에서 자막을 활용하는 방법론이 빠롤에 해당하겠다. 텔레비전 방송에서 자막의 빠롤을 살펴보자.

(1) ---사회 김동건---
(2) 안녕하십니까? 우리 시대 최고의 MC? 임백천입니다. 여러분이 만들어 가는…….
(3) 비상사태, %#$&*@
(4) 이 출연자를 주목하십시오. 약간 어설프지만, 노력이 가상해 합격!
(5) 편집 절대 안 합니다.

우리가 흔히 볼 수 있는 자막은 이름자막이나 장소자막이 대부분으로 어느 프로그램을 보더라도 흔히 마주칠 수 있는 것들이다(1). 하지만 쇼 오락 프로그램으로 눈을 돌리면 좀 더 다양한 자막들이 등장한다. 출연자가 말하는 진행 멘트를 그대로 받아 적기도 해서(2) 이 방송이 혹시 청각장애인용 문자방송은 아닌지 의심이 들기도 하고(결코, 장애인을 위해 시작한 일은 아닐 터이지만), 상황을 정확히 묘사해(3) 시청자가 잘 이해 못 하는 가려운 부분을 긁어 주기도 한다(때론 상황설명이 틀려 시청자의 웃음을 사기도 하지만). 자막은 또한 제작자의 생각을 엿보여 주는(4) 창문의 역할을 하기도 하고, 심지어는 제작자의 대사(5)까지 충실히 옮겨 적는 변사 노릇도 서슴지 않는다. 자막의 기능이 이렇게 다기하다고 새삼 놀랄 일은 아니다. 자막의 기능 못지않게 변화무쌍한 것이 자막의 블로킹(BLOCKING), 자막이 움직이는 동선이다. 화면의 하단이나 상단을 보금자리처럼 생각했던 자막은 이제 화면 중간을 가로지르거나 화면의 방위 어디건 마음껏 자리한다. 동서남북 사통팔달 안 가는 곳이 없다. '수퍼 인(자막을 넣으라는 사인)'이라는 큐사인에 디졸브로 조용히 나타났다가 슬그머니 사라지던 자막들은 이제, '뿅'이라는 경쾌한 효과음을 뒤에 거느리고 근사하게 화면을 누비고 있다. 그저 물 위에 떠올랐다 가라앉던 자막은 날라서, 회전해서, 밀고, 눌려서, 공처럼, 책장처럼, 칼처럼, 바람처럼 명멸을 계속하고 있다. 색깔도 민낯의 창백함을 극복하고 다양한 색조를 띄고. 자막의 다양한 서체만으로 성에 안 찼는지 자막은 이제 문자뿐만 아니라 그림의 얼굴까지 하고 나섰다. 잘 그려진 그림 즉 썰렁함을 나타내는 말 대신에 나오는 펭귄 그림이나 눈사람 그림은 '백문이 불여일도(百文이 不如一圖)' 말 그대로다. 텔레비전을 보자. 서울방송의 〈김혜수 플러스 유〉에서는 한 출연자 변명을 계속하자, 이를 비웃기라도 하듯 강아지 그림이 날라 들어와 출연자를 '비웃고' 다른 화면으로 전환되었다. 누구라도 썰렁한 말을 하면 눈사람이나 펭귄 그림이 들어와 말 이상의 임팩트를 준다. 자막은 결코 문자에만 한정된 것이 아니라, 그림으로도 등장, 자막이 문자기호라는 주장의 입지를 더욱 좁혔다. 자막은 이제 텔레비전 비디오 신호의 중요한 요소다. 서울방송의 〈기분 좋은 밤〉에서는 출연자에 대한 야외 설문조사를 그래프로 그려서 시각적으로 처리했다. 출연자에 대한 생각 즉 그녀가 푼수, 유부녀, 깍쟁이, 맹하다, 깜찍하다는 여러 가치가 그래프의 X축을, 횟수를 Y축으로 놓아 멋진 그래프로 보여주었다. 그래프화 된 자막. 자막은 여기까지 왔다. 문화방송 〈김국진 김용만의 21세기 위원회〉 여러 가지 자료를 짧게 보여주는 자료를 따라가는 자막의 숨 가쁜 행진. 두 진행자와 출연자의 대사를 줄줄이 이어 받아적는 자막은 텔레비전의 볼륨을 죽이고 들어도 해독에 큰 지장을 주지 않을 만큼 설명적이고 장황하다. 오디오, 자막에 역할을 내주다? 〈방송공사 슈퍼 TV일요일은 즐거워〉 자막의 진보된 활용은 연출자가 녹화나 편집할 때 느끼는 생각을 투영하는 의식의 공유에까지 가 닿고 있다. 단지 빨라진 자막은 사회자 강호동의 "안녕하세요?"라는 대사를 다시 한 번 받아적고, "여기는 **대학굡니다"라는 대사를 그대로 띄운다. 출연자와 대화하는 사회자를 비꼬는 "항상 예쁜 여자에게만 잘해주는 호동"이라는 자막으로 연출자의 감정, 생각을 전달하고, 출연자가 노래를 잘 못 할 때 "녹화 때는 잘했습니다."라는 시청자들이 알 수 없는 정황을 설명해주고, 뭐라고 딱 꼬집어 말을 못하지만, 시청자들이 느끼는 묘한 감정을 꼬집어서 읽어준다.

"약간 어설프지만, 노력한 흔적이 역력해 합격". 예전의 오락 프로그램에서는 거의 모든 정황이 사회자의 멘트로 처리되고 애매한 감정이나 의식의 흐름은 놓치기 일쑤였다. 아주 자세한 자막 때문에 시청자는 연출자가 의도한 대로 의도한 상황에 큰 이탈 없이 도달하게 되고 연출자가 의도한 행동을 취할 가능성이 커진다. 프로듀서는 자막으로 말하고, 시청자는 자막으로 듣는다?

살펴본 것처럼, 자막은 이제 없으면 왠지 허전한 세트가 되었고, 출연자의 캐리커처나 특성을 나타내는 그림 자막으로 출연인물을 대신하는 '카게무샤'(그림자 무사)가 되었다. 카메라 감독들은 자막을 칠 공간을 염두에 두고 카메라 앵글을 결정하는 화면의 중요한 미장센으로까지 인식하게 되었다. 자막 없는 방송? 생각할 수 없다.

자막, 일본적인 지극히 일본적인

한국방송의 범람하는 자막이 일본 텔레비전의 모방에서 비롯됐다는 것은 상식이다. 일본 텔레비전 방송에서 자막이라는 해는 결단코 지지 않는다. 한국방송이 많이 모방했다는 이야기를 듣는 일본의 프로그램 〈학교에 가자〉, 〈일본열도 이것이 최고〉, 〈산마의 구리까에 티비〉. 이들 프로그램에는 자막이 화면 대부분을 채우는 경우도 흔하게 볼 수 있고, 생명체처럼 꿈틀대기도 하는 자막은 변덕 많은 시청자의 눈을 붙들어 매는 안전판의 역할을 하고 있다. 일본방송에서 자막이 넘실대는 이유는 무엇일까? 일본어를 배운 사람이라면 일본어의 풍부한 어휘 특히 이름과 관련된 명사에 놀라지 않은 사람은 없으리라. '책등'이라는 말을 아는가? 책을 책꽂이에 꽂으면 밖으로 드러나 보이는 부분을 책등이라고 하는데 우리말에는 이런 말이 없다. 우리가 이름이 없어서 "거, 책표지 중에 책꽂이에 꽂으면 밖으로 드러나는 부분 있잖아요?"라며 상대방의 이해를 구할 때 일본인들은 거기에 '책등'이라는 이름을 달아주어서 언어생활을 경제적으로 하고 있다. 물론 우리말 어휘의 풍부함을 폄하하는 것은 절대 아니다. 다만, 현대 우리 언중들이 가리키는 지시체중 의외로 이름이 없는 것이 많다는 것이다 (몇 년 전 고속도로의 비상공간을 지시하는 말이 없어 일본말 '노견'이라고 표시했다가 '웬 화난 개?'라는 오해를 산 적이 있었다. 그 후 이름을 공모해 '갓길'이라 부르기로 한 일을 기억하는가? 또한, 적당한 호칭이 없어 직장에서 미스터 김, 미스 리하고 불렀던 기억은 새삼 새롭다.). 한국문화와 일본문화를 구분 짓는 하나의 척도가 바로 '이름 붙이기'가 아닌가 싶다. 무엇인가 명확하지 않더라도 이를 꼬집어 이야기하지 않고 긴 설명으로라도 이해시키는 한국문화와 확실하게 무엇인가에 이름을 지어 지시체를 도드라지게 하는 일본문화. 자막이 횡행하는 것은 일본문화의 이런 이름 붙이기와 밀접한 연관이 있어 보인다. 일본의 버라이어티 쇼에 출연하는 출연자들은 거의 모두 명찰을 크게 달고 있다. 누가 누구인지 헷갈리는 상황을 절대 허락하지 않는다. 어떤 상황인지 느껴지기는 하지만 뭔가 딱 꼬집어 이야기할 수 없는 경우도 거의 없다. 편재하는 자막은 이처럼 애매하게 이해되기 쉬운 상황을 정확하게 이름 붙여 꼬집어 내는 이름 구실을 하게 된다. 한국방송 자막의 유행이 일본적인 요소를 본떴다는 사실이 꺼림칙하지만, 우리식으로 잘 소화만 시킨다면, 그래서 우리 방송문화가 더 윤택해진다면 포맷의 차용은 결코 나쁜 일이 아니다. 그럼 문제는 이 자막이라는 그릇에 담는 내용과 방법론이다.

자막, 안타까운 너무나 안타까운

(1) 맞춤법이 안 맞는 자막

"그렇지 안아요" "그러면 않되요" "그런데요" "돼어요"

요즘 인기 상한가를 올리고 있는 모 방송국의 프로그램에 자주 등장하는 자막이다. 말이 많으면 실언도 많은 탓일까? 하지만 이 프로그램의 자막이 얼마나 자주 틀리는지는 시청자들이 더 잘 안다. 한 회가 아닌 자막 한 페이지당 하나의 오자가 난다 해도 과언이 아니라는 이 프로그램을 만드는 사람은 도대체 우리말을 제대로 아는 사람인지 의심스럽다.

방송국에 처음 들어와 쇼프로그램의 조연출을 하면서 놀란 점 한 가지는 방송이 생각보다 쉽게 만들어진다는 것이었다. 내가 담당하는 프로그램 자막의 게이트키핑이 미약해 보였다. 즉, 조연출인 내가 생각해 내고 결정해 CG(문자발생) 요원에게 넘기는 자막이 옳은 것인지 틀린 것인지 교정해주는 스태프가 없었다. 물론 담당 조연출이 꼼꼼하게 잘 살펴야 온당한 일이지만, 만약 조연출이 정확히 모르거나, 잘못 알고 있다면 이것이 방송될 가능성은 적지 않게 높아진다. 담당연출과 편집스태프가 편집할 때 이를 지적하지 않는다면, 그리고 심의위원이 꼼꼼히 읽어내지 않는다면 잘못된 자막은 생각보다 쉽게 브라운관에 뜬다. 신문사는 취재기자가 쓴 기사를 편집 기자가 읽고 다시 교열기자가 검독(proofread)하여 오자나 탈자, 잘못된 표현이 걸러진다. 텔레전의 자막이 국민의 국어교과서라는 당위적인 주장이 아니더라도 자막의 양과 비중이 늘어난 점을 감안할 때 검독할 교열전문가의 필요성은 필수적이다. 맞춤법이나 띄어쓰기가 잘못된 자막 얼마나 눈에 거슬리는가?

(2) 숨쉬기를 막는 부적절한 자막

자막을 넣는 것도 생각보다 쉬운 일은 아니다. 단순히 '수퍼 인'이라고 외친다고 되는 일이 아니라, 어떤 시간에 어떤 장소에 어떤 크기로 얼마 동안 넣을 것인지를 고려해야 한다. 출연자의 멘트를 자막으로 치는 경우, 출연자의 말을 못 따라가고 조금씩이라도 늦게 나오게 되면 시청자는 수많은 시청자는 답답함을 느낄 것이고, 읽을 수 없게 너무 서둘러서 자막을 넣다 빼면 시청자는 황당함을 느낄 것이다. 리듬을 타고 적절한 위치에 들어가는 자막은 우리 국민의 정서적인 호흡장애를 막아 줄 것이다. 연출자여 제발 리듬을 타십시오. 어떻게? 잘-.

(3) 내용 안 맞는 자막

자막의 범람을 모든 시청자가 환영하는 것만은 아니다. 진행자의 말장난을 그대로 적는 자막이 짜증이 난다고 생각하는 시청자가 있고, 지나친 자막의 사용이 반 텔레비전적이라고 생각하는 영상 주의자들도 요즘 보이는 자막의 유행을 달가워하지 않는다. 이들이 이런 반응을 보이는 것은 지나치게 과도한 자막의 사용 탓이다. 넘친다는 것은 사물의 존재 이유가 흔쾌히 설명되지 않는다는 것을 뜻한다. 자막의 양이 많고, 빈도가 높더라도 이유만 잘 설명된다면 자막의 적극적인 활용은 바람직하다. 시청자가 느끼는 감정에 가 닿지 못하고 연출자의 자의적인 상황설명이 쓰인 자막, 굳이 자막으로 치지 않아도 누구나 알 수 있는 상황의 동어반복적인 활용, 자막의 내용과 글자체가 조화되지 않는 자막, 너무 커서 화면의 중요그림을 덮는 자막, 분위기를 깨는 자막 등 · 퇴장 효과. 이들은 모두 자막이 이제까지 쌓아온 비디오 신호로서의 비중을 갉아먹는 요소임이 틀림없다. 자막의 중요성 아무리 강조해도 지나치지 않는다.

자막, 의식의 빠라(PARALLEL)

생방송을 하는 프로그램에서 만약의 사태를 대비해 여벌로 준비한 예비 테이프를 빠라(PARALLEL)테이프라고 한다. 타임코드를 맞추어 동시에 틀어놓는 예비 VTR은 생방송 때 본 VTR과 한 치도 틀림없이 같은 속도로 같은 오디오와 비디오를 내면서 돌려진다. 생방송 중 돌아가는 빠라 테이프를 보면서 자막의 활용은 이제 의식과 무의식이 빠라되는 경지에 가 닿아야 하지 않을까 생각한다. 연출자가 자막에 대한 눈높이를 맞추고, 시청자와 호흡을 함께 한다면(이 3자가 빠라된다면), 자막은 시청자와 연출자를, 아니 우리 사회의 의사소통을 왕성하게 하는 공동의 장으로까지 떠올라, 자막이 누릴 수 있는 최고의 영광을 누리게 된다. 간혹, 연출자들 사이에 촬영한 내용이 변변치 않으니 자막으로 때우겠다는 농담도 들린다. 이는 자막이 변했다는 것을 아직도 모르는 말로, 자막에 대한 결례가 아닐 수 없다.

연출자여, 자막에 의식을 빠라시키자. "빠라빠라 빠라밤!"

〈방송과 시청자 1999년 2월호〉

5 한국방송 그리고 쇼 오락 프로그램에 대한 몇 가지 생각들

한국에 구제금융시대가 도래하면서 방송가에는 이상한 분위기가 감돌았다. 그것은 방송이 자중해야 하고, 프로그램의 구조조정이 필요하다는 묘한 기운이었다. 이는 작금의 현실이 온 것에 대해 방송이 느끼는 일말의 책임의식과 가라앉은 사회분위기를 역행하지 말자는 다짐에서 나온 듯하다. 방송사들은 '경제 살리기와 건전한 소비풍토를 조성하기 위한 프로그램개혁'의 기치를 내걸고 이듬해인 98년에 오락과 드라마편성을 축소하고 공익적인 프로그램을 많이 만들겠다고 공언했다. 그리고는 곧 KBS 가요톱10이 없어졌고, 다른 방송국도 몇몇 가시적인 조치를 취했다. 하지만 방송을 제작하는 현장의 PD로서 이해하기 어려운 점이 있었다. 구제금융시대와 가요톱10이 무슨 상관관계가 있는 것인지, 가요톱10이라는 프로그램이 우리 사회의 거품문화를 어떻게 부추겼는지 궁금하였고, 10대 댄스음악이 왜 서리를 맞아야 하는지 이해할 수 없었다. 다시 올 초에 방송사들은 공공성 강화를 운운하며 쇼 오락 프로그램에 손을 댈 기세를 보이며, 과장된 제스처를 취하고 있고, 특히 쇼 오락 프로그램에 대해 너무 튀지 않게 하는 '저공비행'을 시도하고 있다. 방송개혁위원회 위원장도 아무 주저 없이 지금의 방송을 부정 식품에 불과하다고 단언했다. 부정 식품. 위원장이 부정 식품이라고 혐의를 둔 것은 방송 중에서도 오락 프로그램이 아닐까 싶다. 왜냐하면, 위원장의 단언에 방송국이 화답한 내용이 말을 해주기 때문이다. 방송국들은 드라마 편수를 줄이고, 비과학적인 프로그램들을 줄이고, 청소년재연프로그램의 폐지와 청소년시청시간대의 편성을 배제하는 공익성을 강화하는 조치를 하기로 합의한 발표를 내놓았다. 실제로 느닷없이 공영방송론을 외치던 한 방송국은 총 5개의 쇼 오락 프로그램을 없애는 과장된 몸짓을 보였고, 교양다큐멘터리편성을 강화한다는 실행방안을 내놓았고, 다른 방송국도 기존 연예프로그램의 내용변화와 교양다큐멘터리편성확대라는 똑같은 목소리를 냈다. 이러한 움직임을 보면서 한 가지 의문이 생겼다. 한국현대사에서 왜 사회의 변화가 있을 때마다 방송이 몸살을 앓아야 하는지, 그리고 유독 왜 쇼 오락 프로그램만이 서리를 맞는 것인지 정말 궁금하였다.

오락 프로그램에 대한 집단 괴롭힘

오락 프로그램. 시대의 변화보다 더 많이 요동하는 오락 프로그램의 신세를 보니 이는 강자의 약자에 대한 집단 괴롭힘과 닮았다는 데 생각이 미쳤다. 반도라는 지정학적 위치 때문에 900여 회의 외침을 받아온 약소민족인 우리로서는 이 강자의 논리가 얼마나 우스운 것인지 잘 알지 않는가? 쇼 오락 프로그램과 쇼 오락 연출자들은 어떻게 보면 약자다. 누가 성수대교와 삼풍백화점이 무너졌다고 뉴스프로그램을 손대고, 기자가 촌지를 받았다고 기자들을 구속했는가(물론 군소신문의 사이비기자를 제외하고-한겨레신문 90년 4월 14일 자 사설)? 누가 한국 정신의 맥이 끊길 지경이라고 한탄하면서 교양프로그램을 뜯어고쳐야 한다고 주장하는가? 아무도 그런 주장을 하지 않는다. 하지만 구제금융시대가 오고 무언가 바뀌어야 한다는 당위를 채우는 것은 다름 아닌 쇼 오락 프로그램이다. 쇼 오락, 쇼 오락프로듀서. 이들은 지적인 약자이고 또 이들을 손댔을 경우 그럴싸한 효과도 나서 자꾸 손이 가는 것은 아닐까? 물론 쇼 오락 PD들이 괴롭힘을 당할, 즉 털어서 먼지 안 날 근거가 전혀 없었던 것은 아니다. 그리고 그런 점에서 PD들 모두 반성해야 하는 것도 사실이다. 하지만 방송사를 둘러싸고 돌아가는 현실이 무엇인가 좀 논리적인 면에서 아귀가 맞았으면 하는 바람은 성급한가? 쇼 오락에 대한 일종의 광기 같은 맥카시즘을 느끼고 있다면 이는 과장된 생각인가? 누가 이런 나의 과장된 생각에 아니라고 얘기해 줄 사람은 없는가?

구체적으로 따져보자. 구제금융시대가 도래한 것은 누구의 잘못인가? 언론학자 찰즈 라이트는 언론의 4대 기능을 환경감시의 기능, 사회화의 기능, 상관조종의 기능, 그리고 오락의 기능으로 나눴다. 구제금융시대가 오게 된 것이 오락 탓인가? 아니다. 경제가 제대로 돌아가는지, 정치가 제 역할을 제대로 하고 있는지 환경감시를 잘 못 한 것이다. 언론의 비판기능, 환경감시의 기능이 제대로 안 된 것이지 어디 오락의 기능이 잘못된 것인가? 오락은 제 역할을 충실히 했다. 아니, 너무나 충분하게 했다. 그래서 다른 기능과의 균형이 안 맞아 지금 균형을 맞추느라 살을 빼라는(?) 압력을 받고 있는지 모른다. 구조조정이 정말 필요한 분야는 어쩌면 비판의 역할을 담당하는 수많은 인쇄매체이고, 교양, 보도분야일지도 모르는 일이다.

한국, 교양성과 오락성의 이중적인 사회

하지만 이런 사회분위기가 힘을 얻는 것은 어쩌면 우리들의 집단 무의식에 잠재해 있는 책, 인문, 지식, 신문 등으로 대표되는 교양성의 오락성에 대한 우위에서 기인하는 것인지도 모른다. 우리나라 국민이 가장 즐기는 취미생활은? 영화? 독서? 여행? 아니다. 텔레비전 보기다. 한국 성인들은 평일 평균 2.23시간, 토요일 평균 3.07시간, 일요일 평균 4.02시간 텔레비전을 본다. 어쩌면 가족보다 더 많은 시간을 함께 보내는(즉, 대화하는) 상대, 바로 텔레비전이다. 요새 방송개혁에 대한 논의가 활발하다. 자연 가족보다 더 많은 시간을 보낸 텔레비전에 대한 '애정'이 없을 수 없다. 입 달린 사람은 모두 한마디씩 한다. 실제로는 공기처럼 가깝게 지내는 텔레비전. 한국에서는 누군가가 텔레비전에 돌을 던지면 모두 던진다. 왜 지간이 그토록 즐겁고 재미있게 보았다는 사실도 무시하면서 돌을 던지는 지 한번 돌아보고 던지면 안 될까? 지난 1월 26일 방송개혁위원회에서 한 교수가 한 말은 방송에 대한 우리 사회의 '애정'을 수위를 짐작게 한다. "내가 오늘 공청회에 나오려는데 5살 난 딸아이가 '아빠 드라마를 없애지 마세요.'라고 말하는데 커다란 충격을 받았다. 그래서 아이들을 위해서 드라마는 반드시 손보겠다."

현업의 프로듀서들은 그 교수가 과연 드라마를 손볼 자격과 권한이 있는지 의심하고 있다(KBS 프로듀서 95호). 방송구조개혁에 대한 이야기가 나오면 꼭 약방의 감초처럼 등장하는 메뉴. 그것을 방송의 공영성 강화이고, 쇼 오락 드라마프로그램의 폐지 축소, 그리고 전 프로그램의 교양화로의 매진이다.

텔레비전은 교양매체다?

방송법 시행령 제27조는 방송프로그램을 교양, 오락, 보도로 분류하고 있고, 방송비율을 교양 40% 이상, 오락 20% 이상, 보도 10% 이상으로 규정하고 있다. 방송법에서부터 텔레비전을 오락 매체가 아닌 교양매체로 규정하고 있다. 하지만 몇몇 식자를 제외하고는 (아니 심지어 때로는 식자마저도) 텔레비전에서 교양을 추구하지 않는다. 많은 사람들(줄여서 대중)이 텔레비전에서 바라는 것을 값싼 비용으로 즐길 수 있는 영화이고, 드라마이고, 음악 쇼프로그램이고 코미디 쪽이 아닐까? 아니라고 주장하는 분도 계실 것이다. 그러나 한국인의 텔레비전의 시청형태를 보면 자명해진다. 물론 뉴스나 교양도 바라기는 바란다. 하지만 우리가 텔레비전에 바라는 많은 것은 오락이다. 텔레비전이 교양매체라기보다는 훨씬 더 오락매체라는 주장은 수많은 학자들의 다음과 같은 증언이 뒷받침해준다. 1983년 배리스(Varis)는 전체 텔레비전 시청시간 중 오락 프로그램이 차지하는 점유율을 측정했다. 미국 40%, 캐나다 36%, 라틴아메리카 44%, 서유럽35%, 동유럽 36%, 아시아 48%, 아랍지역 42% 등 오직 두 지역에서만 오락 프로그램 점유율이 다른 프로그램영역에 비해 두 번째였는데 소련은 정보프로그램이 30%, 오락 프로그램이 27%였고, 아프리카에서는 39%, 30%였다. 유네스코와 BBC 월드서비스의 최근통계들도 배리스가 발견한 사실을 입증하고 있는데 세계의 거의 모든 지역에서 오락이 텔레비전 내용의 가장 넓은 범위를 차지하고 있다는 것이다. 멕시코에서 오락에 할당하는 텔레비전 시청시간의 비율은 74.2%이며 구소련은 49.5% 포르투갈은 70.8%였다. 피스크(Fiske)와 하틀리(Hartley)에 의하면 텔레비전은 현 사회가 필요로 하는 '음유시인의 기능'을 수행한다. 텔레비전은 이제껏 사회적 요구란 다름 아닌 오락의 기능이다.

이렇게 많은 학자들의 주장을 논거로 제시하는 것은 교양우위의 역사적인 흐름을 뒤집어 보는 것에 다름없다. 사회과학자 엘리휴 캐츠(Elihu Katz)에 의하면 1970년대에 이르러서야 비로소 '오락이 진지하게 받아들여졌다.'(그렇게 오랫동안 오락이 인정되지 않다가) 타넨바움도 어떻게 텔레비전의 오락기능이 오랫동안 소홀히 여겨져 왔는지 의아해했다. 타넨바움은 특히 '일상생활에서의 오락의 중요성에 대한 연구의 부족함'에 대해 개탄하면서 '특히 텔레비전을 연구하는 학자들이 이 현상에 대해 연구하기를 피하는 것의 위험을 각오해야 한다고'라고 주장했다. 피셔(Fisher)와 멜닉(Melnik)은 오락이 그렇게 방관 되어 왔으며 지금도 여전히 방관되고 있는 이유는 아마도 오락물에 대한 좋지 않은 견해, 즉 오락물의 기능과 많은 영향력을 미치는 중요성에 대한 인식의 부족 그리고 오락을 표현할 적적하고도 공통적인 개념도구가 없기 때문이라고 주장했다. 인문학자인 다니엘 부어스틴도 학자들에게서 텔레비전에 대한 경멸을 감지하는데 이것은 학자들이 텔레비전이 시적의 영역을 침범하는 방식에 대해서 우려를 하기 때문이라고 보았다. 그는 텔레비전은 '저속하다.'라고 단언한다. 왜냐하면, 텔레비전이 그들 학자들의 통제 속에 있는 것이 아니기 때문이다.

오락 그 본분을 찾아서

오락, 오락은 쉬는 시간에 재미있게 놀아서 기분을 즐겁게 하는 일로 즐거움을 마음껏 누리는 것을 뜻하는 향락이라는 말과 함께 우리 사회에서 제 평가를 못 받은 말 중의 하나이다. 하지만 인간은 생각하는 동물이기 이전에 놀이하는 동물이다. 네덜란드의 문화이론가 호이징거는 '호모 루덴스'라는 책에서 인간의 문화 자체가 놀이의 성격을 갖고 있다고 주장하였다. 그리고 문화가 현대에 가까워질수록 놀이의 성격에서 벗어나 관념, 도덕, 이데올로기, 규범 등으로 변질하여 가고 있음을 개탄하고 있다. 그가 말한 바로는, 인류는 18세기까지는 그런대로 놀이적인 문화를 유지했다. 그런데 근대 이후로 이념이 과잉 하게 되어 놀이적인 문화는 평가절하 받게 되고 관념적인 문화만 대접받게 되었다. 이를테면 문학의 경우 무언가 고상하고 관념적인 주제가 내포돼 있어야만 잘 쓴 작품 취급을 받게 되었다. 그리고 가벼움보다는 무거움이, 솔직성보다는 교훈성이 마치 문학의 본령인 것처럼 간주하게 되었다. 이런 선입관은 오랫동안 우리들의 사고체계를 지배해 왔다. 하지만 인생의 목적은 무엇인가? 각각의 인간의 목적이 다르겠지만, 궁극적으로는 인간이 누릴 수 있는 즐거움을 마음껏 누리며 사는 것이 아닐까? 아름다운 꽃을 보며 즐거워하고, 맛있는 과일과 음식을 먹으면서 만족하고, 사랑하는 사람을 껴안으면서 따뜻한 마음을 느끼고, 듣기 좋은 소리를 들으며 짜릿해하고, 가족 동료와 함께 어울리면서 자신의 존재를 느끼는 것, 쉬는 날 부족한 잠을 보충하는 늦잠을 늘어지게 자고 나서 느끼는 여유. 이것이 인생의 목적이 아닐까? 이런 것들을 느끼는 것, 즉 즐거움을 누리는 것. 그것이 향락이고 오락이다. 이 아름답고 복된 말이 우리나라에서는 왜곡되어 사용되고 있는 것이다. 인생을 즐기는 것(엔조이하는 것). 인생을 엔조이하는 데는 용기가 필요하다. 한국에서는 한 신문의 사설을 보자

"프로그램에 무시로 등장하는 탤런트 가수 코미디언들의 검증 안 된 인생관과 세계관이 아직껏 풍미한 데서야 고급문화가 설 땅은 없다. 방송 3사가 저급 불량프로그램을 쏟아내는 1차적인 원인이 시청률 경쟁이라는 점에 주목한다. 외환위기 뒤로 방송사의 광고수입이 격감한 데 따라 시청률 경쟁이 더욱 격화하고 있기 때문이다. 저질 드라마를 추방하고 문화, 교양, 시사 프로그램을 늘려야 한다는 논의는 어제오늘의 일이 아니다. 이런 파행을 언제까지고 내버려둘 수는 없다. 그러자면 프로그램을 감시하고 방송사에 압력을 가하는 시청자 주권의 회복이 무엇보다 긴요하다."[4)]

젊은 지식인 변정수는 이 사설이야말로 우리 사회의 위선적이고 비논리적인 지배구조의 맹점을 잘 드러낸다고 논파했다. 즉 시청률 산정의 주체가 되는 시청자와 시청자 주권이라고 할 때의 시청자는 같은 대상을 지칭한 것이 아니다. 시청률 우선을 저지하기 위해 시청자 주권의 확보가 필요하다는 식의 주장을 하는 사람들은, 자신들이 시청률을 만들어내는 대중들과 다른 기호나 취향 혹은 지향을 하고 있다고 생각하고 있겠다고 보았다. 좀 더 정확히 말하자면, 자신들의 취향은 고급이고 대중의 취향은 저속하고 말초적이라고 은연중에 전제하고 있을 것이다. 어떤 사회든 고급문화를 생산하고 향유하는 엘리트들도 나름대로 존재의미가 있을 것이기 때문이다. 정작 문제는 그들이 그것을 다시금 대중에게 혹은 대중적 방법으로 호소하고 있다는 자가당착이라는 점에 그들 주장의 한계가 있다. 이런 언론의 보이지 않는 비논리와 위선적인 구조가 우리를 한없이 겉은 교양적 속

4) 한겨레신문 98년 10월 6일자 신문사설

은 오락적인, 그리하여 항상 이중적인 모습에 갈 길을 헤매는 방송에 대한 가치관을 만들어내는 것 아닐까?

방송을 다시 생각한다.

지금 우리에게 필요한 것은 방송에 대한 개념을 다시 정립하는 것인지 모른다. 방송이 항상 교양적이어야 한다고, 그래서 드라마도, 쇼도, 코미디도 건전하고 유익해야 한다고만 주장하는 담론들이 판치는, 방송 상부의 메커니즘의 목소리만 힘을 얻는 지금의 구조는 바뀌어야 한다. 왜 10대들의 목소리는 항상 무시되는가? 드라마에 환호하는 주부의 취향은 왜 저급한 것으로 매도되는가? 텔레비전의 오락을 진정으로 즐기는 사람들을 왜 배려하지 않는 것일까? 그리고 오락을 보면서 즐거워하는 사람들은 왜 자신이 오락을 즐긴다는 사실을 인정하지 않는 것일까? 그래서 오락 프로그램들이 하루아침에 없어지더라도 아무 소리 못 하고 그저 밋밋하고 건전한 오락 프로그램을 쳐다보아야만 하는 것인가? 우리 사회가 건강성을 얻는 길. 그 하나는 우리가 즐긴다는 사실을 인정하는 것이다. 그리고 텔레비전이 우리의 즐거움을 많은 부분 충족시켜준다는 것도 받아들이는 것이다. 그리고 텔레비전이 진정 우리에게 무엇인가에 대해 찬찬히 돌아볼 기회를 얻어야 한다. 그래서 텔레비전의 현실을 우리가 받아들이는 것, 아무리 사회가 변혁을 맞더라도 텔레비전에 대한 우리의 생각과 현실의 틈을 줄여가는 것, 그것이 필요한 때다. 방송에 대해 지나치게 교양의 허울을 요구하지 않는 것, 오락이 오락의 역할을 하도록 하는 것. 그것이 우리가 지향하는 다양성의 사회의 모습을 닮은 것이 아닐까? 우리가 틈만 나면 21세기가 문화의 세기고, 문화 인프라가 어떻다고 소리를 높이지만, 정작 대중문화 특히 대중음악과 텔레비전에 대해서는 규제와 단속을 먼저 떠올리는 것 같아 안타깝다. 우리가 매일매일 숨 쉬고 함께 이야기하는 텔레비전. 텔레비전이 우리에게 진정 무엇인지 다시 머리를 맞대고 이야기해야 할 때가 지금이 아닌가 한다.

〈KBS프로듀서 1999년 3월 25일〉

6 뉴스의 탈현실의 수사학 연구 KBS 9시뉴스 헬기보도의 서사 및 이데올로기 분석을 중심으로

1) 문제제기

방송뉴스의 전형성을 파악하려는 노력은 지속해 왔다(대표적으로 Tuchman, 1978/1995). 이준웅·황유리(2004)는 리포트의 평균길이는 75초이며, 앵커의 도입문장 2개 이후 기자의 리포팅이 약 7문장으로 구성되고 기자의 리포팅 가운데 인터뷰가 1-2개 들어가는 형식을 한국방송의 도식성의 일면으로 제시했다. 방송뉴스의 제작이 작업의 리듬을 따라 규칙적이고 반복적으로 이뤄진다는 것을 보여줌으로 뉴스제작의 제도적 성격을 암시했다. 도식적인 한국방송에서도 눈에 띄는 뉴스는 테크놀로지의 사용으로 다른 영상과 멘트를 활용하는 헬기보도다. 헬기 촬영장비를 사용하고 내려다보는 부감 샷을 주로 보여주며 다양한 수사법을 활용하는 헬기보도는 뉴스 중의 돌연변이라고도 볼 수 있다. 저널리즘에서 금과옥조로 여겨지는 객관주의가 헬기보도에는 잘 보이지 않기 때문이다. 대표적인 연성뉴스인 헬기보도는 사람들에게 감정적으로 접근하기 때문에 수용자의 관여를 높이고, 수용자들을 구경꾼(Looker-on)이 아니라, 자신 경험의 수준(our own level of experience)에 놓게 하여 감정적으로 반응하게 한다(Langer, 1992).

계절이 바뀌거나 행락객이 많은 주말에 보도되는 헬기보도는 '언제 어디서 누가 무엇을 어떻게 왜'라는 육하원칙에 입각한 사실이 아니라, 계절감을 보여주는 시각적 이미지에 더 의존한다. 마치 동시를 읽는 듯한 유아적인 어휘의 사용과 과도한 수사법의 활용, 이성보다는 감성에 소구하는 멘트 등 헬기보도는 여타 방송의 뉴스와는 차별화된 모습을 보인다. 신문의 화보기사에 해당하기 때문에 생겨난 특징이라고 보아 넘기기에 기사의 내용은 지나치게 주관적이며, 정확하지 않다. 뉴스가 현실을 그대로 반영한 것이 아니라, 현실을 재연한 문화적 구성물이라 할 수 있다면(Tuchman, 1978/1995), 헬기 보도 역시 언어와 영상을 통해 의미를 생산하기 위해 만들어진 하나의 재현물이라고 할 수 있다. 헬기보도에도 여러 약호와 이야기와 담화, 이데올로기가 담겨 있다. 한국의 대표적인 뉴스프로그램에서 주기적으로 헬기를 활용한 뉴스프로그램을 방송하고, 이것이 지속적으로 의미화 작용을 하고 있다면, 그 서사구조와 이데올로기를 분석하는 것은 충분한 의의가 있을 것이다. 본 연구에서는 헬기보도가 어떤 서사구조를 가지고 있고, 어떤 이데올로기적 작용을 하고 있는지, 그리고 헬기보도는 시청자에게 무엇을 의미하는지 분석하고자 한다. 독특한 돌연변이 뉴스의 서사구조와 의미작용의 이해를 통해 한국 텔레비전 뉴스에 대한 인식의 지평을 넓힐 수 있을 것이다.

2) 이론적 배경 및 기존연구

(1) 신화로서의 뉴스

뉴스는 현대의 대표적 신화적 장치이다. 왜냐하면, 옛날이야기건 뉴스건 모두 누군가로부터 전달되고 그 과정에서 윤색된 이야기이며, 결국에는 개인적인 의미가 부여된 상태에서 기억되는 공공자원이기 때문이다(Tuchman, 1978/1995). TV 뉴스 담론이 시청자에게 의미를 전달하고 현존하는 사회질서의 신화를 구성하고, TV 뉴스의 1차 기능은 정보전달이지만, 다른 차원에서는 사회질서의 신화적인 초상을 구축하도록 작용한다. 신화는 시청자의 일상과 공명하며 대중의 의식에 스며드는 만큼 TV 뉴스의 신화적 기능의 차원은 중요하다. 달그렌(Dahlgren, 1999)은 TV 뉴스의 신화가, 강력한 전체성으로서 반복되는 국가와 다른 사회기구를 상징하는 기호의 노출, 공적인 소비를 위한 안전을 제공하는 방식으로 사회갈등과 대립의 끊임없는 감독, 시청자에게 사회질서에 개인적인 충성심을 갖도록 하는 초대 등으로 구성된다고 지적했다. 서사학적 연구들은 텍스트 구조와 사회적 맥락의 관계를 정교화하기 위해 클로드 레비-스트로스의 개념적 틀을 활용하였다. 레비-스트로스는 원시사회에서 통용되는 신화를 주민들이 자신들의 일상적 갈등을 해소하거나 설명하는 과정에서, 바로 그 일상적 경험을 분류하고 해석하는 개념적 도구로 간주했다. 그래서 신화는 주어진 사회의 지배적 이데올로기나 세계관의 직접적 진술이나 표현이 아니라, 구체적 관례의 수단이며 개인과 사회 간 상징적 상호작용의 매개이다. 현대 산업사회에서는 이 같은 역할이 미디어에 의해 수행된다는 것이다(Baldwin, 2003/2009).

롤랑 바르뜨(Barthes, 1957/1995)는 인간이 벌이는 모든 의사소통 안에 신화가 기능한다고 보고, 현대의 매스 미디어가 기표와 기의의 이중 작용을 통해 신화를 만들어낸다고 보았다. 신화의 임무가 역사적인 의도를 자연화하고, 우연성을 영원성인 것처럼 보이게 하는 것이며, 우리 사회가 신화적 의미작용의 특권화된 장이라고 할 수 있다면, 그것은 형식적인 측면에서 신화가 우리 사회의 본질이라 할 수 있는 이데올로기적 전도에 가장 적당한 도구이기 때문이라는 것이다. 그는 세계는 신화에 현실을 제공하고, 신화가 세계에 돌려주는 것은 현실에 대한 자연스러운 이미지라고 보았다. 우리가 뉴스를 통해서 현실을 자연스럽게 인식하는 것은 신화의 작용인 셈이다. 그가 말한 바로는 신화 속에서 사물들의 기억이 사라지고, 결국 신화의 기능은 현실을 사라지게 한다는 것이다. 이것은 말 그대로 끝없는 유출, 출혈, 증발이며 한마디로 말해서 감지할 수 있는 부재라는 것이다.

바르뜨의 수사학에 대한 지적 역시 텔레비전의 신화적 속성을 확인하는데 유용하다. 바르뜨는 억압하는 자가 풍부한 빠롤을 갖고 있지만, 억압받는 자는 하나의 빠롤만을 갖는다며, 메타언어의 독점이 세계를 변화하지 않게 영속화할 수 있는 도구라고 지적한다(Barthes, 1957/1995). 즉 부르주아 신화는 자신의 신화적 기능을 충실히 수행하는 데 수사학을 활용한다는 것이다.

(2) 뉴스안의 오리엔탈리즘

서양이 동양을 보는 시선인 오리엔탈리즘으로 뉴스를 설명하는 시각도 가능하다. 에드워드 사이드(Said, 1979/2000)는 서양이 동양을 보는 시선뿐만 아니라, 우리의 세계와 다른 점이 일목요연한 세계를 이해하고 경우에 따라서는 지배하고, 조종하고, 통합하고자 하는 일정한 의지나 목적의식을 오리엔탈리즘이라고 정의한다. 뉴스에서도 어느 한 쪽이 중심이 되어 다른 한쪽을 바라다보는 시선은 존재한다. 뉴스의 제작은 표현의 자유와 언론의 자유를 축으로 해서 대립하기는 하지만, 실은 모두 현재의 사회적 제도를 상호보완적으로 강화하고 있으며, 그럼으로써 현상유지의 정당화에 기여하는(Tuchman, 1978/1995) 지배와 조종과 통합의 의도가 담겨 있기 때문이다.

사이드(Said, 1979/2000)에 의하면 현대의 전자시대세계에서는 한 사회나 계급에 관한 여러 가지 고정 관념이 현저히 강화된다고 하는 측면이 인정되고, 특히 텔레비전, 영화, 기타 모든 매스 미디어에 의해 정보는 더욱더 획일적인 내용으로 변화하므로 한 문화에 대한 획일화와 문화의 고정관념화는 극히 위험스럽다는 것이다. 오리엔탈리즘이 뉴스의 이해에 적용될 수 있는 지점은 지식과 담론에 관한 것이다. 사이드(Said, 1979/2000)는 어느 대상에 대하여 지식을 갖는다는 것은 그것을 지배하는 것, 곧 그것에 대해 권위를 미치고자 하는 것으로 보았다. 권위란 우리가 그것의 자주성을 부인하는 것을 뜻한다. 왜냐하면, 우리가 그것을 알고 있음과 동시에 또 그것이 어떤 의미에서는 우리들이 알고 있는 것과 '같이' 존재하고 있기 때문이다. 이는 뉴스가 현실을 구성한다는 시각을 담는 것으로 실제 세계 중에서 일부 선택되고 배열된 부분만이 뉴스로서 우리에게 제시되고, 그것이 우리에게 다시 현실로 다가오는 것이다. 묘사되는 대상은 권위를 가진 묘사자에 의해 '존재'하게 되고, 묘사자는 묘사대상에 대한 지식을 갖고, 결국 권위를 행사하게 된다. 그는 이런 지배적인 지식과 담론의 위험성이, 구별되는 두 집단을 극단적으로 분극화하고 두 집단에 속한 인간들의 진정한 만남을 제약하는 데 있다고 보았다(Said, 1979/2000). 뉴스가 다양한 수사법의 활용을 통해 자신이 진리라고 하는 바를 확고히 하고 있다면, 이 진리의 구조와 수사법을 들여다보고 부재, 결여, 균열의 지점을 발견하고 드러냄으로써, 소통과 미디어의 본질을 이해하는 실마리를 발견할 수 있을 것이다.

뉴스보도가 오리엔탈리즘을 강화한다는 연구들은 오리엔탈리즘이 아직도 유효한 이론 틀이라는 것을 일깨워준다. 반 다이크(Van Dijk, 2000)는 사회적 다수는 공공적인 담론에 대한 지배력을 소유하고, 따라서 담론은 소수자를 주변화하는 역할을 하며, 미디어는 신 인종차별주의를 관철하는 힘을 가지고 있다고 주장한다. 그는 다수의 힘이 뉴스를 만들고, 뉴스를 구성하고, 주제를 선택하고 암시적으로 인종차별적인 언어를 사용함으로써 소수자에 대한 차별적인 권력이 행사된다고 지적한다. 황인성(2004)은 텔레비전의 미·이라크 전쟁보도가 이라크에 대한 현실을 어떻게 구성하고 있는지를 분석했다. 또한, KBS 텔레비전의 보도는 서방언론이 제공한 영상자료에 크게 의존했고, 전쟁진행과정에 대한 속보성 보도에 가장 많은 관심을 보였다는 것을 발견했다. 그 결과 자연스럽게 미국식 오리엔탈리즘을 반영하게 되었다고 보고, 미국식의 오리엔탈리즘이 종래의 지정학적인 동·서양의 구분보다는 선 : 악, 우리 : 그들, 문명 : 야만, 과학 : 비과학, 질서 : 혼란과 같은 극단적인 대립개념을 토대로 보편적 도덕성을 강조하는 상징적 경계를 설정한다고 결론 내렸다.

(3) 서사로서의 뉴스

뉴스를 서사로 보고 서사 분석을 시도한 최근의 연구들도 활발하다. 백선기(2003)는 9.11 테러를 보도한 KBS 9시 뉴스의 언어기사와 영상화면 분석을 통해 뉴스의 언어기사뿐만 아니라 영상화면도 서사구조를 가지고 있다는 것을 밝혔다. 즉 영상화면은 언어기사보다 더 명확히 사건의 인과관계를 표현하거나, '평화 : 폭력, 선 : 악, 천사 : 악마, 문명 : 비문명' 등의 이항적 대립관계를 보여준다는 것이다. 시사보도프로그램의 서사 연구의 방향도 뉴스의 서사 연구와 크게 다르지 않다. 김수정(2008)은 채트만의 서사분석 틀을 이용해 영어 관련 다큐멘터리 12편의 통합체 및 계열체 분석을 시도했다. 다큐멘터리의 서사는 2008년 새 정부 인수위원회의 영어 공교육 정책 발표 전후로 차이가 보이는데, 2008년 이전의 서사들이 영어 열풍의 현상을 조기교육문제로 재현하면서 협소한 해결방식을 제시한다고 분석했다. 반면 2008년 이후의 서사들은 영어몰입 교육정책의 부정적 결과를 주요 내용으로 다루면서 영어교육의 목표와 가치, 그리고 영어가 생존의 문제나 국가경쟁력의 수단이라는 담론에 대해 의문을 제시하기 시작한 것으로 나타났다고 분석했다. 황인성(1996)은 텔레비전 저널리즘의 관행적인 영상이미지에 초점을 맞추어 영상의 활용이 어떻게 소외집단을 구축하는지 분석했다. 그는 앵커의 시선 교류가 '지금 여기'라는 현장감을 만들어 그를 전지전능하고 그의 말을 믿게 한다고 지적했다. 또한, 미디엄 숏과 표준 앵글이 편안함과 안정감을 주어 앵커멘트를 이성적이고 객관적인 것으로 만드는 데 비해, 소외계층의 샷은 부정적인 효과의 클로즈업, 거칠고 과격한 줌, 패닝, 트레킹, 핸드헬드 카메라의 흔들거림, 하이앵글, 로 앵글의 과도한 사용으로 부정적 이미지를 극대화한다고 분석했다. 그 결과 소외집단의 소외 정도가 더 심화하는 결과를 초래한다는 것이다. 심훈(2005)은 쓰나미를 다룬 미국과 한국 시사프로그램의 서사구조를 분석했다. CBS의 〈60Minutes〉가 오디세이의 이야기구조처럼 출발-탐험-귀환이라는 구조를 보이며, 동남아시아에 대한 미국의 패권과 함께 세계경찰국가로서의 도덕적 의무수행에 관한 메시지를 전달하는 데 비해, MBC 〈2580〉은 선정적인 방향으로 이야기를 끌고 가며 자극적인 장면 전환을 통해 긴장을 유발하고 에피소드 중심적이며 장면전환이 빠른 한국형 저널리즘의 특색을 보여준다고 분석했다.

위에서 살핀 이론적 배경을 바탕으로 연구자는 뉴스가 만들어진 신화라는 구성주의적 시각에서 헬기보도는 한국방송의 관습적인 전형성이 만든 결과이며, 텔레비전 뉴스가 지속적인 이데올로기 작용을 통해 특정한 의미작용을 고착화해가는 일상적 매체라는 관점에서 분석하고자 한다. 따라서 뉴스는 특정지역이나 계층의 이해를 반영하는 '객관적이지 않은' 매체이며, 끊임없이 대중에게 이야기를 전하는 서사의 매체라는 관점에서 서사 및 이데올로기 분석을 시도하고자 한다.

3) 연구문제와 분석틀

(1) 연구문제

본 논문의 연구문제는 9시 뉴스의 헬기보도가 어떠한 방식으로 현실을 구성하고 있는지를 서사 분석과 이데올로기 분석을 통해서 밝히는 것이다. 헬기보도가 단순한 사실을 나열하고, 짧게 방송되므로 서사구조의 존재가 의문시될 수 있으나, 모든 뉴스는 서사를 담고 있는 구성체다. 뉴스는 이야기구조와 담화구조로 나누어 살필 수 있는데, 우선 이야기 구조분석에서 통합체 분석을 통해 주제가 무엇이며 사건을 배열하는 논리가 무엇인지 알아본다. 다음으로, 계열체 분석에서 등장인물의 유형과 상호관계를 살피고 이항대립적 가치를 비교한다. 둘째로 헬기보도가 담고 있는 이데올로기는 무엇인지 고찰한다. 마지막으로 헬기보도에 두드러진 수사학의 의미에 대해 살필 것이다.

연구문제 1 : 헬기보도의 서사는 어떻게 구성되고 있는가?
2. 헬기보도가 내포하고 있는 이데올로기는 무엇인가?
3. 헬기보도의 수사학적 함의는 무엇인가?

(2) 서사분석틀

서사 이론은 서사물의 구성요소가 무엇인가라는 자문에서 시작되었다. 이야기, 사건들의 내용과 그 연쇄 및 사물적 요소라고 부를 만한 것이 합쳐진 이야기가 하나라면, 표현 혹은 내용이 전달되는 방식인 담화가 다른 하나이다. 이야기란 서사물 속의 무엇에 해당하며, 담화란 어떻게 해당할 것이다. 이는 1920년대 러시아 형식주의의 파불라(fabula)와 수제트(sjuzet) 구분법과도 일치한다. 파불라는 기본적인 이야기의 재료로서 서사 속에 관련된 사건들의 총체로 '행위에 대한 요약' 즉, 이야기이다. 반면 수제트는 이야기를 표현하고 서술하는 방식들 즉, 시점, 화법, 서술방법 등 담화다(Chatman, 1978). 채트먼(Chatman, 1978)은 토도로프(Todorov)를 따라 서사를 이야기(Story)와 담화(Discourse)로 나누고, 이야기를 사건들과 존재물들로 다시 구분한다. 사건적 요소에는 행위와 돌발사가 포함된다. 이야기는 텍스트에 의해 명백히 제시되거나 추론된 모든 사건들을 연대기 순으로 정리한 것이다. 이야기에서 존재물들은 등장인물과 배경으로 나뉜다. 표현의 국면으로서 담화는 두 가지 측면으로 나눌 수 있다. 서사적 전달구조와 서사적 발현이다. 서사적 전달구조는 화자의 목소리나 시점 또는 시간과 관계있으며, 서사적 발현은 영상, 편집 등이다. 본 연구에서는 〈표 1〉의 채트

〈표 1〉 서사의 구조(Chatman, 1978에서 재구성)

서사	이야기	사건	행위
			돌발사
		존재물	등장인물
			배경
	담화	서사전달구조-언술표현	목소리, 시점 등
		서사의 발현-영상표현	이미지, 편집 등

먼의 서사구조 분류를 따라 헬기보도의 이야기와 담화를 분석하고자 한다. 다만, 담화분석 중 영상표현 분석은 제외하기로 한다.

(3) 분석대상

본 연구는 2008년 1월 1일부터 12월 31일까지 1년 동안 KBS 1TV 9시 뉴스에서 방송된 스케치성 헬기보도 전체를 분석대상으로 하였다. KBS 방송콘텐츠 통합시스템 홈페이지 검색창에서 '헬기'라는 키워드를 넣어 검색된 9시 뉴스 헬기보도를 찾아서 그중 헬기촬영이 일부분만 들어간 내용은 제외하고, 헬기촬영이 주된 보도만을 분석 대상으로 삼았다. 여기에서 신년특집 기사는 제외하고 일상적인 보도 12개를 분석대상으로 삼았는데, 일상적인 보도를 선택한 이유는 그것이 헬기보도의 본원적인 속성을 잘 반영하고 있다고 보이기 때문이다. KBS 뉴스 홈페이지에서는 분석대상 뉴스의 큐시트와 리포트 기사원문, VOD 영상을 제공하고 있어서 분석 자료로 활용하였다. KBS 뉴스만을 분석대상으로 한 것은 MBC와 SBS의 헬기보도와 내용

〈표 2〉 분석대상

번호	내용	방송일시
1	폭설에 고립된 강원도 산간마을	(20080123)
2	설 연휴 마지막 날 아쉬운 이별	(20080210)
3	생기 넘치는 봄날 "식목일, 한식날"	(20080405)
4	황금연휴 "산으로 바다로"	(20080503)
5	제 86번째 어린이날 "우리들 세상"	(20080505)
6	사찰마다 연등 물결……. 동물원은 썰렁	(20080511)
7	"바다로 계곡으로" 피서인파 절정	(20080803)
8	한가위 성큼……. 꼬리 문 성묘 행렬	(20080906)
9	여름과 가을이 공존했던 주말	(20080921)
10	단풍 물드는 가을 산하	(20081012)
11	단풍절정 가을정취 만끽	(20081025)
12	무르익는 겨울의 서정	(20081214)

면으로 큰 차이가 없었고, 시청률에서 KBS가 가장 높았기 때문이다. 분석 대상 보도는 〈표 2〉와 같다.

4) 분석결과

(1) 서사의 통합체 분석

9시 뉴스의 헬기보도는 10초 내외의 2문장의 앵커 멘트와 총 90초 안팎의 기자리포트로 도식적으로 구성되었다. 앵커의 멘트는 감정을 전달하기 위해 부드럽고 감성적인 말로 구성되고, 기자의 리포팅은 오프닝과 클로징이 명확히 구분되어 있으며, 헬기로 촬영한 영상을 기자의 시점으로 해석하고 진술한다. 기자의 온 마이크(On Mic) 모습은 거의 드러나지 않으며 보이스 오버로 배경과 사건을 설명한다.

〈표 3〉 헬기보도의 통합체 분석

번호	제목	통합체분석		
		앵커멘트	전개구조	클로징멘트
1	폭설에 고립된 강원도 산간마을	설국으로 변한 강원도, 주민들은 큰 불편	눈밭으로 변한 강원도 - 스키장 나들이객 - 유원지 어린이 - 폭설피해 산골마을 제설복구 - 폭설피해 큰 강원도	올 들어 가장 많은 눈 내린 강원도. 피해복구까지 시간 걸릴 것.
2	설 연휴 마지막 날 아쉬운 이별	아무리 길어도 아쉬움은 남게 마련. 아쉬움과 넉넉함 교차한 연휴 마지막날 표정을 둘러보았다.	사람을 떠나보내는 시골마을 - 인천연안부두 귀경객들 - 눈썰매 타는 유원지 - 각종 민속놀이를 하는 모습 - 서울근교의 산과 등산객들 스케치	산에 오르면서 한해의 각오도 다져본다. 아쉬웠지만 넉넉한 하루였다.
3	생기 넘치는 봄날 식목일, 한식날	식목일에 한식, 산과 들에 인파	산수유마을 - 도심공원 - 성묘객인파 - 나무 심는 사람(지상)및 인터뷰 - 어린이 대공원	기온이 20도까지 오르는 포근한 하루였다.
4	황금연휴 산으로 바다로	오늘 정말 더우셨죠? 강릉은 33도까지 올랐다. 산과 강은 붐볐다.	여름바다와 피서객 - 모내기하는 농민 - 산과들의 나들이객 - 소래포구풍경 - 행락객들	강릉이 최고기온 기록한 연휴 첫날, 행락객들로 고속도로는 하루 종일 정체
5	86번째 어린이날 우리들 세상	어린이날 휴일이었다. 화창한 봄날씨에 오늘만큼은 전국이 어린이 세상이었다.	놀이공원-물놀이장-노래하는 아이들	대통령도 어린이를 청와대로 초청해 함께 어울리며 격려했다.
6	사찰마다 연등 물결, 동물원은 썰렁	부처님 오신 날 앞둔 전국의 사찰은 붐볐고 동물원은 썰렁했다.	사찰과 신도들 - 사찰주변의 산과 등산객 - 연등꾸민 서울근교의 사찰 - AI로 텅 빈 동물원	나들이차량 몰리며 고속도로 곳곳 정체

7	바다로 계곡으로, 피서인파 절정	오랜만에 전국이 활짝 갠 주말. 피서를 즐기기에 더할 나위 없었던 하루	구름사이로 보이는 동해-바닷가 피서객 - 피서객 꽉찬 해수욕장 전경 - 계곡의 피서 인파 - 대관령의 풍력 발전기 - 도심수영장	오랜만에 푸른하늘이 열린휴일, 피서지 도로는 차량으로 붐볐다.
8	한가위 성큼, 꼬리 문 성묘 행렬	결실을 수확하는 농민들의 손길도 분주했던 9월의 첫 주말 돌아봤다.	수확하는 가을 농촌풍경 - 절하는 성묘객들 - 초등학교 운동회 - 청과 시장	화창한 가을 날씨에 성묘객과 나들이객 몰리면서 도로 곳곳 정체
9	여름과 가을이 공존했던 주말	늦더위가 기승, 들녘에 가을이 무르익어	가을 농촌풍경 스케치-운동회 스케치-산과 등산객들 스케치-계곡풍경 스케치	시민들은 풍성한 결실을 기다리면서 알찬휴일 보냈다
10	단풍 물드는 가을 산하	영하로 떨어진 대관령, 다음주 단풍절정인 설악산	가을산 풍경묘사-가을걷이 하는 아낙과 벼를 말리는 노인 등 농촌스케치	하늘은 높아지고 산과 들이 형형색색으로 변장하면서 가을도 깊어가고 있다
11	단풍절정 가을정취 만끽	쌀쌀한 날씨 속에서도 단풍을 즐기려는 나들이객들 많았다.	나들이객 스케치(감정이입) - 등산객 스케치	내장산등 남부지방에는 다음주 절정 .관악산에 오만, 속리산 이만 등 등산객 붐볐다.
12	무르익는 겨울의 서정	겨울을 즐기려는 사람들의 발 길이 이어졌다.	겨울 산의 백로와 청둥오리- 스키장 스케치-겨울유원지 스케치- 시골 겨울풍경-등산객들 스케치(상경)	겨울정취는 이렇게 점점 무르익어가고 있다.

① '팩트'(fact) 없는 뉴스

2009년 한 해 동안 보도된 스케치성 헬기보도는 총 12편으로 매달 한편의 비율로 방송된 셈이다. 헬기보도의 소재는 하나같이 날씨와 절기다. 매달 한편씩의 보도는 매달 바뀌는 계절의 감각이나 어린이날, 식목일, 추석, 설 등 기념일과 명절의 풍경을 담았다. 구체적으로 9시 뉴스의 헬기보도가 담고 있는 것은 무엇이고, 이것이 어떤 방식으로 재현되었는지를 밝히기 위해서는 각 보도의 주제와 서사구조를 살피는 통합체 분석이 필요하다. 헬기보도의 소재는 1,4,7,9,10,11,12번 등 총 7편이 날씨 혹은 계절과 관련이 있고, 2,3,5,6,8번 등 나머지 5편은 명절이나 기념일과 연관되었다. 12개의 보도 중에서 사회면 뉴스로 가치가 가장 높은 것은 '올 들어 가장 많은 눈이 내렸고, 피해 복구에도 시간이 오래 걸리는' 1번 보도다. 헬기가 아니면 접근이나 촬영이 어려워 보이는 폭설 현장을 헬기로 적절하게 포착했다. 나머지 보도들은 사건성[5]이 낮은 편으로, 헬기에서 바라본 풍경이 중심이 되는 스케치성이 강하다. 부감으로 조망하는 풍경은 그 자체로 독특한 뉴스가 되고, 시청자의 시선을 끈다. 팩트는 부족하지만, 계절의 변화나 명절이나 연휴를 맞은 사람들의 움직임을 파악하는 데 헬기보도는 더없이 좋은 수단이다. 헬기보도에는 '언제 어디서 누가 무엇을 어떻게 왜'라는 육하원칙에 입각한 객관적 사실이 부족한 대신에 영상 자체가 가진 뉴스가치 때문에 뉴스에 끊이지 않고 등장하는 것이다. 팩트가 부족한 것에 대한 염려 때문인지 앵커의 리드멘트와 클로징멘트에 약간의 정보가 삽입되기도 한다. '기온이 20도까지 오르는 포근한 하루였다.'(3번) '강릉이 최고기온 기록한 연휴 첫날, 행락객들로 고속도로는 하루 종일 정체'(4번) '내장산 등 남부지방에는 다음 주 절정. 관악산에 오만, 속리산 이만 등 등산객 붐볐다.'(11번) 등의 정보는 새롭거나 도움이 되는 실질적 정보는 아니다. 이들은 지극히 일상적이고 관습적인 사실로 그 자체만으로는 기사가 되기 어렵다. 그런 점에서 팩트는 삽입되었고, 팩트가 부족하지 않다는 것을 증명하는 수단으로 활용된다. 헬기보도에는 팩트 전달 대신, 오늘 하루가 어떻게 지나갔는지 사회적 분위기를 파악할 수 있는 근거를 제시하는 역할이 더 큰 것처럼 보인다.

② 현실- 탈현실- 근접현실의 구조

각각의 기사의 이야기 전개는 기승전결의 구조를 보이고 있다. 앵커의 리드멘트가 서론으로서의 기(起)에 해당하고, VCR 영상의 초반부가 앵커의 리드멘트를 이어받는 승(承)에 해당한다. VCR의 중반부에서 다양한 장소를 스케치하고 감정이입하는 대상을 설명하는 것을 전(轉)이라고 하면, 기자의 클로징 멘트부분을 결(結)이라고 볼 수 있다. 보도에 따라 승과 전의 구분이 모호한 부분도 있으나, 대부분 구분된다. 흥미로운 것은 기승전결이 장소의 이동과 밀접한 관련이 있다는 것이다. 기에 해당하는 앵커의 멘트

---

5) 터크만(Tuchman, 1978/1995)의 뉴스 유형 분류 중 예정할 수 없으며, 급히 보도해야 하고, 앞으로의 일을 예상하기 어려운, 이른바 경성뉴스에 사건성이 높다. 헬기보도는 어느 정도 예정되어 있으며, 급히 보도하지 않아도 되며, 앞으로의 일을 예상하기 쉬운, 사건성이 낮은 연성 뉴스이다.

는 서울의 스튜디오에서 일어나고, 승과 전에 해당하는 VCR 영상의 대부분은 자연과 농촌에서 발생하며, 클로징멘트인 결에서는 고속도로나 서울 근교를 배경으로 이루어지는 것이다. 헬기보도의 서사구조는 헬기의 출발에서 현장촬영 그리고 다시 본사로 귀환하는 이동 경로를 충실히 따른다.

헬기가 움직이는 동선을 따라서 서사를 구성하므로 이와 같은 구성은 자연스러운 귀결로 보인다. 헬기 보도의 서사구조는 현실(스튜디오) -탈 현실(헬기로 보는 자연, 사람) - 근접 현실(서울로 돌아오는 길)이라는 구조로 되어 있다. 서사의 기본적인 요소가 하나의 균형상태가 불균형상태를 거쳐 다시 새로운 균형으로 움직여가는 것이라고 할 때, 헬기보도의 서사구조는 토도로프의 서사구조의 요소와 아주 흡사하다.

〈표 4〉에서 보듯이 스튜디오에서 뉴스를 진행하는 앵커는 '지금-여기'에 존재하는 객관적 뉴스 즉 저널리즘의 상징이다. 하지만 헬기보도가 시작되고 이어지는 낯선 곳의 영상은 '과거-저기'로 수사학적인 화법이 활용된다. 다시 헬기보도가 끝날 때는 '지금-여기'로 돌아오며 약간의 정보가 더해져 근접 저널리즘의 양상을 띤다.

앵커오프닝 : 늦더위가 기승을 부리는 가운데 들녘에선 가을이 무르익고 있습니다. 여름과 가을풍경이 함께했던 휴일, ○○○ 기자가 헬기로 둘러보았습니다.

기자 : 들녘은 이제 황금빛이 완연합니다. 벼가 누렇게 익을수록 농부들의 손길이 바빠지고, 쏟아지는 낟알 위로 가을도 함께 여물어 갑니다.

기자 : 학교 운동장에서 열린 마을 체육대회 어린 학생들의 씨름한 판에 웃음꽃이핍니다.(중략)

기자클로징 : 한낮의 기온이 최고 30도까지 오른 오늘 도심 속 인공천을 찾은 어린이들은 물줄기 사이를 내달리며 더위를 식혔습니다. KBS 뉴스 ○○○ 입니다.(9번)

살펴본 것처럼 앵커의 오프닝과 기자의 클로징에는 팩트라고 할 만한 정보가 삽입되어 있다. 반면 기자의 리포팅에는 수사학적인 표현들이 넘친다.

이른바 탈현실의 수사학이라 할 수 있다.

〈표 4〉 서사요소의 비교

토도로프	균형	불균형	새 균형
헬기보도	현실	탈현실	근접현실
	저널리즘	수사학	근접저널리즘

③ 주관적인 뉴스

헬기보도의 통합체 분석에서 주목할 점은 주관적인 멘트의 연속이다. 헬기에서 보이는 피사체의 심리상태를 주관적으로 감정이입하여 해석한다. '보고 싶은 손자 손녀 얼굴 실컷 볼 수 있을까 손꼽아 기다렸던 설. 자식들 떠나는 모습이 보이지 않을 때까지 어머니는 오래오래 그 자리를 떠날 줄 모릅니다. 시끌벅적했던 식구들이 하나둘씩 떠나고 시골 마을은 예전 그 모습으로 되돌아왔습니다. 허전한 마음은 이웃끼리 둘러앉아 윷놀이로 달래봅니다(2번).' 기자는 이별하는 모습에 구체성을 입혀서 하나의 이야기로 만들어내는 스토리텔링의 능력을 펼쳐 보인다. 헬기에서 보아서는 피사체가 실제 어떤 관계인지 알기가 어렵다. 그럼에도 불구하고 기자는 주관적인 해설을 통해 해석한다. '푸른 하늘 아래 모인 학생들은 운동장에서 힘을 겨루며 우애를 다지고, 주부들은 시장을 찾아 차례에 필요한 제수용품을 꼼꼼히 따져봅니다(8번).' 역시 학생들이 우애를 다지는지 승리에 집착하는지, 주부들이 제사용품을 사는 지, 그냥 먹기 위해 사는 지 불확실하다. 하지만 기자는 과감하게 계절감을 살리는 방향으로 설명한다.

클로징멘트 역시 주관적인 멘트로 가득하다. '아쉽지만 넉넉한 하루였다.'(2번) '시민들은 풍성한 결실을 기다리면서 알찬 휴일을 보냈다'(9번). 아무런 통계나 인터뷰 등 근거 없이 기자는 대중의 심리를 수로화한다. 산에 오르며 하루를 보내는 사람의 마음이 어떠한지 예단하기는 어렵다. 하지만 기자는 단지 등산했기 때문에 보람차고 넉넉한 하루였다고 단정하며, 여가를 즐기는 모습을 보여준 다음에 '풍성한 결실을 기다리며 알찬 휴일을 보냈다'라고 단언한다. 물론 스케치성 보도가 감정이입을 하는 경우는 적지 않다. 하지만 문제는 감정이입이나 주관적인 측면이 지나치다 보니 부정확한 보도까지 하게 된다는 점이다. 감상적인 보도는 얼마든지 가능하지만, 판박이 같은 부정확한 보도들은 웃음을 불러일으키는 코믹성까지 띠게 된다.

(2) 계열체 분석

서사의 계열체 분석에서 에피소드의 등장인물이 누구이며 이들의 관계는 어떠한지를 살피는 것은 매우 중요하다. 왜냐하면, 이들의 관계가 주제의 재현과 밀접한 연관이 있기 때문이다. 또한, 등장인물이나 행동의 밑바탕에 놓여 있는 이항대립의 가치를 밝히는 것 역시 서사의 성격을 밝히는 데 필수적이다(김수정, 2008). 〈표5〉에서 볼 수 있는 것처럼 명절이나 기념일과 계절의 흐름 두 가지의 의미구조가 다름을 알 수 있다. 전자의 추상적 가치 이항대립은 여가 : 의례(3번), 중심 : 주변(5번), 선호 : 기피(6번), 일상 : 의례(8번)인 데 비해 후자의 가치 이항대립은 대부분 일상 : 여가의 구조를 보이고 있다.

'폭설에 고립된 강원도 산간마을'은 '올 들어 가장 많은 눈이 내린' 큰 사건으로 '나흘간이나 고립된 마을'도 있었고, '복구에도 적지 않은 시간이 걸릴' 것이지만, 헬기보도에서는 '끝없이 펼쳐진 눈꽃의 향연'과 '설국으로 변했다.'라는 문학적 표현으로 대조적으로 설명되고 있다. 일상생활에 영향을 주는 자연재해로서의 눈과 스키를 타고 여가를 즐기기에 좋은 '친구'로서의 눈이 한 에피소드 안에 담겨 있다. 여기에는 스키를 타고 내려오는 사람과 삽자루를 들고 제설작업을 하는 현지주민들이 극명하게 대립한다. 주민들은 폭설로 고통을 겪고 있지만, 타지의 더 훨씬 많은 시청자에게 폭설은 스키를 즐기기에 더없이 좋은 '눈꽃의 향연'과 '설국'으로 제시된다(1번). 설연휴 보도에서는 떠나는 자와 머무는 자를 등장인물로 하여 서울 : 시골, 자식 : 어머니, 떠남 : 머묾, 아쉬움 : 허전함의 이항대립구조를 담고 있다. 연휴를 마치고 돌아오는 자식에게는 연휴가 끝나는 것에 대한 아쉬움이 남고, 자식을 떠나보내는 노모에게는 허전함이 남는 것으로 설정되어 있다. 이는 넓은 의미의 여가 : 일상의 이항구조로 볼 수 있다. 도시민이 도시를 떠나 고향에 다녀오는 것은 여가의 큰 부분을 차지하고 있고, 자녀를 떠나 보낸 농촌의 부모에게 남는 것은 일상이기 때문이다(2번). 부처님 오신 날 보도에서 부처님 오신 날 붐볐던 절은 AI로 썰렁했던 동물원과 이항대립을 보인다. 기사에 사용된 수식어 주렁주렁 : 휑하다, 싱그럽다 : 을씨년스럽다의 대조를 통해 선호 : 기피라는 추상적 가치가 도드라진다. 연휴 둘째 날 꽉 막힌 하행선과 한가한 상행선도 대조를 보인다(6번). 여름과 가을이 공존한 주말 보도(9번)는 농부와 등산객을 각각 황금빛 : 단풍, 바쁘다 : 알차다는 표현으로 이항 대립시키고 있다. 등산객은 등산을 즐기고, 젊은이들은 물살에 몸을 맡기며 래프팅을 즐기는데, 농부의 손길은 더욱 바빠지고 있다. 이 에피소드 역시 일상 : 여가라는 추상적 가치 이항대립구조를 보인다. 게다가 '늦더위 속에 시민들은 풍성한 결실을 기다리며 알찬 휴일을 보냈다.'라며 기사를 끝맺고 있는 부분에서, 농사를 짓고 수확을 하는 것은 농부들인데, 등산과 래프팅으로 주말을 보낸 시민들이 풍성한 결실을 기다린다는 것이다. 이곳은 텍스트가 균열하는 지점이다(9번).

〈표 5〉 헬기보도의 계열체 분석

	제 목	등장인물		심층의미구조	
		해결 주체	등장인물 대립관계	추상적 가치이항 대립	구체적 이항대립
1	폭설에 고립된 강원도 산간 마을	사람	나들이객 : 주민	여가 : 일상	눈꽃의 향연 : 제설 자동차 : 설상차 친구 : 피해 스키 : 삽자루 시원스레 펼쳐진 : 고립
2	설 연휴 마지막 날 아쉬운 이별	없음	귀향객 : 고향 사람	여가 : 일상	서울 : 시골 자식 : 어머니 떠남 : 머묾 아쉬움 : 허전함 아쉬움 : 넉넉함
3	생기 넘치는 봄날식목일, 한식날	없음	등산객 : 성묘객, 나무 심는 사람	여가 : 의례	거닐다 : 바쁘다 흠뻑젖다 : 정성스럽다

4	황금연휴 산으로 바다로	없음	피서객 : 농부	여가 : 일상	패러글라이딩 : 모내기 모터보트 : 모내기 등산 : 홍정 복잡 : 한적
5	86번째 어린이날 우리들 세상	없음	어린이 : 어른	중심 : 주변	가능성 : 완결성 젊음 : 늙음
6	사찰마다 연등 물결, 동물원은 썰렁	없음	불교신자 : 동물원관람객	선호 : 기피	사찰 : 동물원 주렁주렁 : 휑하다 부처님오신날 : AI 싱그럽다 : 을씨년스럽다 하행선 : 상행선
7	바다로 계곡으로, 피서인파 절정	없음	바다피서객 : 도심피서객	최선 : 차선	동해바다 : 도심
8	한가위 성큼, 꼬리문 성묘행렬	없음	농민 : 성묘객, 주부	일상 : 의례	분주 : 정성스럽다 생산 : 소비 풍요라는 이데올로기
9	여름과 가을이 공존했던 주말	없음	농부 : 시민	일상 : 여가	황금빛 : 단풍 바쁘다 : 알차다
10	단풍 물드는 가을 산하	없음	아낙, 노인 : 등산객	일상 : 여가	깨털기 : 등산 세월의 흔적 : 모양새자랑 한적함 : 북적임
11	단풍절정 가을정취 만끽	없음	가을산 : 겨울산	여가 : 일상	남쪽 : 북쪽 가을 : 겨울 현재 : 미래 즐김 : 채비
12	무르익는 겨울의 서정	없음	마을사람 : 스키어	일상 : 여가	마을회관 : 스키장 푸근 : 짜릿 매섭다 : 따뜻하다

계열체 분석을 통해서 확인한 것처럼 가장 두드러진 심층의미 구조는 여가 : 일상의 대립구조다. 즉 도시를 떠나 자연으로 향하는 도시민은 여가를 즐기고, 자연 속에 머무는 시골 사람은 계속 노동을 한다는 것이다. 이 구도는 강력하여 시골사람은 여가를 즐기는 것이 허용되지 않는 존재로까지 상정되고 있다. 폭설이 내린 강원도는 스키어들에게는 좋은 기회이지만, 주

민에게는 큰 재앙인 셈이다. 스키어들이 스키를 타고 설원을 내려올 때, 주민들은 삽을 들고 제설작업에 한창이다. 산으로 바다로 피서 가는 도시민과는 달리, 농민들은 모내기, 즉 노동하는 존재로 투영된다. 가을걷이하는 농부가 외롭게 깨를 털고 벼를 말리는 데 비해 도시민은 '알찬' 여가활동으로 보낸다. 농민들이 여가를 즐긴다는 것은 상상하기 어렵다. 그들은 오로지 다음 노동을 위해 간단히 물로 '목을 축이'거나, '어르신을 위해 잔치를 준비'하는 의례의 차원에서만 휴식을 취하는 것으로 묘사되면서 욕구가 왜곡된다. '모처럼 찾아든 따스한 햇볕에 동물가족들은 여유롭게 일광욕을 즐깁니다.'(12번) 동물들도 여유롭게 일광욕을 즐기고 있으나, 시골 사람들에게는 여가는 사치이고, 단순한 여가는 다음 노동을 위한 준비와 가부장적 가치를 지키는 의례의 일환으로서만 인식되는 것이다.

또 하나의 심층의미구조는 일상 : 의례, 노동 : 의례 구조다. 헬기보도의 주된 소재 중 하나는 명절이다. 통과의례의 다양한 양식들은 일하는 농민들의 일상과도 대조된다. 의례는 노동보다 고상한 차원으로 인식된다. 결국, 노동하는 존재인 시골 사람과 농부의 일상은 도시민의 여가와 의례에 의해 이중적으로 대조되고 있다. 일상으로서의 노동은 의례보다 낮은 차원이며, 여가와는 다른 차원인 셈이다. 결국, 노동과 일상은 숭고한 가치를 빼앗기고 있는 것으로 보인다.

〈표 6〉 헬기보도에 나타난 심층의미의 차원

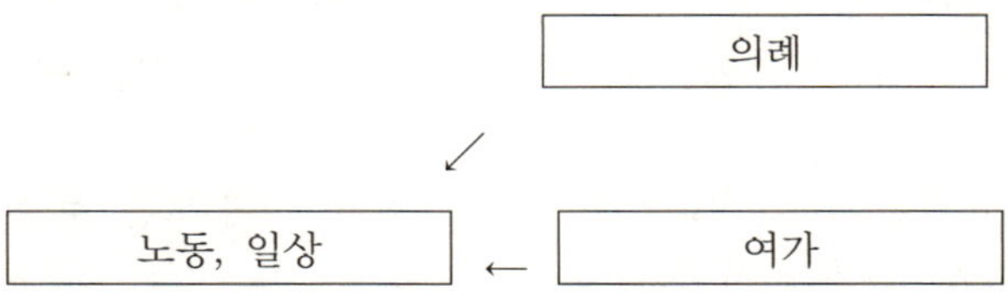

(3) 언술표현 담화분석

앞서 〈표 1〉에서 살펴본 것처럼 담화 표현 분석의 대상은 언술표현과 영상표현으로 나뉜다. 본 분석에서는 영상표현은 생략하고 언술표현만 분석하기로 한다. 대표적인 언술표현 분석의 내용은 다음과 같다.

① 전지적 시점

헬기에서 바라보는 관점은 촬영자 결국 시청자의 관점에서 볼 때 전체를 내려다보는 부감의 효과를 극대화해준다. 피사체가 왜소해 보이고 피사체들이 알지 못하는 전체적인 맥락을 꿰뚫고 있는 느낌이 든다. 따라서 기자는 모든 것을 알고 있다는 전지적 관점을 갖고 피사체를 대변(vertreten)하기 시작한다. 대변하는 힘을 가진 쪽은 권력을 가진 쪽이고, 대변되는 쪽은 힘없는 대상이다. 〈루이 보나파르트의 브루메어 18일〉에서 칼 마르크스가 말한 것처럼 "그들은 스스로 자신을 대변할 수 없다. 다른 누군가에 의해 대변되어야 한다."(Said, 1979/2000 재인용). 전지적 관점에서 발생하는 초월적 존재로서의 착각은 피사체를 의인화하고 활유시키며 비교하고 과장하고 심지어 감정을 이입한다. 피사체는 내려다보이는 수사법의 대상으로 전환한다. 헬기보도에는 무생물이나 동물에 대해 적용되는 활유법 · 의인법이 20회로 가장 많이 사용되었고, 사람을 대상으로 하는 감정이입이 9회, 은유법이나 대구법은 각각 2회로 적게 사용되었다. 활유법 · 의인법과 감정이입의 수사학 사용은 감성적인 저널리즘의 특성에 부합한다.

> '추운 줄도 모르고 눈사람을 만드는 아이들에게도 이번에 내린 눈은 반가운 친구 입니다.(1번)
> '한여름 뙤약볕을 버텨낸 청록의 푸르름이 슬그머니 단풍으로 갈아입었습니다. 사이사이 기암괴석들도 옷고름인 양 모양새를 자랑합니다.'(10번)

이런 언술표현은 말할 수 없는 대상을 위해 모든 것을 알고 있는 전지적 시점에서 가능한 것이다. 헬기보도의 부감 기법은 전체를 내려다볼 수 있는 점에서는 매우 효과적이나, 한편으로는 전지적인 관점에서 자칫 피해자들과 취재자의 정서적 거리를 멀어지게 하며, 정작카메라 아래에서 발생하는 사건에 대해서는 무관심해지기 쉬운 거리감을 줄 수 있다(심훈, 2005).

② 대상의 유아화

헬리콥터에서 본 부감 샷은 전지적 시점을 가능하게 하고 동시에 피사체를 압도한다. 대상은 높이와 거리만큼 압축되고 왜소화된다. 아무리 높고 큰 건물이라 하더라도 헬기에서 내려다보면 땅바닥에 납작하게 붙어 있는 것처럼 작게 보인다. 내려다보는 부감 샷은 대상을 유아화(infantilize)한다. 헬기보도에 어린이가 자주 등장하고, 내용은 동화적이며, 어린이 수준에 걸맞은 단어들이 사용되는 데에는 이런 부감 샷의 유아화 기능이 작동하는 듯하다. 실제 헬기보도에는 많은 유아어가 사용된다.

> '사찰주변 산봉우리들은 오월의 싱그런 녹음으로 단장해 더 절경을 *뽐냅니다.*'(6번) '제 키보다 큰 묘목을 심는 *고사리 같은 손길*엔 어느새 푸른 희망이 넘실거립니다. 정성스레 조상의 묘를 단장하고 오랜만에 *이야기꽃*을 피웁니다.'(3번) 물 한가운데서 먹는 점심은 고급식당이 *부럽지 않습니다.*(7번)

'뽐낸다.'라는 단어는 스트레이트 뉴스에서 자주 사용되지 않는 단어다. '고사리 같은 손길'이나, '이야기꽃', '부럽다.' 등의 표현 역시 뉴스라기보다는 어린이 동시집에 더 잘 어울리는 단어들이다. 이른바 유아어라고 부를 수 있는 단어들이 빈번히 등장하는 데에는 단순히 감상적인 성격의 보도에서 기인하는 것만은 아닌 듯하다. 헬기에서 바라보는 대상이 왜소화하고 약해 보이는 느낌에서 기자들은 유아어를 자주 활용하는 것은 아닐까 싶다. 이러한 유아어들의 사용은 시청자로 하여금 어린 시절로 돌아간 듯한 느낌이 들고, 모든 것이 아름답게만 끝나는 미담으로서의 뉴스를 마주하고 있는 듯한 효과기 있는 듯하다. 미담에는 어떤 사회적 갈등도 드러나지 않고 결국 모든 것이 아름답게만 보이는 과거로 시청자를 호명하는 효과가 있는 셈이다. 이러한 유아어의 사용은 결국 뉴스의 탈현실적 속성을 강화하는 기제로 작용한다.

③ 영상해석의 이중고

영상은 그 자체가 다의적이어서 해석이 가미되지 않으면 의미가 고정되지 않는다. 스스로 의미가 명쾌한 영상이 아니라면 해석 없는 영상은 다의적이다. 사진 기사의 설명이나 기자의 멘트가 일종의 닻 역할을 함으로써 의미가 고정된다(Barthes, 1986). 헬기에서 찍은 영상의 가장 큰 취약점은 타이트 샷을 찍기가 어렵다는 사실이다. 따라서 헬기촬영은 피사체의 정확한 표정을 담기가 어렵다. 또한, 피사체의 사실관계를 확인할 수 없는 이중적인 약점이 있다. 일반적인 촬영의 경우, 촬영 전후로 피사체의 관계가 어떤 것인지 확인할 수 있으나 헬기보도는 그것이 어렵다. 지배적인 이데올로기가 내레이션을 통해 자연스럽게 침윤되는 과정은 영상의 본질과 관련이 있다. 헬기에서 바라보기 때문에 명확히 보이지 않는 표정은 추가적인 정보가 필요하고, 이를 통해서 정보의 얼개를 얼추 가늠할 수 있게 된다. 맥루한 식으로 말하자면 헬기 영상은 쿨미디어인 셈이다. 기자의 해석은 자연스럽게 지배적인 텍스트로 작용하게 되고, 일반 영상보다 더 많은 지배력을 행사하게 된다. 이런 구조 때문에 헬기보도에서는 다른 보도에서 하기 어려운 이야기가 개입된다. 청각적 텍스트와는 달리 시각적 이미지는 독립적 서사구조를 갖지 못하며 청각적 텍스트에 의해서 그 의미가 완성되는 경향이 있다. 즉, 텔레비전 뉴스 영상은 서사적 연결성을 갖는 만화라기보다는 책이나 삽화와 같은 기능을 한다(Crigler, et al. 1994).

> '곱게 익은 이삭에 들뜬 농민은 수확의 속도를 더합니다.'(8번) '보고 싶은 손자 손녀 얼굴을 실컷 볼 수 있을까 손꼽아 기다렸던 설, 길게 느껴졌던 설 연휴도 어느덧 끝나고 다시 떠나보내야 할 시간입니다. 자식들 떠나는 모습이 보이지 않을 때까지 어머니는 오래오래 그 자리를 떠날 줄 모릅니다. 허전한 마음은 이웃끼리 둘러앉아 윷놀이로 달래봅니다.'(2번)

농민이 수확의 속도를 더했는지 마지못해 수확하는지 알 수가 없다. 농민의 표정을 살필 수 없고, 어떤 심정으로 수확하는지 확인할 수 없기 때문이다. 또한, 피사체가 어떤 관계인지 어떤 상태인지를 확인할 수 없어서 부정확한 내레이션이 생겨난다. 2번 보도에서는 차로 떠나는 사람이 부모 자식 사이라는 것을 예측할 수는 있지만, 이모 고모와 조카 사이인지, 언니 누나와 동생 사이인지도 모르는 일이다. 여기서도 자연스럽게 모자관계로 상정하고 이야기를 풀어나가고 있다. 흡사 한편의 신파극을 보는 느낌마저 들게 한다. 헬기보도는 대중적인/감성적인 저널리즘 스타일로 기자는 커뮤니케이션의 대상인 시청자와 그것이 지시하는 현실을 자신의 중심부로 끌어들여, 이른바 집취(claw back, 集取)하여 자신이 하고 싶은 이야기를 뉴스에 담는 셈이다(Fiske & Hartley, 1985).

(4) 이데올로기 분석

① 안녕이라는 이데올로기

헬기보도에서 드러나는 이데올로기는 현실 긍정이며, 결국 어떤 문제도 없으며 우리 사회가 안녕하다는 것이다. 헬기보도에 등장하는 인물은 계절감을 즐기는 사람들이 대부분이며 이들에게는 어떠한 갈등이나 계급투쟁이 없는 것으로 묘사된다. 사람들은 여가를 즐기며 이들에게 생기는 문제는 교통체증이나 짧은 연휴 정도이다. 하지만 이런 사소한 문제도 현실을 긍정하는 기자의 리포트로 봉합된다.

> '아쉬웠지만 넉넉한 하루였다. 긴 여행에 몸은 고되지만, 마음만은 아직 넉넉합니다.'(2번) '매서운 겨울바람에도 잔치를 준비하는 사람들의 마음은 어느 때보다 푸근합니다.'(12번)

헬기보도에 나타나는 리포트에는 연휴가 짧은 것에 대한 문제의식이나, 도로교통 상황의 개선에는 눈을 감는다. 기자는 객관적인 사실의 인과관계보다도 보이지 않는 사람들의 마음을 읽어내고자 노력한다. 기자가 보는 것은 불완전하고 불만족스러운 현실에도 긍정적인 사람들의 마음이다. 이들은 계급적 의식이 탈색된 피사체로 헬기에서 바라본 우리 사회의 평면도를 구성한다. 이런 시각을 뒷받침하는 단어들은 불쑥불쑥 튀어나온다. 가령, '막바지 가을걷이가 한창인 들녘 분주한 아낙의 손길 손길마다 깨가 수북이 쌓여나갑니다. 벼를 말리는 백발노인의 걸음새에 세월의 흔적이 가득합니다.'(10번)에서 볼 수 있듯이, 아낙이나 백발노인이라는 단어는 사회적인 계급의식을 가질 수 없는 감정적인 용어이며 낭만적인 가치를 내포한다. 노래가사에나 등장하면 알맞을 이들은 전원의 풍경을 구성할 수는 있으나, 사회적 의식은 물론이고, 생산력을 가진 직업인으로부터도 거리가 있다. 이들은 기성체제에 어떤 영향을 줄 수도 없고 기성체제를 구성하는 탈현실적 존재로 상정된다. 헬기보도에서 반영되는 현실의 외관은 사소한 문제가 있었으나 곧 해결되었고, 많은 사람들은 자신의 주말을 평온하고 느긋하게 잘 보냈으며, 다시 일상생활을 시작하는 데 아무런 지장이 없다는 모양을 하고 있다.

② 사물의 생일, 오늘

헬기보도에서 자주 보이는 의존명사 '만큼은'이나 부사 '더없이'는 헬기보도의 이데올로기적 속성을 대변한다.

> '수백 명 앞에 선보인 춤, 오늘만큼은 내가 스탑니다.'(5번)
> '오늘 나들이하기에 더없이 좋은 봄날이었죠? 봄의 정취를 느끼기에는 더
> 없이
> 포근한 하루였습니다.' (3번)
> '날씨 때문에 망설였던 피서를 즐기기에 더할 나위 없었던 하루'(7번)

이처럼 공휴일, 기념일 등에 사용되는 '만큼은'이나 '더없이' 등은 사물을 주인공으로 부각하는 데 활용되고 있다. 즉 사물의 생일을 축하하고 오늘의 주인공으로 다른 무엇보다 우선시한다. 물론 내일이 되면, 내일이 생일인 주인공이 등장한다. 따라서 오늘 '만큼'만 부각되고 내일이면 잊히는 것은 자연스럽기까지 하다. 과거와 관계되는 뉴스는 회복적이고, 재생적이며, 순환적이고, 기념적인 개념에 초점을 맞춘 뉴스이고, 이들로로 말미암아 평범한 일상에서 단절된 흐름, 즉 놀람과 위기로 끊겼던 일상의 흐름을 다시 제자리로 회복시켜줄 수 있는데 비해(Langer, 1998; 백현정, 2002에서 재인용), 현재성을 강조하는 기념일의 뉴스는 조금 다르다. 현재성이 뉴스의 본질이지만, 사물의 생일을 강조하는 '만큼'의 활용이 뉴스의 역사성과 통시성의 부재증명으로 작용하는 것처럼 보인다. 시간의 영원성, 정기적 순환

성, 공간적 편재성 등을 강조함으로써 단절을 연결해주는 과거와 관계된 뉴스와는 달리, 오늘을 강조하는 헬기보도는 순간적이고 찰나적이며, 탈 맥락적인 담론을 구성한다. 헬기 보도에 나타나는 '만큼', '더없이'는 뉴스가 사물의 생일을 호명하며 그 가치를 다른 무엇보다 앞세운다는 것을 보여준다. 뉴스가치의 근접성의 원칙에 따라 자연스럽게 보이지만, 지나친 오늘에의 집착은 살로메의 생일선물 요구처럼 다른 소중한 것들을 배제하게 되는 위험성이 있다.[6]

③ 서울 중심

한국의 미디어들의 고질적인 문제점 중의 하나는 서울 중심성이다(강준만, 2008). 헬기보도에서 보이는 서울 중심성은 헬기보도가 커버하는 지역에서 드러난다. '오늘만큼은 전국이 어린이 세상이었습니다.'(5번)처럼 앵커의 멘트에서는 '전국 풍경'이라는 이름으로 소개되지만, 실제 헬기가 촬영한 곳은 전국이 아니다. 분석대상 헬기보도의 촬영지 자막을 확인한 결과 서울, 경기, 강원, 충청지역이 100%로, 전라, 경상, 제주도는 1곳도 없었다 〈표 7〉. 결국, 헬기보도는 전국이라는 이름 아래 서울 근교의 지역만을 담고 있는 것이다.

〈표 7〉 2008년 KBS 스케치성 헬기보도의 촬영장소 빈도

지역	계	서울	경기	강원	충청	전라	경상	제주
횟수	42	6	17	15	4	·	·	·
빈도	100%	14%	40%	36%	10%	·	·	·

주말에 고속도로가 막히는 곳은 서울을 중심으로 한 상행선과 하행선이

6) 성서 마태 14장의 이야기로 헤롯의 생일 연회에서 살로메가 춤을 추어 헤롯을 기쁘게 하자, 헤롯이 살로메에게 무엇이든 원하는 것을 다 들어주겠노라고 서약한다. 그러자 살로메가 엄마 헤로디아가 시킨 대로 '요한의 머리를 쟁반에 얹어 가져다주십시오!'라고 청하고, 근심하던 헤롯은 요한의 머리를 살로메에게 가져다주라고 명령한다.

다. 연휴가 시작되면 하행선이, 연휴가 끝날 때는 상행선이 정체현상을 보인다. 하지만, 헬기보도의 마지막은 '주요 고속도로는 하루 종일 명절을 방불케 하는 극심한 정체를 겪었습니다.'라는 식으로 뭉뚱그려서 표현된다. 헬기보도가 서울 근교지역을 주로 찍을 수밖에 없는 이유는 고가의 장비와 값비싼 연료비 때문이라는 것을 짐작할 수 있다. 하지만, 효율적인 헬기 운용이라는 명목은 새로운 것을 담아서 시청자에게 제공해야 하는 뉴스의 본질에 우선하지 않는다. 매번 비슷한 장소에서 계절에 따라 등장인물만 바뀐 채, 반복적으로 방송하는 것은 뉴스가 스토리를 만들어 놓고, 여기에 담을 시각적 부분품만을 대체해 넣는다는 알싸이드(Altheide, 1976, 이종수 2004에서 재인용)의 주장을 뒷받침한다. 알싸이드에 따르면 뉴스는 보이는 것에 의존하는 것이 사실이지만, 네트워크 제작진은 매우 예측 가능하고 정기적인 장소, 사람을 촬영하여 이를 시각적 부분품으로 이용한다는 것이다. 일단 뉴스 토픽과 이야기가 선정되면, 이를 예시할 수 있는 시각물이 구성되며, 이러한 시각물이 구성되는 전략은 이미 설정되어 있다는 것이다. 즉, 현실을 반영하는 영상이 뉴스를 결정하는 것이 아니라, 결정된 뉴스 내용에 따라 영상이 구성되는 셈이다. 이러한 부분적인 재현의 심각성은 재현이 현실을 구성하기 때문이다.

발언하는 능력이 없는 대상은 권력에서 거리감을 가지고 있지만, 반영 혹은 표상조차 되지 않는 대상은 권력 자체가 없는 것이나 다름없다. 뉴스에서 대학관련 뉴스가 나올 때마다 배경화면으로 뜨는 몇몇 대학이 표상되는 것 자체로 소위 명문대라는 지위를 계속 확약받고 있는 것과 마찬가지다. 헬기보도의 서울 중심성의 위험성은 대중 인식의 지리학에서 헬기보도에 표상되지 않는 지역을 삭제하는 것과 마찬가지일 수 있다는 것이다. 왜냐하면, 공간은 현실이나 상상력의 영역에서 친밀함이나 비밀성 또는 안정성의 감각을 확보하는 것이 다른 무엇보다 중요하기 때문이다. 바슐라르(Bachelard, 1957/2003)가 지적한 것처럼 객관적 공간은, 그곳에 시적으로 부여된 성질에 비하면 그렇게 중요한 것이 아니다. 그리고 시적으로 부여된 성질이란, 보통 우리가 이름을 붙이거나 느낄 수 있는 상상 위의 가치 또는 비유적인 가치를 갖는 성질을 말한다. 살펴본 것처럼 헬기보도에 반영된 국토는 서울을 중심으로 한 근교로 매우 축소되어 있다. 이것은 한국 사회에 편만한 서울 중심성의 영향이기도 하지만, 반대로 서울 중심성을 강화하는 탈현실적 속성의 일면이기도 하다.

④ 이국취향으로서의 전원주의

헬기보도에 나타난 시골은 도시에 사는 시청자에게 원초적인 향수를 불러일으키는 장소다. 시골에는 향수만 있을 뿐 농민들의 치열한 삶의 모습이나, 모순 등은 보이지 않는다. 패러글라이딩하거나 물놀이를 하는 사람과 모내기를 하다가 잠시 쉬면서 목을 축이는 농민의 대조는 헬기보도의 전형성을 드러낸다. 더위를 피하려는 인파는 자연으로 이동하고 자연 속에 있었던 농민들은 여전히 일을 한다. 농민이 더위를 피할 수 있는 수단은 고작 모내기하다가 마시는 한 모금의 물뿐이다. 헬기촬영을 하다 보니 눈에 띄었을 이 농민은 시기적으로 모내기 철이 되었다는 계절감을 보여주는 하나의 기호로 작용한다. 계절감을 드러낸 것으로 소임을 다한 농민은 곧장 사라지고, 푸르러진 산과 공원, 웃음이 넘쳐나는 유채꽃밭과 놀이터가 된 분수대로 옮겨간다. (4번)

2번 보도에 최근에 증가하는 경향인 역귀성하고 돌아가는 사람이라든지, 고향에 가지 못한 사람이라든지, 고향에 갈 수 없는 사람들의 모습은 담길 수 없다. 왜냐하면, 이들은 우리 문화 내에서 전형적인 중심성을 획득하지 못했기 때문이다. 텔레비전의 거대한 산물은 사실상 우리 문화 내의 언어 일반이 갖는 보다 풍부한 발화로부터 선별된 것을 단지 표상할 뿐이며, 그 언어와 환유적인 관계를 가진다. 그 결과, TV 메시지는 우리가 강조해 온 사회중심성이라는 특징을 띠는 경향이 있다(Fiske & Hartley, 1978/1994). 헬기보도에는 명절에는 고향을 찾아가고 연휴가 끝나기 전에 다시 도시로 돌아와서 '긴 여행에 몸은 고되지만, 마음만은 넉넉함'을 느끼고 '한해의 각오도 다져보는' '아쉬웠지만 넉넉한 하루'를 보내는 문화 내의 중심성을 획득한 도시민의 관점에서 바라보는 향수의 대상으로서의 전원이 있을 뿐이다.

롤랑 바르뜨(Barthes, 1957/1995)는 부르주아 신화의 주요 수사법으로 예방접종, 역사 제거하기, 동일화, 동어반복, 양비론, 질의 양화, 기정사실과 함께 이국 취향을 들었다. 이국 취향이란 사물을 이곳이 아닌 다른 나라에 속하는 속성으로 바꾸어 놓는 것을 뜻한다. 헬기에서 바라본 세상은 도시와 농촌이다. 어느 곳이나 계급관계의 모순, 노동으로부터의 소외 등의 문제가 있을 것이나, 헬기에서 본 농촌은 철저한 타자로서의 이국이다. 한국의 텔레비전 방송에서 다루는 수많은 전원주의(예를 들어 〈인간극장〉이 다루는 수많은 귀향이야기)는 농촌으로 돌아갔거나, 돌아갈 계획을 세운 사람들을 위한 것이 아니다. 그것은 전원으로 돌아가고 싶어 하는 향수가 있는 도시민을 위한 것이다. 왜냐하면, 이들이 가장 큰 시청자이기 때문이다. 마찬가지로 헬기보도에서의 농촌은 향수의 대상으로서의 이국이고, 이국 취향을 통해 타자는 순수한 대상이 되며, 스펙터클이 되고 꼭두각시가 된다. '시골은 좋은 날씨에 관해서 말하지 않는다. 시골은 그 날씨를 행위하고, 그 날씨를 자신의 노동 안에서 이끌어낼 뿐이다(Barthes, 1957/1995). 이처럼 헬기보도에서 시골의 좋은 날씨와 풍경에 관해서 끊임없이 말하는 것은 헬기보도가 누구를 위하여 준비된 것인지 은유적으로 설명한다.

(5) 맥락 분석 : 접속사로서의 헬기보도

헬기보도의 통합체 계열체 분석에 더해, 헬기보도가 어떤 맥락을 가졌는지 살피는 것도 헬기보도의 속성을 이해하는 데 도움이 된다. 8,9,11번은 모두 첫 번째 뉴스로 등장했지만, 절반인 6개는 6번째에서 11번째에 방송되었다. 첫 번째 뉴스로 등장한 경우는 한가위 명절(8번)이나 계절변화가 뉴스가 되는 늦더위(9번)나 단풍(11번)의 경우다. 헬기보도가 첫 번째 뉴스로 등장한 것은 계절적인 요인이 큰 화제가 될 만큼 시의적절하고, 그날에 특별히 큰 뉴스가 없을 경우이다. 특히 텔레비전 뉴스의 경우, 시각적 영상미가 중요한 가치를 가지기 때문에 영상미가 뛰어난 경우, 첫 번째 꼭지로 방송되는 것으로 보인다. 하지만 대부분의 헬기보도는 중간 정도에 배치되는 분포를 보인다. 〈표 8〉에서 보듯이 헬기보도는 대부분 20개의 뉴스 꼭지 중에서 10번째 안팎으로 중간 정도에 위치한다.

〈표 8〉 헬기보도의 배치순서

뉴스번호		1	2	3	4	5	6	7	8	9	10	11	12
배치순서	1								■	■		■	
	2												
	3												
	4		■										
	5												
	6	■						■			■		
	7												
	8												
	9			■	■								
	10												■
	11												
	12												
	13						■						
	14												
	중략												
	22					■							

중간에 위치한다는 것은 20여 개 뉴스 꼭지 중 중간에 보도되는 것으로, 다리 혹은 접속사 역할을 한다고 볼 수 있다. KBS 9시 뉴스는 30여 분으로 딱딱하고 무거운 뉴스가 대부분이다. 헬기보도는 이런 딱딱한 흐름을 끊고 볼거리가 풍부하고 감성적인 영상을 통해 시청자에게 정신적인 이완을 제공하는 역할을 한다. 시청자의 기분을 환기시키는 '쉬어가는 코너' 역할을 하여, 결국 객관적인 뉴스에의 몰입을 강화한다고 볼 수 있다. 헬기보도는 팩트 없는 뉴스이며, 알맹이 없는 내용물로 앞뒤의 객관보도의 두 덩어리를 연결하는 다리이자 접착제의 역할을 수행하는 것이다.

6번의 '사찰마다 연등 물결' 기사는 '한-EU FTA 내일 7차 협상…' '롯데월드 롤러코스터 운행 중 멈춰' 기사 사이에 자리하고 있다. 헬기보도를 사이에 두고 앞쪽에는 북핵문제, 수입 쇠고기 문제, AI 문제 등 딱딱하고 심각한 뉴스들이 배치되었고, 뒤쪽에는 문화, 해외, 생활 등 연성뉴스가 배치되므로 역접의 성질을 갖는 셈이다. 역접이건 순접이건 접속사는 본체가 아니라는 점에서 약한 고리이다. 약자에게는 수사학적인 그물이 드리워지고 마음껏 수사학적인 포획이 이뤄진다. 수사학적 사냥에서 얻은 정신적 일탈과 여유는 다른 수사학과 감정관여가 배제된 것처럼 보이는 이른바 객관보도를 지속시키는 힘을 제공하는 것처럼 보인다.

〈표 9〉 헬기보도의 맥락

	제목	보도순서	이전 보도	이후 보도
1	폭설에 고립된 강원 산간 마을	6	고급 정보력 과시해 투기조장 의혹	민관군, 고립된 마을을 뚫어라!
2	설 연휴 마지막 날 '아쉬운 이별'	4	'정부 개편안' 일괄타결 진통…내일 4차 협상	긴 연휴, 분산효과 컸다…귀경시간 '단축'
3	생기 넘치는 봄날 '식목일 · 한식날'	9	핵 신고 타결 국면…남북 관계는?	대통령 "한반도 전체 조림계획 세워야!"
4	황금연휴 '산으로 바다로'	9	검찰, 양정례 어머니 영장 재청구 여부 고심	제주, 상가 복합 건물 가스폭발…19명 부상
5	86번째 어린이날 우리들 세상	22	박경리 한국 문단 거목	어린이날 연휴 고속도 일부 구간 지체
6	사찰마다 '연등 물결'…동물원은 '썰렁'	13	한-EU FTA 내일 7차 협상…"전체 틀 마련"	롯데월드 롤러코스터 운행 중 멈춰…승객 분통
7	'바다로~ 계곡으로' 피서 인파 절정	6	이 대통령-김영남과 베이징서 접촉	본격 무더위 시작…바다 축제 '풍성'

8	한가위 '성큼'…꼬리 문 성묘 행렬	1	헤드라인	가을 행사 풍성…추석 분위기 '물씬'
9	여름과 가을이 공존했던 주말	1	헤드라인	中 '멜라민 분유' 파문, 아시아 각국 확산
10	단풍 물드는 가을 산하	6	북핵 6자회담 이달 중 열릴 듯	G20 "금융 위기 해소에 모든 수단 동원"
11	단풍 절정…가을 정취 '만끽'	1	헤드라인	변덕스러운 날씨…장대비에 우박까지
12	무르익는 겨울의 서정	10	4조 원 규모 다단계 대표, 중국 도주한 듯	김연아, 새 갈라 '골드'로 감사 인사

이것은 헬기보도가 전체 보도의 흐름이라는 맥락에서 볼 때의 탈현실성과 은유적으로 부합한다. 앞뒤의 딱딱하고 심각하고 부정적인 뉴스들 사이에서 헬기보도는 뉴스가 제공하는 현실에서 벗어난 자연의 모습을 제시한다. 뉴스는 시청자를 헬기에 태워 답답한 현실로부터 잠시 벗어나게 해주고는 1분 30초 뒤에 다시 현실로 내려다 놓는 체험을 제공한다. 헬기에서 내려다보는 피사체는 현실성을 결여한 탈 현실로 인식되고 기자의 수사법은 마음껏 나래를 펼친다. 탈현실이 수사학과 밀접하게 연관을 갖지만, 오프닝이나 클로징멘트에서의 현실 및 유사현실은 저널리즘과 이에 근접하는 서술양식이 적용된다.

5) 요약 및 결론

헬기보도는 한국 텔레비전의 연성 뉴스의 한가지로 통합체 분석을 통해 현실-탈현실-근접현실의 서사 패턴을 지닌다는 것을 발견하게 되었다. 이는 안정-불안정-안정의 전통적인 서사구조와도 유사성을 보인다. 탈현실에서는 특별한 문제가 발생하기보다는 금세 해결될 사소한 문제가 있고, 풍요와 여유와 축제현장의 나열이 있을 뿐이다. 탈현실의 속성에서 생겨난 결과는 다양하고 풍부한 수사학의 병렬이다. 현실이 아니라는 것 때문에 일반적인 저널리즘에서는 활용되기 어려운 다양한 수사학이 사용된다. 현

실 : 탈현실=저널리즘 : 수사학의 등식이 성립되는 것이다. 계열체분석에서는 일상 : 여가의 이항대립이 두드러지고 일상 : 의례의 구조도 발견된다. 헬기보도에서 두드러지게 보이는 일하는 사람과 여가를 즐기는 사람의 구체적인 대립을 통해 뉴스가 노동보다는 여가와 의례에 무게중심을 두는 것을 확인할 수 있다. 특이할 점은 일상과 여가에 사용된 수사학이 의례에는 전혀 보이지 않는다는 것이다. 따라서 노동은 여가와는 다른 방향에서 소외되어 있으며, 의례보다는 낮은 차원에 자리하고 있는 것으로 보인다. 또한, 담화분석에서는 헬기보도 부감 샷의 전지적 시점, 대상의 유아화, 영상해석의 이중고 때문에 다양한 수사학이 자연스럽게 도출된다는 것을 알 수 있다. 결국, 헬기보도는 안녕이라는 이데올로기를 강력하게 구축하고 있으며, 전국풍경이라는 이름으로 서울을 중심으로 한 일부 지역이 반복적으로 노출되고 있고, 오늘이라는 사물의 생일을 위해 많은 가치가 유예되며, 이국 취향으로서의 전원주의가 국토의 정체성을 파악하는 것을 방해하는 것을 알 수 있다. 또한, 헬기보도에 과도하게 사용된 수사법이 저널리즘 일반에서는 남용되지 않는데, 이는 객관적인 저널리즘의 블록을 연결하는 약한 고리로서의 헬기보도의 특성과 깊이 연관된다. 수사법은 이성보다는 감성이 작용하는 영역에서 자유롭게 활용되며, 결국 헬기보도가 객관적 저널리즘의 존재를 대조적으로 증명하는 반사적 역할을 수행한다는 것을 유추할 수 있다. 본 연구에서 담론의 중요한 요소인 영상표현 분석을 시도하지 못한 것이나, 맥락분석에서 맥락의 성격을 자세히 분석하지 못한 점, 헬기보도를 다른 연성뉴스와 비교하지 못한 것은 연구의 한계로 남았다. 추가적인 후속 연구들이 이를 보완할 것으로 생각한다. 그럼에도 분석에서 은유적으로 드러나듯이 헬기보도에 투하된 수사학의 세례를 지식과 권력을 가진 자가 가지지 못한 자에게 가하는 또 하나의 오리엔탈리즘으로 볼 수 있다는 점에서 헬기보도는 한국의 방송 뉴스의 본질을 드러내는 하나의 사례로 충분한 가치를 지니고 있다고 볼 수 있다.

〈한국방송학보 2009년 가을호〉

7 일본만화의 미디어적 속성에 관한 연구–심야식당을 중심으로

1) 서론

한국 내 일본만화의 인기가 식을 줄 모른다. 최근에는 음식에 대한 관심과 더불어 음식과 관련된 훈훈한 인정을 담은 만화 〈심야식당〉의 인기가 높다. 〈심야식당〉은 일본에서 만화잡지에 연재된 것을 만화책으로 엮어내고, 다시 이를 드라마화한 원소스 멀티유즈(one source multi use)콘텐츠다. 한국에는 2008년 번역된 만화책으로 소개되었고, 2009년 일본 TBS에서 드라마로 만든 동영상을 인터넷에서 다시 볼 수 있게 되며 인기가 높아졌다. 2010년 7월에는 아시아드라마 전문채널 AsiaN HD에서 한국 내 첫 방송을 시작했다. 심지어 KBS에는 동명의 라디오 프로그램이 방송 중이다. 라디오 프로그램을 기획한 PD는 음식 대신 음악으로 청취자를 대접한다. 한국에서의 〈심야식당〉에 대한 인기의 원인으로 '이성의 부딪힘에 지쳐 어디론가 돌아가고플 때 〈심야식당〉은 죽음과 같은 평온함, 유리된 일상들의 비루한 소소함, 존재 자체로 건네는 따뜻한 위무'가 손꼽히고 있다[1]. 그냥 잠들지 못하는 비루한 인생들의 삶에 대한 회한이 잘 드러나 있고, 이를 소박한 음식으로 위로하는 과정이 생생하게 묘사되었다는 것이다. 만화의 내용뿐만 아니라 만화 내 캐릭터의 의사소통구조도 〈심야식당〉의 인기에 영향을 미치지는 않을까라는 의문에서 출발하여, 이야기 구조와 미디어적 속성에 초점을 맞추어 분석하고자 한다.

2) 연구문제, 연구방법 및 이론적 배경

(1) 연구문제

〈심야식당〉의 이야기 흐름의 양상을 파악함으로써 서사구조를 분석한다. 채트먼(Chatman)은 서사를 이야기(Story)와 담화(Discourse)로 나누고, 이야기를 사건들과 존재물들로 다시 구분한다. 사건적 요소에는 행위와 돌발사가 포함된다. 이야기는 텍스트에 의해 명백히 제시되거나 추론된 모든 사건을 연대기 순으로 정리한 것이다. 이야기에서 존재물들은 등장인물과 배경으로 나뉜다. 표현의 국면으로서 담화는 두 가지 측면으로 나눌 수 있다.

서사적 전달구조와 서사적 발현이다. 서사적 전달구조는 화자의 목소리나 시점 또는 시간과 관계있으며, 서사적 발현은 영상, 편집 등이다[2]. 본 연구에서는 서사의 두 가지 요소 중 이야기에 초점을 맞춰 이야기구조를 파악하기로 한다.

연구문제I : 〈심야식당〉의 이야기 구조는 어떠한가?
연구문제II : 미디어적 속성은 무엇이며 전개양상은 어떠한가?

(2) 연구방법

일본어판 만화 원작 1권을 텍스트로 하여 내용분석방법을 사용했다[3]. 만화의 1권은 전체 만화의 성격이나 내용을 대표하고 있으며, 만화의 정수가 가장 잘 드러나기 때문에 대표성은 충분하다고 본다. 내용분석은 사람들 간의 의사소통을 분석하는데 특별히 유용한 방법으로서, "누가, 무엇을, 누구에게, 무슨 이유로, 어떤 방법으로, 어떤 효과를 노리고 말하는가?" 하는 문제에 대한 해답을 주는 방법으로, 만화책의 주제, 소재, 이야기 흐름 등을 분석단위로 사용한다[4]. 내용분석방법과 함께 문헌연구를 통해 만화의 미디어적 속성을 분석했다.

3) 이론적 배경

미디어이론 중 가장 대표적이며 큰 영향력을 미치고 있는 것은 마샬 맥루한(Herbert Marshall Mcluhan)의 이론이다. 그는 [구텐베르크 은하계](1962), [미디어의 이해](1964), [미디어는 맛사지다](1967)라는 책을 통해 자신만의 특유한 미디어 이론을 전개했다. 그의 주장에 의하면 미디어는 인간의 확장이며, 미디어가 메시지라는 것이다. 바퀴가 발의 연장이고, 옷이 피부의 연장인 것과 마찬가지로, 텔레비전은 눈, 라디오는 귀의 확장으로 보았다. 미디어를 신체의 확장으로 인식한 그는 메시지보다 미디어가 더 중요하다는 이론 즉, '미디어는 메시지다'라는 주장을 펼친다. 발신자-메시지-채널-수신자-효과라는 라스웰의 커뮤니케이션 모델에서 본다면, 미디어인 채널과 여기에 담기는 내용으로서의 메시지가 구분되어 있는데 그는

'미디어=메시지'라는 과격한 주장을 펼쳤다. 더 나아가 그는 미디어의 활용이 인간의 신체감각의 비율뿐만 아니라 사회 내의 미디어 사이의 배분비율을 조정한다는 의미에서 '미디어=맛사지'라는 주장을 쿠엔틴 피오르와 함께 펼치기도 했다[5]. 물론 그의 수사학적 주장은 너무 과도하다는 비판과 함께 기술결정론이라는 비난을 받지만, 그의 앞서 가는 미디어론의 통찰은 뉴미디어 시대가 한창인 지금에도 유효하다.

한국 내 일본만화의 인기가 식을 줄 모른다. 최근에는 음식에 대한 관심과 더불어 음식과 관련된 훈훈한 인정을 담은 만화 〈심야식당〉의 인기가 높다. 〈심야식당〉은 일본에서 만화잡지에 연재된 것을 만화책으로 엮어 내고, 다시 이를 드라마화한 원소스 멀티유즈(one source multi use)콘텐츠다. 한국에는 2008년 번역된 만화책으로 소개되었고, 2009년 일본 TBS에서 드라마로 만든 동영상을 인터넷에서 다시 볼 수 있게 되며 인기가 높아졌다. 2010년 7월에는 아시아드라마 전문채널 AsiaN HD에서 한국 내 첫 방송을 시작했다. 심지어 KBS에는 동명의 라디오 프로그램이 방송 중이다. 라디오 프로그램을 기획한 PD는 음식 대신 음악으로 청취자를 대접한다. 한국에서의 〈심야식당〉에 대한 인기의 원인으로 '이성의 부딪힘에 지쳐 어디론가 돌아가고플 때 〈심야식당〉은 죽음과 같은 평온함, 유리된 일상들의 비루한 소소함, 존재 자체로 건네는 따뜻한 위무'가 손꼽히고 있다[1]. 그냥 잠들지 못하는 비루한 인생들의 삶에 대한 회한이 잘 드러나 있고, 이를 소박한 음식으로 위로하는 과정이 생생하게 묘사되었다는 것이다. 만화의 내용뿐만 아니라 만화 내 캐릭터의 의사소통구조도 영향을 미치지는 않을까라는 의문에서 출발하여, 이야기 구조와 미디어적 속성에 초점을 맞추어 분석하고자 한다.

4) 분석결과

(1) 〈심야식당〉의 이야기 구조

만화 각 권에는 14개 안팎의 에피소드가 있고, 만화 광고 문구는 "배를 채워주고, 마음을 채워주고, 모두 웃는 얼굴로 돌아오는 길모퉁이 치유의 장소"로 만화의 취지를 설명하고 있다. 일본만화의 큰 흐름 중 하나인 음식 만화의 한 유형으로, 치열한 요리대결과는 달리 훈훈한 인정을 강조하고 있다. 일본 음식만화의 유형은 일반적으로 다음과 같이 분류되고 있다[6]. 1.치열한 요리대결 2. 훈훈한 인정 3. 요리와 에로스 4. 남자의 애수의 맛 5. 음식 판타지 6. 미식의 역사 7. 스위츠(단 과자 및 디저트류). 다른 만화와는 달리 〈심야식당〉은 인정이 주된 소재인 셈이다. 음식에서 중요한 것은 식재료이기도 하지만(맛의 달인, 초밥왕 같은 치열한 요리대결), 누구랑 함께 먹느냐 하는 환경도 중요하다. 신주쿠 환락가의 이면도로에 자리 잡고 밤 12시에 열고 아침 7시엔 문을 닫는 독특한 무대와 심야에 활동하는 다양한 주변부 사람들의 일화는 말 그대로 마음을 따뜻하게 치유한다.

① 이야기구조 분석

1권에는 총 14개의 에피소드가 담겨 있다. 비엔나소시지, 어젯밤의 카레, 고양이밥, 간장과 소스, 소고기 무조림, 낫또, 구운 김, 명란젓, 가츠돈, 나폴리, 감자샐러드, 오이절임, 수박, 라면이 소재로 등장한다. 각 에피소드에는 음식의 추억을 가진 사람들이 등장하고 음식과 사람과의 연관이 이어진다. 첫 번째 이야기 '붉은 비엔나소시지'는 이렇게 시작한다. 조폭임을 연상케 하는 주인공 류가 불량스러운 남자와 등장, 이상한 고급요리를 주문하며 깐죽거린다. 류는 비엔나소시지 볶음을 주문한다. 불량스러운 남자도 만족한다. 주변의 게이바를 운영하는 고스즈는 추억의 맛이라며 자신이 먹고 있던 계란말이와 비엔나소시지를 교환한다. 그 후 고스즈는 류를 기다리고, 한동안 오지 않는 류가 폭행사건에 연루되었음을 텔레비전을 통해 알게 된다. 마스터는 비엔나소시지와 계란말이 도시락을 준비한다. 류와 고스즈가 병원에서 도시락을 먹으며 흐뭇해하는 것으로 이야기는 끝난다. 물론 해피엔딩이 아니라 의외의 반전으로 끝나는 경우도 있지만, 대부분의 이야기구조는 다음의 형식을 띤다. 새로운 인물의 등장→주변의 관심→추억의 음식 주문→마스터와의 대화→음식의 효과→행방 묘연→결론. 서부영화가 '주인공의 등장→ 주변의 관심→ 문제 직면 → 문제 해결→ 떠남'의 이야기구조를 갖는 것이 일반적인데 비해[7], 〈심야식당〉은 매번 새로운 인물이 등장하고 그가 사라지지만, 마스터는 계속 모든 상황을 관조하며, 인물의 동정을 꿰

뚫고 있다. 그는 식당 안에만 있지만, 주변인물들이나 텔레비전 혹은 신문의 도움으로 대부분의 일을 파악한다. 모든 정보는 마스터를 통해 유통되고, 마스터는 이 정보를 통해 사람들을 연결해준다.

얼굴에 상처가 있는 마스터, 조폭 류, 게이바의 고스즈 모두 범상치 않은 삶을 사는 아웃사이더이다. 하지만 이들에게 공통된 추억이 있다. 도시락 반찬으로 소시지볶음과 계란말이를 싸가서 먹었던 학창시절의 순수함과 우정에 대한 기억이 있다. 추억의 음식을 먹고 서로 더 친밀해진다. 따라서 〈심야식당〉의 이야기는 현재→과거→더 나은 현재라는 시공간을 이동한다. 이러한 공간이동을 가능하게 하는 것이 바로 음식이다. 음식은 뭔가 부족하고 불만스런 현재와 더 나은 현재를 연결하는 매개체인 셈이다〈표 10〉.

〈표 10〉 〈심야식당〉 1화의 이야기구조

제 1화의 이야기	이야기구조
류의 등장	인물의 등장
게이바 사장 고스즈의 관심	주변의 관심
비엔나소시지 주문	추억의 음식
마스터의 요리대접 및 의사소통	마스터의 매개
나눠먹는 류와 고스즈	추억의 음식의 효과
사고당한 류	행방묘연
비엔나 소시지와 계란말이 도시락을 먹는 고스즈와 류	결론(행복해진 두 사람)

② 시공간의 변화

만화에서 식당은 현실세계와는 동떨어져 있는 곳이다. 식당이 문을 여는 시간은 자정에서 아침 7시까지. 자정은 하루의 죽음을 알리는 시간이다. 하루의 시작이 오전 9시가 아니라 자정인 건, 삶이 죽음에서 기원해 죽음으로 돌아가는 찰나의 순간임을 암시한다는 점에 닿아 있다[8]. 이곳에도 작은 다툼은 있지만, 세상의 모순은 반영되지 않는다. 돈이 없으면 그냥 먹을 수도 있고, 잔돈이 없으면 외상으로 달아도 되며, 틈틈이 서비스가 제공된다. 하루 동안 각박한 삶을 살아온 사람들을 위로하는 장소다. 그럼에도, 이곳은 세상의 온갖 풍문들이 거쳐 가는 곳이며, 고달픈 삶의 무늬가 담기는 곳이기도 하다. 이들은 고달픈 현실에서 음식을 통해 추억의 시간으로 이동하며, 그때 느꼈던 따뜻한 마음으로 위로를 받고, 음식의 연상 작용에 의해 더 나은 현재로 이동하게 된다〈표 11〉.

〈표 11〉 심야식당 1화의 시공간의 변화

아웃사이더로서의 만만하지 않은 삶	현재
우정, 의리, 배려가 있었던 시절	과거
충족되는 현재의 결핍	더 나은 현재, 내일의 시간

(2) 〈심야식당〉의 미디어적 속성

에피소드의 주인공은 매번 새롭게 등장하지만, 내레이션의 주체는 마스터다. 이야기의 처음과 끝 그리고 중간과정이 모두 그를 통해 진행된다. 미디어는 중개자, 매개자를 뜻하는 것으로 두 사물 사이를 연결해주는 역할을 한다. 예전엔 신 내림을 받은 샤먼, 무당 등이 신과 인간을 연결해주는 미디어였다. 요즘의 미디어는 메시지나 콘텐츠를 담는 도구로서의 '매체'를 뜻한다. 만화에서 마스터는 모든 사람들을 1 : 1로 대응하는 면대면 커뮤니케이션을 시도한다. 그를 통해 다른 사람들이 연결된다.

주인공 마스터는 전지적 시점을 가진 것으로 상정된다. 1권 14화도 주인공 내레이션으로 프롤로그가 시작된다. "개인적인 의견이지만, 사치코(幸子)라는 이름을 가진 사람은 의외로 불행이 잘 어울리는 기분이 드는데, 옛날 노래 탓인지도 모른다." 주인공은 등장인물과 의사소통을 하고, 다른 주변인들과도 의사소통을 한다. 등장인물과 주변인들이 직접 의사소통을 하는 경우는 그다지 많지 않고, 대화의 내용도 형식적인 경우가 많다. 마스터는 주변의 풍문을 통해서 사람들의 소식을 연결해주고, 사람들의 후일담을 전하기도 한다. 마스터는 작가의 분신인 셈이고, 전지적 작가 시점과 유사하다. 간혹 음식으로 두 사람이 이어지는 경우가 생기는데, 이때도 두 사람은 마스터를 통해서 서로 속마음을 확인하거나 주고받는다. 마스터는 사람을 중개해주는 샤먼인 셈이다.

〈심야식당〉에는 항상 들르는 단골들이 있다. 주변인이라 할 수 있는 이들은 열심히 새로운 등장인물에 대한 정보를 유포하거나, 맞장구를 치는 역할을 한다. 베렐슨(B. Berelson)이라는 학자는 신문이 나오지 않은 기간 동안 사람들이 가장 아쉬워하는 것이 무엇인지 조사해보았다. 조사 결과 사람들이 아쉬워하는 점은 정보보다는 주위 세상이 어떻게 돌아가는지를 알 수 없는 것이었다. 그는 "what missing the newspaper means?"라는 논문에서 미디어는 정보를 전달하는 이상의 가치, 즉 주변세상이 어떻게 돌아가는지 알려주는 기능을 가지고 있다는 것을 밝혔다. 세상이 어떻게 돌아가는지 분위기를 파악하고, 다른 사람들은 어떻게 살고 있나 살펴보기 위해 미디어에 접속하는 경우도 많다. 오래 전 천둥 번개 지진 등 자연재해가 일어날 때 사람들은 하늘의 뜻을 알고 있다고 여긴 샤먼을 찾아가 앞으로의 일을 가늠했다. 현대인은 무슨 일이 일어나고 있고, 어떻게 행동해야 하는지 알고 싶을 때 샤먼 대신 미디어를 찾는다. 미디어가 현대적 의미의 샤먼인 셈이다. 사람들이 식당에 꾸준히 들르는 이유는 음식을 먹고 싶다기보다는 큰 세상으로부터 도피하여 작은 세상이 어떻게 돌아가는 지 파악하기 위한 것이라고 볼 수 있다. 단골인 주변인들은 본인의 문제를 직접 의뢰하지도 않고, 직접적으로 충고하지도 않는다. 등장인물의 이야기에 귀 기울이며, 맞장구쳐주고, 풍문을 전달하는 역할을 수행한다. 이들도 모두 문제를 가지고 있으며, 주변 사람들의 이야기를 듣고 음식을 함께 먹으며 주변을 파악하는 것이다.

그런 점에서 〈심야식당〉은 MBC 황금어장의 한 코너 〈무릎팍 도사〉와 흡사한 캐릭터 구조를 가졌다. 강호동이 부채도사로 등장하고 두 명의 주변인이 이야기를 듣고 맞장구쳐주며, 의뢰인은 자신의 고민을 털어놓고 위로 받는다〈표 12〉.

〈표 12〉 심야식당과 무릎팍 도사의 캐릭터의 유사성

심야식당 캐릭터	캐릭터의 역할	무릎팍 도사 캐릭터
마스터	샤먼	강호동
새로운 등장인물	의뢰인	게스트
주변인(오차즈케시스터 등)	청중, 정보유포,대화의 상대	유세윤, 우승민

① 미디어로서의 음식

〈심야식당〉에서 의아하게 생각되는 것은 음식의 요리과정과 음식을 먹는 사람이 음식의 맛에 대해 설명하는 묘사가 많이 생략되어 있다는 것이다. 일본 음식문화의 특징 중의 하나는 궁극의 맛에 대한 집착이다. 물론 훈훈한 인정을 강조하다 보니, 이런 과정이 생략되었을 것이다. 〈심야식당〉에서 음식은 맛을 전하는 미디어가 아니라, 추억을 전달한다. 여기서 음식은 미디어이고 추억이 메시지다. 물론 맛있어서 많이 먹는 이야기도 없지 않지만, 음식은 맛보다는 추억이라는 이름이 더 강조된다. 따라서 '미디어가 메시지'라는 맥루한의 발언을 적용하여, '미디어 : 메시지=음식 : 추억'이라는 등식이 성립하게 된다. "미디어의 '내용'이란 실제로는 정신의 집을 지키는 개의 주의를 끌기 위해 강도가 손에 들고 있는, 피가 뚝뚝 떨어지는 살코기와 같은 것이다[9]."

도둑이 집 지키는 개를 꼬드기기 위해 피가 뚝뚝 떨어지는 생고기를 미끼로 주듯이, 메시지는 그저 미끼일 뿐이고, 정말 중요한 것은 도둑이고, 도둑은 바로 미디어라는 것이다. TV의 다양한 프로그램도 결국 TV라는 미디어의 메시지를 전달하기 위한 미끼일 뿐이라는 것이다. 그래서 중요한 것은 미디어다. 〈심야식당〉에서 음식은 미디어이고, 추억은 메시지이며, 정작 맛은 탈메시지화 되었다. 맛의 메시지를 탈취하는 추억은 음식이라는 미디어의 진짜 메시지이다.

〈표 13〉 미디어로의 음식의 메시지관계

음식	맛	추억
미디어	탈 메시지	메시지

미디어에 대한 좋은 비유 중 하나는 미디어가 현실을 비추는 거울이라는 것이다. 좋은 거울은 현실을 있는 그대로 비추겠지만 왜곡된 거울은 현실을 비틀어서 보여준다. 거울이라는 비유와 관련된 중요한 논쟁은 미디어가 현실을 반영하는 것일까, 아니면 현실을 구성하는 것일까 하는 것이다. 미디어는 사건의 수많은 측면 중에 아주 일부분만 선택할 수밖에 없어서 현실을 있는 그대로 100% 재현할 수 없다. 〈심야식당〉이라는 시공간은 세상을 그대로 반영하기도 하지만 반면에 세상을 다시 구성(construct)하기도 한다. 〈심야식당〉은 일본이라는 세상에서 보면 아주 적은 공간에 지나지 않고 시간도 심야에만 열었다가 아침에는 문을 닫는다. 〈심야식당〉은 환락가의 이면도로라는 외진 공간이고 시간 역시 모두 잠들었을 시간이다. 여기에서 반영하는 세상은 아주 작고 그것도 마이너에게 초점이 맞춰져 있다. 〈심야식당〉은 다른 식당이 맞아주지 않는 시간과 공간에서 자신의 소임을 다한다. 〈심야식당〉이 담아내는 세상의 풍경은 완전한 풍경은 아니지만, 현실을 반영하면서 새로운 현실을 만들어가는 미디어의 현장이다.

② 미디어 이벤트의 공간

미디어에 대한 좋은 비유 중 하나는 미디어가 현실을 비추는 거울이라는 것이다. 좋은 거울은 현실을 있는 그대로 비추겠지만 왜곡된 거울은 현실을 비틀어서 보여준다. 거울이라는 비유와 관련된 중요한 논쟁은 미디어가 현실을 반영하는 것일까, 아니면 현실을 구성하는 것일까 하는 것이다. 미디어는 사건의 수많은 측면 중에 아주 일부분만 선택할 수밖에 없어서 현실을 있는 그대로 100% 재현할 수 없다. 〈심야식당〉이라는 시공간은 세상을 그대로 반영하기도 하지만 반면에 세상을 다시 구성(construct)하기도 한다. 〈심야식당〉은 일본이라는 세상에서 보면 작은 공간에 지나지 않고,

심야에만 열었다가 아침에는 문을 닫는다. 여기에서 반영하는 세상은 아주 작으며, 주변부 삶에 초점이 맞춰져 있다. 〈심야식당〉은 다른 식당이 맞아주지 않는 시간과 공간에서 자신의 소임을 다한다. 〈심야식당〉이 담아내는 세상의 풍경은 완전한 풍경은 아니지만, 현실을 반영하면서 새로운 현실을 만들어가는 미디어의 현장이다.

③ 미디어 이벤트의 공간

세상을 비추는 공간으로서의 심야식당에는 다양한 미디어적 이벤트가 발생한다. 이곳은 다양한 사람들이 모여서 마스터와 혹은 자기들끼리 이야기를 주고받는 공론장이며, 끊임없는 인터뷰가 일어난다. 이곳의 마스터는 방송프로그램의 엠시(Master of Ceremony)와 마찬가지의 역할을 한다. 또한, 가수나 연주자는 이곳에서 사람들에게 직접 노래나 연주를 펼치기도 한다(1권 3화 고양이 밥). 왕년의 인기스타들은 이곳에서 자신의 올드팬을 만나 정을 나눈다(11화 감자샐러드). 최근에 MBC의 예능 프로그램 세바퀴에서 퀴즈를 풀고 토크를 누는 프로그램의 본령과는 달리 출연자들이 자신의 앨범을 곧장 홍보하기 위해 사람들 앞에서 노래하거나 연주를 하는 경우가 흔해졌다. 〈심야식당〉에서 공연을 펼치는 사람들과 토크쇼에서 노래하는 사람은 모두 무대를 만들어 주변 사람과 소통하고자 한다. 이를 가능하게 하는 것이 미디어의 장소로서의 특성이다.

④ 풍문의 공간

장소는 고정되어 있고, 마스터는 전지적 시점을 취하고 있다. 그가 얻을 수 있는 정보는 한정되어 있다. 이를 해소시켜주는 것이 다양한 미디어와 주변인들의 풍문이다. 마스터는 신문, 텔레비전, 잡지 등을 통해 주인공의 동정을 파악하며, 그것도 여의치 않을 때에는 주변인들이 보거나 들은 바를 통해서 사실을 확인한다. 풍문으로 전달된 뉴스는 정확성의 문제가 있음에도, 사실처럼 받아들여지고, 이를 통해 해석이 가해진다. 식당은 여러 풍문들이 유통되는 공간이며, 여기에서 발생한 해프닝 역시 다른 곳으로 전달되기도 한다. 풍문이라는 장치는 만화작가가 서술의 편의상 상정했다는 것을 유추할 수 있다. 장소를 식당 한곳에 고정해놓은 채 서술을 해야 하는 입장에서 구체적인 사건 현장을 주인공이 모두 다 찾아다닐 수는 없다. 주방에만 갇혀 있어야 하는 마스터가 정보를 취득할 수 있는 손쉬운 방법은 식당에서 신문, 잡지, 텔레비전을 보거나 주변인들로부터 전해 듣는 풍문이다.

⑤ 음식은 맛사지다.

맥루한은 미디어가 메시지라는 명제에서 한발 더 나아가, 쿠엔틴 피오르와 함께 쓴 『미디어는 맛사지다』에서 이같이 주장했다. 책에는 다양한 사진들이 파격적으로 편집되어 있고, 글도 색다르게 배열되었다. 『미디어의 이해』에서 주장한 내용을 실제로 책이라는 미디어를 통해 생생하게 보여주고 있다. 엄지로 휴대폰의 문자를 쓰거나, 터치폰을 만지는 우리는 인류역사상 엄지손가락을 가장 왕성하게 사용하는 세대이다. 몇십 년 전만 해도 엄지는 지폐를 세거나 인감도장을 찍을 때 사용했다. 하지만 핸드폰이 도입된 뒤에 우리 몸에서 엄지의 비중이 매우 높아진 것이다. 새로운 기술 혹은 미디어의 등장은 우리 신체의 감각의 비율을 조정하고, 우리 사회의 기술의 비율도 조정한다. 어릴 적 먹었던 감자샐러드나, 삼각김밥(1권 7화)은 사람의 감각을 조정해서 평생 그 음식에 편중된 감각을 갖게 한다. 이 추억의 음식은 사람을 정화하는 힘이 있고, 힘을 주기도 한다.

또한, 만화에서 주로 보이는 음식의 전염도 미디어적이다. 한 미디어가 사회에 도입되면 그 사회 내의 감각의 비율이 재조정되는 것처럼, 등장인물이 새로운 음식을 시키면 주변 사람들 대부분이 같은 음식을 시키는 감각의 재조정현상이 발생한다. 바로 미디어가 맛사지라고 한 맥루한과 쿠엔틴 피오르의 주장과 합치하는 지점이다.

〈표 14〉 음식과 감각비율변화의 양상

미디어의 개인의 감각비율변화	미디어의 사회내 감각비율변화
음식으로 경도된 맛에 대한 감각	등장인물의 음식에 주변인물도 동화

5) 결론 및 의의

〈심야식당〉은 서부영화와는 다른 이야기구조를 갖고 있으며 '새로운 인물의 등장→주변의 관심→추억의 음식주문→마스터와의 대화→음식의 효과→행방 묘연→결론'의 구조를 갖는다는 것을 발견했다. 주인공 마스터는 모든 상황을 관조하며, 인물의 동정을 꿰뚫고 있고, 주변인물들이나 텔레비전 혹은 신문의 도움으로 대부분의 일을 파악하고 있다. 주인공은 전지적 시점에서 이야기를 풀어가고 있다고 할 수 있다.

〈심야식당〉에는 여러 가지 미디어적 속성들로 가득 차 있다. 마스터는 샤먼으로서 사람들을 이어주고 연결해주며 음식으로 위로를 건넨다. 또한, 음식의 맛을 전달하는 매체가 아니라 추억을 전달하는 매체라는 점에서 음식은 본연의 메시지를 탈메시지화하고 새로운 메시지를 탈취한다. 이런 점에서 음식을 미디어로 볼 수 있다. 또한, 식당이라는 장소 역시 다양한 미디어이벤트가 펼쳐지고, 풍문의 수사학이 유통되는 공론장의 역할을 함을 확인할 수 있었다. 음식이 우리의 감각을 계발시켜주며 감각비율을 새롭게 재조정한다는 측면에서 맛사지로서의 역할도 수행한다고 할 수 있다. 이런 점에서 〈심야식당〉의 미디어적 속성은 마샬 맥루한의 미디어이론에 잘 부합된다고 할 수 있다.

본 연구에서는 서사분석의 또 하나의 줄기인 담론분석은 시도하지 않고, 이야기구조와 미디어적 속성만을 분석해보았다. 만화에 담긴 공간이 미디어적 성격을 띠고 있으므로 독자와 시청자에게 편안하고 부담 없이 받아들여진 것으로 유추할 수 있다. 만화라는 미디어의 내용 안에 또 다른 미디어 시공간이 펼쳐지고 있는 것이 〈심야식당〉의 특성이며 인기비결의 하나라고 할 수 있겠다. 앞으로 담론 및 이데올로기 분석이나 한국의 오락 프로그램과의 비교연구 등 의미 있는 연구가 시도될 수 있겠다.

〈한국콘텐츠학보 2010년 11월호〉

8 재매개와 수사학으로 살펴본 Verdict(배심원)

> 정치인들이 내린 잘못된 결정에 대해 고소를 당한다. 가상의 검사, 변호사, 판사 그리고 5명의 일반인 배심원들이 출연하는 균형감 있는 미디어재판으로 이 재판에서 패소한 측은 시청자들에게 항소할 수 있다(핀란드 YLE 방송사).

PD들의 끊임없는 고민은 어떻게 하면 새로운 형식의 프로그램을 만들 수 있느냐 하는 것이다. INPUT은 자극적이거나 선정적이지 않은 소재를 선택해야 하는 공영방송 텔레비전 시사회인 만큼, 상상력을 자극하는 흥미로운 행사다. 매해 상영되는 INPUT 시사작은 한국의 방송프로듀서들에게 큰 자극을 주어왔다. 2009 INPUT KOREA 행사에서 다양한 프로그램이 소개되었다. 자폐아가 자신의 몸과 삶에 대해 이야기하는 프로그램인 How I am (이탈리아)은 보는 내내 정상적인 사람과 자폐아의 차이는 무엇인가, 그리고 문득 소통하지 못하는 우리 자신이야말로 자폐를 겪고 있는 것은 아닌지라는 의문을 품게 했다. 자폐아의 이야기를 적절한 영상과 자막으로 잘 정리한 것만으로도 큰 울림을 주었다. How mad are you?(영국) 역시 정상인 5명과 정신장애진단을 받은 5명을 관찰한 정신분석학자들이 오진을 내리는 과정을 보여주면서, 정신장애와 정상인의 차이가 얼마나 미미한 것인지를 역설적으로 보여준다. 또한, 팔레스타인의 가자와 이스라엘의 스데롯에서 촬영된 에피소드를 인터넷으로 소개하는 웨비소드(web+episode)인 Gaza/Sderot-Life in spite of Everything은 두 지역의 평범한 일상과 결코 평범하지 않은 삶의 편린을 대조를 통해 보여주었다. 서울과 평양의 대조도 웨비소드로 담는다면 만만치 않을 것 같다. 음악을 다각도로 분석하는 Can't get you out of my mind(노르웨이), 중계차가 사람을 찾아가는 퀴즈쇼인 The Chain(벨기에), 역사적 사건을 만화로 재구성한 Chicago 10(미국), 사담 후세인을 주인공으로 재연한 드라마인 House of Saddam(영국)도 흥미로웠다.

시사버라이어티 프로그램을 연출하고 있다는 이유로 Verdict(핀란드) 소개를 맡았다. 미디어법정이라는 프로그램의 틀이 매우 새롭거나 독특하지는 않았다. 하지만 프로그램의 파급력은 적지 않다. 고등학교에서 총기사고가 나고 사람이 죽었다. 총기보유의 문제를 어떻게 할 것인가? 이 프로그램에서는 총기보유에 대해 책임있는 내무부장관을 지목한다. 그리고 그녀의 주장을 듣고 총기보유로 인한 문제점을 일별한다. 검사는 기소하고 변호사는 변호한다. 도중에 참고할 VCR 영상이 2-3차례 상영되며, 휴식을 취하는 배심원들의 진솔한 속내를 들여다보기도 한다. 판사는 배심원의 평결을 근거로 판결한다. 패소한 검사는 항소하고, 홈페이지에서 온라인 투표를 통해 결과를 알아본다. 시청자들은 방송을 통해서 사회적 사안에 대해 자신의 입장을 정리하고, 또한 온라인상의 투표를 통해서 다른 차원으로도 참여하는 것이다.

이 프로그램을 보면서 아리스토텔레스의 수사학이 떠올랐다. 말을 닦는 학문을 뜻하는 수사학은 단순히 말을 꾸미는 데 그치는 것이 아니라, 변론하고 설득하는 종합적인 학문이다. 수사학은 예술작품의 창작의 원리가 되며 구성의 근거가 되기도 한다. 아리스토텔레스 수사학에서는 가설(causa)의 3가지 유형을 언급한다. 첫 번째는 첨언적 장르로, 찬양/비난, 아름다움/추함, 현재적 시간, 과장된 비교, 더함/덜함을 담고 있다. 예를 들어 〈미녀들의 수다〉의 루저 발언은 철저히 첨언적인 장르로서의 프로그램의 속성을 반영한 것이다. 또한, 요즘의 방송프로그램 인터넷 게시판 역시 좋다/나쁘다, 아름답다/추하다 등 극히 첨언적인 양태에서 크게 벗어나지 않는다. 두 번째는 재판적 장르로 고발/변론, 공평/부당한, 과거의 시간, 삼단논법, 실재/부재를 다룬다. Verdict는 재판적 장르의 대표적 프로그램으로 각 나라에서는 이 재판적 장르를 프로그램으로 담아왔다. 각종 시사고발 프로그램과 다큐멘터리가 재판적 장르에 속한다. 세 번째는 정치적 장르로 권고/만류, 이로운/해로운, 미래의 시간, 예증, 가능/불가능을 다룬다. 정치적 장르의 대표 프로그램은 〈추적60분〉'물길탐사-경부운하 540km를 가다.'이다. 대운하에 대한 찬성과 반대의 여론이 들끓던 시기에 아무도 가보지 않았던 대운하의 현장을 찬성하고 반대하는 전문가들이 한 배에 타고 함께 탐사하는 프로그램이다. 각종 첨언적 장르와 정치적 장르가 난무하는 방송현실 속에서 실제 예를 통해서 가능/불가능을 다뤘으며 미래의 시간에 대해 권고와 만류를 곁들인 프로그램이었다. 아리스토텔레스의 수사학의 관점에서 Verdict는 철저히 재판적 장르의 틀을 따르고 있으며, 이의 파급효과는 매우 크다. 한 책임 있는 각료나 정치인을 지목하여 가상재판을 벌이고 그 결과를 공표하는 것은 다른 어떤 다큐멘터리보다 더 큰 임팩트를 줄 것이다. 〈100분 토론〉이 지루한 토론 끝에 얻고자 하는 바를 Verdict는 간단히 힘안 들이고 명쾌하게 정리하는 것이다. 물론 명예훼손에 대한 논쟁의 여지는 남는다. 하지만 공인에 대한 명예훼손의 경우, 공인 스스로가 미디어에 실질적 범의(actual malice)가 있다는 것을 증명해야하는 원칙을 감안한다면, 별개의 문제다. 다만, 이것이 현재 한국의 현실에서도 그대로 적용될지는 여전히 의문으로 남는다.

새로운 포맷을 발견하는 다른 방법은 기존 장르를 방송적으로 다시 매개하는 것 이른바 재매개(remediation)이다. 볼터와 그루신이 주장한 이 논의는 마샬 맥루한이 미디어의 이해에서 했던 발언. "모든 미디어의 내용은 또 하나의 미디어이다." 와 밀접한 연관이 있다. 신문의 내용인 글은 그 자체로 미디어이며, 글의 내용인 언어 역시 또 하나의 미디어이다. 언어의 내용인 사고 역시 미디어라면 미디어이다. 맥루한의 발언의 방향을 반대로 돌려보자. "미디어는 항상 다른 미디어의 내용이 될 수 있다." 그렇다면 모든 미디어는 새로운 미디어의 내용이 될 수 있다는 것이다. 볼터와 그루신의 재매개의 논의는 맥루한의 발언을 반대방향으로 돌리면서 가능해진 것처럼 보인다. 컴퓨터의 수많은 은유들 예를 들어 데스크 탑, 휴지통, 마우스, 폴더 등이 이미 재매개를 성공적으로 완수했다. 방송 프로그램도 마찬가지다. 〈엑스파일〉, 〈무릎팍 도사〉, 〈라디오스타〉, 〈뉴스데스크〉, 〈PD수첩〉, 〈열린 음악회〉, 〈낭독의 발견〉, 〈아침마당〉 등 새로운 기획은 다른 미디어를 재매개하는 데서 쉽게 가능하다. 기존의 미디어를 차용하지 않은 전혀 새로운 포맷은 어디에 있는가? 모든 미디어는 기존의 미디어를 어느 방식으로든 차용한 것이다. 그렇다면 어떻게 차용하는가의 문제가 남는다. 새로운 포맷을 만들고자 한다면 우리에게 친숙한 미디어를 돌아보고 그 미디어의 TV적 변용가능성은 무엇인지 숙고해볼 필요가 있다. Verdict는 법정을 그대로 방송에 재매개한 형식을 띠고 있다. 한국에는 법원 등 법과 관련된 프로그램이 많지 않다. 예전에 〈여의도 법정〉이라는 프로그램도 있었지만, 최근에 법정을 소재로 한 프로그램은 거의 없는 셈이다. 미국이나 일본에는 법정을 다룬 프로그램이 적지 않은 데 비하면 법을 멀리하고자 하는 한국의 문화가 반영된 것은 아닌지 궁금하다.

올 가을부터 〈일요일 밤으로〉라는 시사버라이어티 프로그램을 맡아서 제작하고 있다. 다큐멘터리와 토크의 결합이라는 다소 독특한 포맷이다. 시청자들도 아직은 낯선 포맷에 적응 중이고 제작진 역시 마찬가지다. 하지만 방송 횟수가 늘어남에 따라 시청자들도 점점 익숙해져가는 것을 느끼고 있다. 포맷의 힘은 이것이다. 시청자들의 인식 속에 새로운 포맷을 던지고 이것이 사회적 자산이 되게 하는 힘. 시청자들은 이제 새로운 포맷을 환경으로 받아들이고 이 토대 위에서 새로운 지각을 시작할 수 있다. 하지만 문제는 여전하다. 우리가 만드는 프로그램이 공론장을 확장하는 데 얼마나 복무하고 있는가의 문제다. 포맷도 새롭지 않은 〈100분 토론〉이 그동안 기여한 공론장의 확대는 새로운 포맷의 프로그램들이 한 역할보다 크면 컸지 결코 적지 않은 것이다. 대중의 인식을 넓히는 새로운 포맷의 역할, 그 명암을 생각해 볼 수 있는 좋은 기회를 얻을 수 있었다.

〈KBS 해외방송정보 2009년 12월 14일〉